会展策划与管理专业系列教材

专家指导委员会主任/韩玉灵 总主编/康年

会展数字化应用

褚玉静　谢予馨◎主编

杨　洁　陈彬彬　张素霞　田明舸◎副主编

数字资源总码

◆ 推进校企"双元"合作开发
◆ 瞄准行业数字化发展趋势
◆ 匹配专业教学标准核心课程
◆ 贯穿国际通行活动管理理念
◆ 引领职业教材形式创新需求

旅游教育出版社
·北京·

图书在版编目（CIP）数据

会展数字化应用 / 褚玉静，谢予馨主编. -- 北京：旅游教育出版社，2025. 1. --（会展策划与管理专业系列教材）. -- ISBN 978-7-5637-4798-6

Ⅰ. G245

中国国家版本馆 CIP 数据核字第 20257KW234 号

会展策划与管理专业系列教材

会展数字化应用

褚玉静　谢予馨　主编

杨洁　陈彬彬　张素霞　田明舸　副主编

总 策 划	丁海秀
执行策划	赖春梅
责任编辑	何玲
出版单位	旅游教育出版社
地　　址	北京市朝阳区定福庄南里 1 号
邮　　编	100024
发行电话	（010）65778403　65728372　65767462（传真）
本社网址	www.tepcb.com
E - mail	tepfx@163.com
排版单位	北京鸿文瀚海有限公司
印刷单位	天津雅泽印刷有限公司
经销单位	新华书店
开　　本	710 毫米 ×1000 毫米　1/16
印　　张	18.75
字　　数	287 千字
版　　次	2025 年 1 月第 1 版
印　　次	2025 年 1 月第 1 次印刷
定　　价	59.80 元

（图书如有装订差错请与发行部联系）

会展策划与管理专业系列教材
专家指导委员会、编委会

专家指导委员会

主　任：

韩玉灵（北京第二外国语学院教授，曾担任教育部全国旅游职业教育教学指导委员会秘书长）

副主任：

杜兰晓（浙江旅游职业学院校长、教授，中国职业技术教育学会智慧文旅职业教育专业委员会执行主任）

瞿立新（无锡城市职业学院校长、教授，全国旅游职业教育教学指导委员会会展专业类专业委员会副主任委员）

丁海秀（中国职业技术教育学会智慧文旅职业教育专业委员会副秘书长，旅游教育出版社副社长）

编委会

总主编：

康　年（上海师范大学副校长、上海旅游高等专科学校校长，全国旅游职业教育教学指导委员会会展专业类专业委员会主任委员）

执行总主编：

宋　波（上海师范大学教授，上海旅游高等专科学校旅游研究院常务副院长，全国旅游职业教育教学指导委员会会展专业类专业委员会秘书长）

编委（排名以姓名拼音为序）：

安小霞	仓　俊	陈　超	陈　萍	陈　姝	陈彬彬	陈翊霖
程致远	褚玉静	丁　旭	段玉敏	葛　菲	宫　博	关庆飞
哈丽旦·巴克	韩　健	郝俊谦	洪伟鑫	黄可筠	贾巧云	
蒋天骥	雷　敏	李　健	李　杨	李荣艳	李小蓉	李悦玫
林海榕	刘　硕	刘　文	刘　臻	刘馥馨	刘淼晶	罗绮琦
彭慧翔	钱红阳	任子荣	宋慧娟	孙景然	唐新安	田明舸
田志武	万　涛	王　菱	王琳艳	王姗姗	邬　燕	吴　桦
吴杰楠	吴舒姗	武　君	向　军	谢予馨	徐敏钰	徐若然
徐永君	闫　敏	杨　洁	杨　欣	杨　正	姚　歆	叶大海
余音梅	袁　丽	张　磊	张　素	张　媛	张慧娟	张立英
张素霞	张岩岩	张颖真	张芝敏	赵　建	赵慧娟	赵中华
郑　伟	郑晓星	钟梦婷	周春旺			

《会展数字化应用》编委会

主编：
褚玉静　上海师范大学/上海旅游高等专科学校
谢予馨　长沙商贸旅游职业技术学院

副主编（排名不分先后）：
杨　洁　宝鸡职业技术学院
陈彬彬　重庆城市管理职业学院
张素霞　天津城市职业学院
田明舸　上海旅游高等专科学校

编委（排名不分先后）：
任国岩　教育部旅游管理类专业教学指导委员会
耿松涛　海南大学
赵中华　上海师范大学/上海旅游高等专科学校
葛　菲　上海师范大学/上海旅游高等专科学校
龚康康　英富曼会展
武　君　北京优联信驰信息科技有限公司
张恩山　北京新标企创管理咨询有限公司
杨　正　31会议研究院
屠　明　上海新国际博览中心
邵馨宇　上海市国际展览（集团）有限公司
木那吉丁·木努尔　乌鲁木齐职业大学
曹晶晶　伊犁师范大学
吴燕斌　长沙商贸旅游职业技术学院

总序 PREFACE

会展业以多维度、深层次的经济与社会功能，不仅为现代服务业的发展注入了强劲动力，更在推动城市经济繁荣、促进全球经济一体化等方面扮演着举足轻重的角色。近年来，全球会展业步入了持续且高速发展的轨道，其市场规模以前所未有的速度扩张，到2028年，全球会展活动市场规模将达到15 529亿美元（ResearchAndMarkets.com）。国内会展业更是迎来了蓬勃发展的春天，市场规模连年攀升，已跃升为全球会展版图中不可忽视的重要力量。从被誉为"中国第一展"的中国进出口商品交易会（广交会），到世界上首个以进口为主题的中国国际进口博览会（进博会）等国家级展会，均具有高度的国际影响力和重要性，它们不仅促进了国内外经济交流与合作，更展示了国家的发展成就和未来趋势。2023年，国内会展经济的直接产值约为5820.6亿元，全国线下展览总数为7852个，展览总面积为14 345万平方米，展览城市由2011年的83个增至197个（《中国展览数据统计报告》）。

伴随着经济社会和数字技术的发展，会展行业发展不断升级，对相关人才培养提出了新的要求。自2018年起，上海旅游高等专科学校作为牵头单位，顺利完成了教育部和全国旅游职业教育教学指导委员会委托的《会展行业人才需求与职业院校专业设置指导报告》《高职会展策划与管理专业教学标准修订》等工作，准确分析把握会展行业人才需求与会展专业人才培养的匹配性。为适应会展行业优化升级需要，本系列教材对接会展产业数字化、网络化、智能化发展新趋势，对接新产业、新业态、新模式下的会议、展览、节庆、会奖旅游等职业群的新要求，满足会展行业高质量发展对高素质技术技能人才的需求，推动职业教育专业升级和数字化改造，提高人才培养质量，遵循推进现代职业教育高质量发展的总体要求。

2023年底，经过前期与旅游教育出版社的沟通酝酿，上海旅游高等专科学校牵头，组织了"会展策划与管理专业系列教材"核心课程设置暨系列教材编写研讨会，联合浙江旅游职业学院、无锡城市职业技术学院、成都职业技术学院等院校共同组成本系列教材牵头编撰团队，确定了《会展概论》《会展策划》《会展项目管理》《会展营销》《会展沟通与商务礼仪》《会展展示设计与搭建》《会展文案写作》《会展财务管理》《会展运营与执行管理》《会展数字化应用》整套10本教材。本套教材面向会展行业着力培养具有会展策划能力、营销能力、运营能力和服务能力等素养的高素质服务型人才，注重培育学生的创新精神和实践能力，使学生既能够熟悉会展的相关政策和理论知识，又能从事会展企业经营管理和服务运作等方面的工作。

本套教材主要特点体现在：一是匹配专业核心课程体系。系列教材与高职会展策划与管理专业核心课程高度匹配，可直接服务专业核心课程建设与教学。二是贯穿活动管理理念和过程。系列教材贯穿活动管理理念，教材内容和主题，与会展活动管理（Event Management）知识框架保持一致。三是瞄准行业数字化发展趋势。系列教材对接新兴职业岗位需求，满足数字化服务技能的需要，结合数字化新技术应用，助力会展新业态发展。四是迎合职业教材形式创新需求。推行项目—任务结构式教材，并配套开发数字化资源，保证后续教材内容及时动态更新，积极与行业共建产教融合教材。

本套教材既可作为中高职职业教育会展类专业教学用书，也可作为职业本科会展类专业教育的参考用书，同时可作为工具书供从事会展策划与管理的企事业单位专业人员借鉴与参考。

作为全国首套会展策划与管理专业系列教材，难免存在缺陷与不足，恳请读者朋友指正，我们将在再版过程中予以完善与修正。

总主编：上海旅游高等专科学校

前言 FOREWORD

  党的二十届三中全会审议通过的《中共中央关于进一步全面深化改革、推进中国式现代化的决定》强调,健全促进实体经济和数字经济深度融合制度。会展业作为实体经济的晴雨表、国民经济发展的助推器,与数字经济深度融合,具有广泛的应用前景,既可促进传统会展业转型升级,提升生产效率与竞争力,又可创造新的应用场景。

  本书以教科书与工具书定位,希望既可作为高职院校会展业的教材,又可作为会展从业者查阅的手边读物。

  本书主要包含以下内容。

  第一章简要介绍会展行业的演变与智慧革命,并分析科技的进步和会展数字化的素养,并预测会展行业的未来。

  第二章围绕大数据与会展管理,首先对大数据及会展项目基础信息进行概述,之后对会展注册数据管理、观众信息管理与数据分析和参展商信息数据分析进行讲解。

  第三章从会展企业门户网站营销、微博营销和微信营销、公众号营销、短视频平台营销四个方面具体讲解新技术与会展营销。

  第四章介绍新技术与会展客户关系管理,包括移动互联网会展客户关系管理、智能会展客户关系管理与社交化客户关系管理。

  第五章介绍人工智能与数字展示,首先介绍 3D 与 AR/VR 展示、虚拟展厅与虚拟数字人,之后讲解深度学习技术在虚拟数字人创建中的使用。

  第六章围绕新技术与会展数字内容管理,具体从以下三方面讲解:征文、投稿与审稿;日程、嘉宾管理与照片分享;图文直播、AI 设计与内容管理。

  第七章以阿里巴巴国际站为例,介绍在线询盘、供采大厅、在线订购与交易撮合。最后以世界上最大的工业技术展会之一的德国汉诺威工业博览会为案例进行分析。

第八章以 2024 重庆国际汽车展览会为例,讲解新技术在会展交流中的应用。主要从以下几方面进行讲解：线上会议、问卷与投票；RTC 实时通信、社群与社交；AI 智能客服、AI 导播与直播。

第九章开篇以广交会为例,讲解新技术在会展服务中的应用,包括接待管理；签到、门禁与智能证件管理；定位与导航。最终以北京冬奥会北斗位置服务平台的设计与实现为例进行总结。

第十章从会展面临的技术挑战与解决方案、会展新技术未来发展趋势两方面展望会展数字化应用的未来,引发读者的思考。

本书具有以下特点。

热点问题与案例分析相结合。会展数字化应用的教学不仅是知识的传递,更是知识的启发和引导,要让学生从被动吸取状态转变为主动吸收状态,变成知识传输和外延扩大的载体。基本理论和技能层面均从当前热点的会展数字化应用问题开始,在案例分析中启发学生,达到思维训练的目的。

以实践为主线,理论与实践相结合。坚持实践为重、理论够用的原则进行课程建设。课程教学中首先遵循理论来自实践的原则,插入案例教学,把真实的情境搬进课堂,教学案例选用会展数字化应用的最新实例以增强对知识点的理解。以会展数字化应用的工作任务为导向,设置工作情境,结合会展具体岗位操作中遇到的实际问题进行教学。

本教材的编写团队来自全国各高校具有丰富教学与实践经验的会展专业及数字化应用的教师。上海师范大学/上海旅游高等专科学校的褚玉静老师负责编写第一章与第七章；天津城市职业学院的张素霞老师编写第二章；宝鸡职业技术学院的杨洁老师编写第三章与第四章；上海旅游高等专科学校的田明舸老师编写第五章；重庆城市管理职业学院的陈彬彬老师编写第六章与第八章；长沙商贸旅游职业技术学院的谢予馨老师编写第九章与第十章。在编写过程中,我们参考了大量文献资料。书中不足之处,恳请批评指正。

编　者

目录 CONTENTS

第一章
会展行业的演变与智慧革命　/ 1

第一节　会展行业的历史回顾与现状……………………………………3
第二节　智慧会展的概念与发展历程……………………………………9
第三节　科技的进步与会展行业的未来…………………………………12
第四节　会展数字化素养…………………………………………………20

第二章
大数据与会展管理　/ 25

第一节　大数据概述………………………………………………………29
第二节　会展项目基础信息………………………………………………37
第三节　会展注册数据管理………………………………………………42
第四节　观众信息管理与数据分析………………………………………45
第五节　参展商信息数据分析……………………………………………61

第三章

新技术与会展营销　　/ 69

第一节　会展企业门户网站营销…………………………………71
第二节　微博营销和微信营销……………………………………81
第三节　公众号营销………………………………………………94
第四节　短视频平台营销…………………………………………98

第四章

新技术与会展客户关系管理　　/ 105

第一节　移动互联网会展客户关系管理…………………………108
第二节　智能会展客户关系管理系统……………………………126
第三节　社交化客户关系管理……………………………………136

第五章

人工智能与数字展示　　/ 151

第一节　3D与AR/VR展示………………………………………153
第二节　虚拟展厅…………………………………………………155
第三节　虚拟数字人………………………………………………158
第四节　深度学习技术在虚拟数字人创建中的使用……………163

第六章
新技术与会展数字内容管理 / 167

第一节　征文、投稿与审稿 ··· 170
第二节　日程、嘉宾管理与照片分享 ······································ 173
第三节　图文直播、AI设计与内容管理 ··································· 183

第七章
新技术与数字交易 / 193

第一节　在线询盘 ·· 195
第二节　供采大厅 ·· 203
第三节　在线订购 ·· 212
第四节　交易撮合 ·· 215

第八章
新技术与会展交流 / 221

第一节　线上会议、问卷与投票 ·· 223
第二节　RTC实时通信、社群与社交 ······································ 227
第三节　AI智能客服、AI导播与直播 ····································· 233

第九章

新技术与会展服务　／ 241

第一节　接待管理……………………………………………………244
第二节　签到、门禁与智能证件管理………………………………251
第三节　定位与导航…………………………………………………256
第四节　热力图分析与人流预测……………………………………264

第十章

会展新技术未来趋势　／ 271

第一节　会展面临的技术挑战与解决方案…………………………275
第二节　会展新技术未来发展趋势…………………………………281

第一章

会展行业的演变与智慧革命

思维导图

- 会展行业的演变与智慧革命
  - 会展行业的历史回顾与现状
    - 会展行业的起源与发展
    - 会展行业的现状与特点
    - 当前面临的挑战与机遇
    - 数字会展相关研究
  - 智慧会展的概念与发展历程
    - 智慧会展
    - 智慧会展技术
    - 智慧会展的特点
    - 智慧会展的发展历程与关键转折点
    - 未来展望
  - 科技的进步与会展行业的未来
    - 电子签到
    - 活动管理系统
    - SaaS 云服务
    - 线上展会
    - 线上展厅
    - 虚拟展览
    - 区块链技术提高交易透明度和安全性
  - 会展数字化素养
    - 数字化素养的重要性
    - 大数据在会展决策中的作用
    - 大数据的价值
    - 大数据在会展决策中的作用
    - 大数据分析技术
    - 数字化素养的重要性
    - 提升数字化素养的途径

学习目标

【知识学习目标】
1. 了解会展行业的发展历程,掌握会展行业的基本概念和定义。
2. 理解智慧革命对会展行业的影响和意义。
3. 掌握智慧技术在会展行业中的应用场景和作用。

【能力培养目标】
1. 了解会展行业的演变趋势。
2. 掌握智慧技术解决会展行业问题。
3. 能够参与智慧会展项目的规划、设计和执行。

【职业素养目标】
1. 培养对会展行业的兴趣和热情,提升行业认知和专业素养。
2. 培养团队合作意识和沟通能力,适应多样化的会展环境和项目需求。
3. 培养创新意识和解决问题的能力,不断提升个人职业发展水平。

开篇引例

网络展馆:一种新型传播方式

网络展馆是展览馆在新媒体环境下推出的一种新型传播方式。网络展馆通过"多媒体互动叠加"技术,实现了展览全貌的再现,采用了"360度全景"展示方式,包含了展览的各个要素,并借助"沉浸式自主体验"技术,增强了用户的参与感。同时,网络展馆还通过"新闻作品集纳"功能,对展览背后的故事进行解读,从而提升了展览馆的传播魅力和影响力。这种以网络展览为主的会展传播方式对于中小城市展览馆在融媒体时代的传播转型具有一定的借鉴意义。

网络展馆依托新媒体平台,运用了3D模型技术,采取了多媒体互动叠加图文、音视频等形式,以360度全景展示的方式生动再现了展览现场,是融媒体时代背景下中小城市会展业发展的一种新思路。网络展览具有以下几个特点:

第一,它突破了时间和空间的限制。只需登录相关网站,即可在任何时间和地点浏览展会内容,为因地域和时间原因无法现场参展的观众提供了"参观"展会的机会。

第二,它节约了参展成本。参加异地展会需要耗费大量人力物力,而参加网络展览可以节省时间和物质成本。

第三，它的持续时间较长。传统展会期限一般为 3 至 5 天，而网络展览可以持续几个月甚至几年，实现了展览"永不落幕"的效果。

举例来说，2018 年 11 月 13 日上午，在国家博物馆举办的"伟大的变革——庆祝改革开放 40 周年大型展览"，引起了社会各界广泛关注和参与。为了进一步扩大展览的影响力和覆盖面，让更多人方便快捷地体验展览，展览办委托中央广播电视总台央视网建设了数字化的网上展馆，通过网络手段呈现展览内容，全景式还原现场体验，打造了一个"足不出户、永不落幕"的主题展览。

该网上展馆包含了大量展览相关的内容，如全景图、展板图片、视频、解说音频等，提供了丰富的参展体验。通过网络浏览，观众可以详细了解展览内容信息，身临其境地感受改革开放 40 年的光辉历程和宝贵经验。此外，网上展馆还设置了短视频专区和新闻专区，集纳展览主题多媒体作品和新闻报道信息，便于观众全面了解展览的亮点和背后的故事。

图 1-1　3D 赛博朋克风格 AI 元宇宙

资料来源：栗佳馨.融媒体时代会展传播的新模式：以"庆祝改革开放 40 周年大型展览"网上展馆为例[J].传媒，2019(14):72-73.

第一节　会展行业的历史回顾与现状

一、会展行业的起源与发展

会展行业作为商业、文化和社会交流的重要载体，源远流长，起源可以追溯到古代各个文明时期。最早的会展活动可以在古代的集市和贸易活动中找到，这些集市是人们交流、交易和传播信息的场所。随着社会的发展和经济的繁荣，会展活动逐渐演变和发展，成为推动产业发展和文化传承的重要方式之一。

（一）起源时期（古代至中世纪）

贸易集市：最早的会展形式可以追溯到古代的贸易集市，如古希腊的市集（Agora）和古罗马的广场（Forum）。

宗教节日：宗教节日和庆典经常伴随着商品交易，成为会展活动的早期形式。

（二）工业革命时期（18世纪末至19世纪）

工业展览会：随着工业革命的到来，出现了以展示工业产品和技术为目的的展览会。

世博会：1851年伦敦世博会（Great Exhibition）是现代会展业的重要里程碑，展示了各国工业成就。

（三）专业化与国际化（20世纪初至二战前）

专业展览：随着行业分工的细化，出现了针对特定行业的专业展览会。

国际化：会展活动开始跨越国界，成为国际贸易和文化交流的重要平台。

（四）战后重建与扩张（二战后至20世纪末）

经济复苏：二战后经济的快速增长促进了会展业的扩张。

商业会议：商业会议和研讨会成为企业交流和合作的重要形式。

会展设施建设：大型会展中心和会议酒店的建设，为会展业提供了基础设施。

（五）数字化与网络化（21世纪初至今）

互联网的影响：互联网的普及改变了会展行业的运作方式，如在线展览和虚拟会议。

社交媒体：社交媒体成为会展营销和品牌推广的新渠道。

移动技术：智能手机和平板电脑的普及使得会展活动更加便捷和互动。

（六）智慧革命（近年至今）

智慧会展：利用大数据、人工智能、物联网等技术，提升会展活动的智能化水平。

个性化体验：通过技术手段提供更加个性化的参展和观展体验。

可持续发展：环保和可持续性成为会展行业的重要议题。

（七）未来趋势

技术创新：持续的技术革新将不断推动会展行业的变革。

全球化与本地化：在全球化的背景下，会展行业需要平衡全球视野与本地特色。

体验经济：会展行业将更加注重提供独特的体验，以吸引参与者。

二、会展行业的现状与特点

当前，全球会展行业呈现出多元化、专业化、国际化和数字化的发展特点。

（一）多元化

会展活动内容丰富多样，涵盖了经济、科技、文化、教育、医疗、体育等各个领域。不同类型的展览会、会议活动针对不同的行业和受众群体，提供了丰富的展示、交流和合作机会。

（二）专业化

随着各行各业的发展，展览会和会议活动也日益专业化。专业展会、学术会议、行业论坛等针对性强，为参展商和观众提供了专业的交流平台和商业机会。

（三）国际化

会展行业呈现出强烈的国际化趋势。越来越多的展览会和会议活动具有国际影响力，吸引着来自世界各地的参展商和观众，促进了国际交流与合作。

（四）数字化

随着信息技术的发展，会展行业也逐渐实现了数字化转型。虚拟展览、在线会议、数字化展示等新形式的出现，为会展活动的开展和参与提供了更多便利和可能性。

三、当前面临的挑战与机遇

（一）挑战

数字化转型的压力：随着数字技术的发展，会展行业需要进行数字化转型，以适应在线展览、虚拟会议等新形式的需求。这需要大量的技术投入和创新思维。

环境可持续性问题：会展活动往往伴随着大量的资源消耗和环境污染。行业需要寻找更加环保的运营方式，以满足社会对可持续发展的要求。

全球化与地缘政治风险：会展行业具有高度的国际化特征，但全球化同时也带来了地缘政治风险，如贸易战、疫情等，这些都可能影响会展活动的举办。

市场竞争加剧：随着新参与者的加入和现有企业的扩张，市场竞争日益激烈。企业需要提供更具吸引力的服务和体验，以保持竞争力。

技术更新速度快：技术的快速更新要求会展行业不断学习和适应新技术，如人工智能、大数据、虚拟现实等，这对于许多企业来说是一个挑战。

数据安全与隐私问题：在数字化转型的过程中，数据安全和隐私保护成为重要议题。会展企业需要确保客户信息的安全，避免数据泄露的风险。

（二）机遇

技术创新带来的新体验：新技术的应用为会展行业带来了新的可能性，如虚拟现实可以提供沉浸式的展览体验，增强现实可以丰富现场互动。

大数据与分析工具：大数据分析可以帮助会展企业更好地了解市场和客户需求，优化营销策略，提高运营效率。

在线平台的扩展：在线平台为会展行业提供了新的展示和交流空间，使得活动可以突破时间和空间的限制，吸引更广泛的参与者。

个性化和定制化服务：随着消费者需求的多样化，会展行业可以通过提供个性化和定制化的服务来满足不同客户的需求。

新兴市场的开拓：随着全球经济的发展，新兴市场为会展行业提供了新的增长点。企业可以通过开拓这些市场来实现业务的扩张。

政策支持与合作机会：许多国家和地区的政府都在积极支持会展行业的发展，提供政策优惠和资金支持，同时促进国际合作。

品牌建设与文化传播：会展活动是品牌建设和文化传播的重要平台。企业可以利用会展活动提升品牌影响力，传播企业文化。

（三）结论

面对挑战与机遇并存的现状，会展行业需要不断创新和适应变化。通过积极拥抱数字化转型、注重可持续发展、加强国际合作、利用数据分析优化服务，会展行业可以克服挑战，抓住机遇，实现长远的发展。

四、数字会展相关研究

改进现存问题是实现会展业高质量发展的关键，众多学者从技术层面切入，探究新技术引领会展业发展的实践。随着互联网和大数据等信息技术逐渐家喻户晓，应用领域更加丰富，会展业如何利用最新技术提升自身效益值得关注。刘宇（2021）发现未来许多企业会把新技术注入传统产业，通过新旧技术的融会贯通助推质的飞跃。"十四五"规划中明确指出，需要大力推进数字产业化。因此，会展业也应顺应时代趋势，跻身数字领域，借助新科技，打破传统模式，开辟出智慧会展发展的新路径。

目前的文献主要集中在数字会展、智慧会展、虚拟会展等技术应用层面，在如何提高相关主体的参与度层面较为欠缺。李岩（2021）认为在互联网与信息技术高速发展的时代，会展行业转型升级势在必行。经过对西安市智慧会展相关信息的剖析，提出了双线融合的发展理念并应用到西安的智慧会展运营实践。孟凡新（2021）表示新冠疫情推动会展业更新迭代，提出会展行业正历经新旧动能的转换，后续还需继续加强对数字会展的基础设施的投入、强化数字会展人才队伍、多次试验完善数字会展商业模式、增强信息化基础等，实施推进会展产业加快数字化转型发展。为了复苏和重振会展业，线上展会（云展会、直播展会）等新模式成为推动会展经济发展的重要渠道。刘海莹（2020）提出线上会展的出现是疫情期间的时势所需，不管是疫情的彻底消失，还是疫情常态化的维持，会展业的线上会展时代已经拉开帷幕。赵爱玲（2020）认为依靠现代数字化科技开展线上展会活动的形式将会迎来它的高光时刻。为更好地发展线上会展，科学技术不容忽视。姚争鸣（2020）分析会展业未来的发展趋势，强调"互联网+"时代的到来对会展业的巨大作用，提出国内会展业融合发展的趋势及线上会展发展所存在的问题，并制定了适合线上会展发展的研究策略。郝海媛（2021）通过对国内外线上会展发展历程的回顾，指出了线上会展的独特价值，分析了线上会展与线下会展的关系。任慧媛（2020）分析了互联网巨头对线上会展发展的影响，并分析了线上会展的体验感与盈利模式，提出线上会展与线下会展的融合策略。施宗桥（2021）提出线上会展对线下会展在展品宣传、信息传播、合约洽谈、场地受限等方面的弥补作用，分析了在新型技术支持下的线上会展平台概况。张杰丽、童端鹰（2021）针对疫情背景下在义乌市所举行的展会活动，分析了义乌市线上会展与线下会展双向融合的发展现状。金盛翔（2020）提出数字化背景下线上会展发展的可行性以及疫情当下线上会展发展的关键点。金艳（2022）从传统会展品牌塑造的影响因素出发，以"广交会"为例，从知名度、认知度、联想度、忠诚度四个角度塑造数字化转型背景下的线上会展品牌。宗祖盼、王惠冰（2021）对互联网时代和后疫情时代的会展业进行了分析，提出了针对会展业数字化转型融合的新模式。程艳华（2021）全面分析了线上会展的特征及优势和新时代背景下的线上会展的发展动力，并提出了相应的实施策略。数字会展相关文献汇总如表1-1所示。

表1-1 数字会展相关文献汇总

作者（年份）	主要观点
李岩（2021）	提出了双线融合的发展理念，并应用到西安的智慧会展运营实践
孟凡新（2021）	线上展会（云展会、直播展会）等新模式成为推动会展经济发展的重要渠道
刘海莹（2020）	会展业的线上会展时代已经拉开帷幕
赵爱玲（2020）	需要依靠现代数字化科技开展线上展会活动
姚争鸣（2020）	"互联网＋"时代的到来对会展业的作用巨大，制定适合线上会展发展的研究策略
郝海媛（2021）	指出线上会展的独特价值，并分析线上会展与线下会展的关系
任慧媛（2020）	分析线上会展的体验感与盈利模式，提出线上会展与线下会展的融合策略
施宗桥（2021）	提出线上会展对线下会展的弥补作用，并分析在新型技术支持下的线上会展平台概况
张杰丽、童端鹰（2021）	分析义乌市线上会展与线下会展双向融合的发展现状
金盛翔（2020）	提出数字化背景下线上会展发展的可行性以及疫情当下线上会展发展的关键点
金艳（2022）	分析了数字化转型背景下的线上会展品牌
宗祖盼、王惠冰（2021）	提出了针对会展业数字化转型融合的新模式
程艳华（2021）	分析了线上会展的特征及优势和新时代背景下的线上会展的发展动力

诸多专业学者关注会展行业的发展趋势，对数字会展发展所存在的问题进行了归纳分析，并有针对性地提出了具有实际成效的措施与建议，这对会展业的数字化转型和线上会展发展都具有巨大的推动作用，并且互联网、数字化等高新技术是其发展的重要依托。

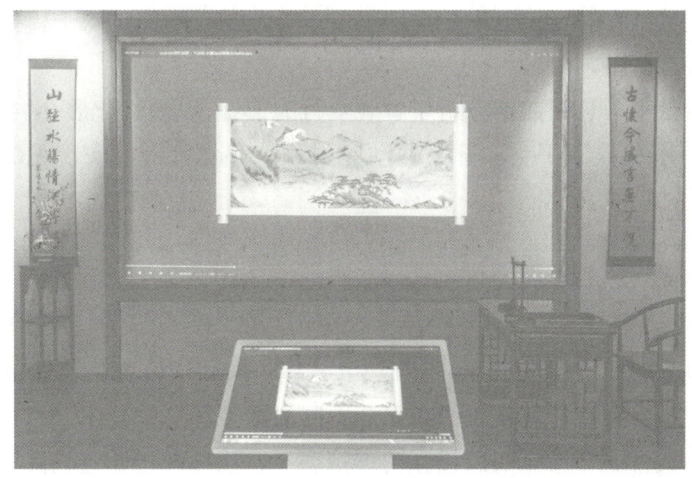

图1-2 数字艺术展示

第二节 智慧会展的概念与发展历程

一、智慧会展

智慧会展场馆的特点

智慧会展是以移动互联网技术为依托，以一种智慧的方法提供实时社交的开放平台，凭借最新的科技改变会展参与各方信息交互的方式，提高商务洽谈的明确性、效率、灵活性和响应速度，以此实现会展资源的高效利用和会展服务的优化完善。

随着移动互联、大数据、云计算、物联网以及三维全景技术、虚拟现实技术、增强现实技术等现代科技的快速发展，传统会展向现代会展转型，办展机构利用这些技术开展更加高效的会展服务，呈现更加优美的展品展示，获取更有价值的展会数据，促进更为广泛的贸易洽谈，促使更佳参展效果的达成。

在"大众创业、万众创新"的社会背景下，智慧会展不仅改变了传统会展运作的方式，更影响了我们了解和思考会展的习惯，为会展产业链各环节的创新创业提供了无限可能性。正如加拿大著名传播学家麦克卢汉"媒介即讯息"的观点，媒介是现代科技的代表，科技影响社会、经济和文化的发展，也将更为深刻地促进社会变革。

物联网。利用物联网技术进行实时数据采集、环境监测和互动体验。

增强现实（AR）和虚拟现实（VR）。增强展览体验，用于模拟展品，更好地讲好展品故事。

大数据分析。利用数据分析了解观众行为偏好，以便优化展会内容和布局。

移动应用和数字平台。开发移动应用和数字化平台，实现无缝导航、内容交付和互动功能。

二、智慧会展技术

虚拟现实技术（Virtual Reality，VR）是一种利用计算机生成的三维图像和声音，模拟出一种与现实相似或完全不同的虚拟环境的技术。虚拟现实技术可以帮助会展行业打造真实感极强的虚拟展厅，让参观者如身临其境一样感受产品展示和互动体验。

拓扑学（Topology，Topo）是对空间和形状的研究，该技术可以描述和分析物体之间的连通性和相对位置关系。在虚拟展厅中，拓扑学可以为参观者提供更加自由、灵活的交互模式，让参观者更便捷地浏览展品信息。

人工智能技术（Artificial Intelligence）可以帮助企业实现语音识别、图像识别、自然语言处理等多项功能，从而为参观者提供更加智能化、便捷化的服务体验。在虚拟展厅中，可以使用人工智能技术实现自动化导览、个性化推荐等功能。

数字显示器的早期采用：从传统标牌过渡到动态数字显示器，以提高内容的灵活性和受众的参与度。

RFID 和 NFC 的集成：使用 RFID（射频识别）和 NFC（近场通信）进行访客跟踪、访问控制和个性化交互。

云计算和连接：转向基于云的解决方案，用于跨多个设备和位置的数据存储、协作和实时更新。

机器学习（Machine Learning，ML）指利用人工智能算法对展会数据进行分析、预测和优化，以提升展会的智能化水平和个性化体验。它在展前通过数据挖掘精准匹配观众与展商、预测客流优化展馆布局，展中通过智能客服、观众行为分析和语音/手势交互提升互动体验，展后通过情感分析、客户挖掘和趋势预测优化展会效果，最终实现高效运营和精准营销。

三、智慧会展的特点

智慧会展是一种创新的会展形式，它利用先进的信息技术，实现对会展活动全流程的智能化管理与服务。智慧会展的特点如表1-2所示。

表1-2 智慧会展的特点

特点	主要功能
数据驱动	通过收集和分析大量数据，为会展活动的策划、运营和评估提供决策支持
技术集成	整合多种技术，如AR/VR、移动应用、智能硬件等，以增强参与者的互动体验
个性化服务	根据参与者的行为和偏好提供定制化的内容和服务
智能管理	自动化和智能化的管理系统，提高会展活动的运营效率
环境友好	注重环保和可持续性，减少会展活动对环境的影响

四、智慧会展的发展历程与关键转折点

（一）起步阶段（20世纪末至21世纪初）

随着互联网的普及，会展行业开始尝试在线展览和电子票务系统。这一阶段出现了一些基本的数字化服务，如在线注册、电子导览等。

（二）技术整合阶段（21世纪初至2010年代初）

会展行业开始整合多种技术，如移动应用、社交媒体和在线直播，以提升参与者的体验。这一阶段出现了一些初步的智能化管理系统，如自动化的参展商和观众管理系统。

（三）大数据与云计算的应用（2010年代初至中期）

大数据技术开始被应用于会展活动的市场分析和客户关系管理。云计算平台为会展活动的在线服务提供了强大的技术支持。

（四）移动优先与社交媒体的兴起（2010年代中期）

随着智能手机的普及，会展行业开始实施移动优先策略，开发各种移动应用。社交媒体成为会展营销和品牌推广的重要渠道。

（五）虚拟现实与增强现实的融合（2010年代中期至后期）

VR和AR技术开始被引入会展行业，提供沉浸式和互动式的展览体验。一些大型会展活动开始尝试使用VR/AR技术，以吸引年轻观众。

（六）人工智能的引入（2010年代后期至今）

人工智能技术，特别是自然语言处理和机器学习，被用于提升会展活动的智能化水平。这一阶段出现了智能客服、语音助手和个性化推荐系统等应用。

（七）区块链技术的探索（近年）

区块链技术被探索用于提高会展活动的安全性和透明度，特别是在票务和交易管理方面。

（八）疫情影响下的加速转型（2020年至今）

新冠疫情的发生迫使许多实体会展活动转向线上，加速了智慧会展的发展。这一阶段在线展览和虚拟会议成为新常态，推动了会展行业的数字化转型。

（九）可持续发展的重视（近年）

随着社会对环境保护意识的提高，会展行业开始重视可持续发展，探索绿色会展的实践。

五、未来展望

智慧会展将继续整合更多创新技术，如5G、物联网和边缘计算，以实现更高效、更智能的会展活动。个性化和定制化服务将成为智慧会展的重要发展方向，以满足参与者的多样化需求。

微课

智慧会展：技术革新与行业未来

第三节　科技的进步与会展行业的未来

随着科技的不断进步，会展行业也在迎来新的发展机遇和挑战。本节将探讨科技的进步如何影响会展行业，并展望未来的发展方向。

一、电子签到

在各类会、展、节、演、赛活动中，参加活动的人需要在现场验明身份，领取证件，作为进出会场凭证入场，这个流程叫作签到（Check in），有时也叫报到。签到其实包含签进和签出，签出就是 Check out。在古代，由于信息技术不发达，签到也有"点卯"之说，就是清点人数的意思。电子签到就是利用信息化的软硬件技术帮助活动主办方完成参与人员签到的过程，以证明活动参与者到场，同时记录参加活动的行为轨迹。签到和签出很重要，因为不仅是享受权益，也涉及法律责任，万一出现了理赔责任，只有签到的凭证数据才可以作为法律上理赔的依据。会议活动中的签到,虽说不一定涉及法律理赔，但是可以作为到场的证明和记录参会时长（以获得参会的学分）。而签到数据统计可以说明会议的出席率，证明哪些是热门的会议话题等功能。在签到过程中，参会嘉宾现场身份识别的方法主要表现为：嘉宾的合法性验证—签到验证—签到确认—核销—核销后—用户反馈，整个环节形成现场管理的闭环。验证的方法有手机号识别、人脸识别、二维码识别、身份证识别、姓名识别等。

在数字化时代，用户行为、用户画像和用户分析越来越重要，因此必须对参加活动人的线下行为轨迹在一个系统平台内进行一站式的管理，所以电子签到从签到软件向签到系统发展。电子签到系统，是基于计算机技术、通信技术、身份识别及多媒体互动技术、网络科技技术等软硬件技术开发的，服务会展活动人员现场签到，记录参会"凭证"的系统。电子签到系统通常与注册数据系统、证件管理系统和门禁系统实现无缝衔接，确保一站式全流程对参会人数据流进行管理和统计，实现会议活动的营销、宣传推广、邀约、注册、审核、现场签到、证件打印制作、门禁管理一体化。电子签到系统通过软硬件技术的集成，让参会嘉宾充分感受到现场"高效、创意、便捷、安心"的签到服务，帮助活动主办方提高效率和工作协同。

二、活动管理系统

会展活动管理的流程不仅复杂，周期也很长，烦琐而割裂的工作很容易造成效率低下，漏洞百出，影响参会者体验。会议的主办者需要一款能满足创建活动、管理活动营销、宣传推广、现场管理和会议报告的一站式活动管理平台，同时能满足演讲人、参会者等群体通过网站和移动端入口访问大会信息、注册/购票和发票、现场/线上参会观展、观看直播、日程和收藏、社交与互动等全场景数字化体验，这样的软件平台就是一站式活动管理系统。

31会议的31轻会、31大会易、31展览就是分别针对企业级活动、复杂大型会议活动和展览会博览会的一站式管理而开发的活动管理系统。2020年新冠疫情发生以来，当行业内普遍遇到线下会展活动的取消、延期，一般选择以线上和线下相结合的形式举办。31会议紧跟时代发展脉络，对31轻会、31

大会易、31展览进行了升级,成为一站式、全场景、线上与线下融合的会展科技综合服务商。

数字会展业务中台是31活动管理系统的最大创新,也是中国乃至全球首个会展业务中台。为了实现这个数字会展中台,不仅需要技术创新,还需融入我们对日益复杂活动的深刻理解。31活动管理系统的七大创新亮点具体表现为:

● 支持多种身份、多种类别、多种任务、多种票价、多种权限的人员进行注册、签到。

● 支持不同活动类型,满足会中有展、展中有会等复合型会展活动的举办。

● 支持一个平台管理多场会、多场展、运营全年会。

● 支持一个平台线上与线下、实体与虚拟形式的办会、办展。

● 支持参会人数据沉淀在一个平台,赋能持续营销。

● 支持参会人数据与主办方CRM系统对接,满足营销自动化需求。

● 支持SaaS方式和私有化。

三、SaaS云服务

SaaS是Software-as-a-Service的缩写名称,意思为软件及服务,即通过网络提供软件服务,不需要用户将软件产品安装在自己的电脑或服务器上,因此是与本地部署或私有部署相对应的另一种服务模式。与本地部署相比,SaaS云服务具有显著的优势,对会展企业而言,使用SaaS化的数字会展软件和系统服务的优点在于:

从技术方面来看,企业无须再配备IT方面的专业技术人员,同时又能得到最新的技术应用,满足企业对信息管理的需求。

从投资方面来看,企业不需要自建机房和服务器,只需以相对低廉的"年费"方式进行订阅和续费,不用一次性投资到位,不占用过多的营运资金,从而缓解企业资金不足的压力;不用考虑成本折旧问题,并能及时获得最新硬件平台及最佳解决方案。

从维护和管理方面来看,由于企业采取租用的方式来进行业务管理,不需要专门的维护和管理人员,也不需要为维护和管理人员支付额外费用,在很大程度上缓解了企业在人力、财力上的压力,使其能够集中资金对核心业务进行有效的运营。

从弹性扩容方面来看,当会展活动举办期间面对大量的人员访问时,可以通过云服务弹性扩容，保障访问的便捷性和安全性。而在非会展期间可以自动减少云资源的使用，从而具有良好的灵活性、扩展性和安全性。就安全性而言，由主流的云厂商提供的安全保障更能满足保障的能力。

四、线上展会

线上展会（Online Exhibition 或 Online Tradeshow），又称为"线上展览"，某些场景下也称为"云会展"。线上展会是指利用互联网、移动互联网、大数据、人工智能等多种技术搭建在线展示交流的平台，帮助展商展示企业和展品信息，帮助观众实现线上观展。高阶版的线上展览还包括线上预约洽谈、供采匹配、智能推荐、在线撮合等功能，比如线上广交会就是线上展会的高阶版。

五、线上展厅

线上展厅是与传统线下物理的实体展厅相对应的一个概念，是指通过2.5D、3D建模或者实景虚拟的形式创造线上的数字空间，即线上展厅。在这个空间里，观众和访客可以通过互联网访问线上展厅，实现政府企事业等各类机构的文化展示，企业展品和产品、文化创意类展品的展览展示，从而实现多维度、全方位的营销、宣传推介和科普教育等复合功能，最终以数字化技术重构了空间、物体和人的交互场景。线上展厅和虚拟展厅有交集，前者注重与互联网PC和移动端的访问接入，后者侧重虚拟的展示形式。

（一）线上展厅的应用场景

目前，线上展厅主要有以下应用场景，分别是会展场景、企业营销场景、博物馆场景、园区场景。31研究院做了大量的行业标杆案例和研究，无论是在会展领域还是在企业参展领域，在疫情不可控、观众到场无法保证、减少搭建的碳排放、扩大宣传成果等多种因素的共同作用之下，会展主办方和参展企业利用线上展厅展示虚拟展厅、虚拟展品越来越普遍。

1. 会展场景

在会展场景里面，线上展厅是指会展和博览会的主办方或者参展企业搭建线上展厅、线上精品馆、线上国家馆，以虚拟结合图文和音视频的形式实现参展企业和目的地的形象推介、产品介绍、项目推介。在商业展中，线上展厅还可以通过在线洽谈、数字人客服、交换电子名片、在线询盘等方式实现客户线索的留存，实现商机最大化和成果转化。

2. 企业营销场景

在企业营销场景里面，品牌企业通过搭建线上展厅，以虚拟和图文、音视频等相结合的技术手段，向内部或外部访客展示企业文化和品牌形象，推介企业成果、最新产品信息，实现营销推广和销售促进的作用。

3. 博物馆场景

博物馆、文史馆、档案馆、景区、科技馆等各类文博类场馆方搭建一个线上展厅，以虚拟和图文、音视频等相结合的技术手段，营造沉浸式体验，向访客展示馆藏的藏品、展品、文献资料，宣传推介专业的历史文化、历史文物、历史人物、历史事迹和历史遗迹、专业科普。

4. 园区展示场景

各类开发区、科技园区、城市规划馆搭建一个线上展厅，以虚拟和图文、音视频等相结合的技术手段，向访客展示园区规划、历史沿革、科创成就，宣传推介城市和园区的产业发展、重点功能区建设、社会事业、重大项目、投资热土、交流合作、招商政策、发展规划等内容，从而提升园区和城区的目的地品牌形象，吸引贸易和投资。

（二）线上展厅的优势和价值

线上展厅是一种新的范式，线上模式会长期存在，因此线上会带来更多的观众、更多的展品、更多的展示空间、更多的线上社交和线上活动、更多的科技应用和更多的数据。31研究院的研究表明，采用线上展厅的形式，展厅的主办方（业主方）获得的数据至少是纯线下实体展厅的20倍，而且数据质量更精准。对于线上展厅的主办方而言，有了更多的数据，意味着展示的价值和搭建线上展厅的回报率可以通过数据来量化。

（三）线上展厅的发展趋势

1. 虚实融合一体化

所谓虚实融合一体化是指线下实体展厅和线上展厅有融合的趋势。主办方和企事业机构在线下会有实体的展厅空间，由线下的工作人员接待来访的访客，在线上也利用数字技术复制了一个线上数字化的虚拟空间，从而达到了空间的虚实融合的一体化。通过虚实融合的展厅可以实现更多的内容和营销发布渠道、游戏化的应用、展厅和展品长期可用，可以实现直播的新场景、视频广告的植入，还可以嵌入一对一的预约洽谈。通过虚实融合的展厅观众和访客可以前往线下展厅观展、洽谈，也可以选择以线上观众的身份进行线上访问和线上互动，从而实现互动的虚实融合的一体化。

2. 多种技术和场景的集成化

随着AI、大数据、物联网等技术的发展，线上展厅将具有更多的应用技术和场景，比如虚拟人的应用：在线上展厅可以使用虚拟人技术，担任虚拟客服、虚拟讲解员，实现全年不间断的智能服务。数字藏品的应用：使用数字藏品技术，在线上展厅可以实现数字藏品的购买、赠送。虚拟社交的应用：在线上展厅可以实现观众之间的社交活动，如进行文字或语音聊天、交换数字名片、开展投票等。虚拟服务的应用：随着线上展厅场景应用向纵深发展，虚拟服务的应用就是与服务场景相结合，比如在线购票、在线培训讲座、线上办事大厅、虚拟办公等场景。

六、虚拟展览

虚拟展览（Virtual Exhibition 或 Virtual Tradeshow），又称"虚拟展会"，是指主要以营造虚拟体验、交流和展示为主要目标，通过互联网、3D建模、虚拟现实（VR）、增强现实（AR）、混合现实（MR）、数字孪生、多媒体动画、视频技术、社交技术等多种技术手段相结合，实现展览空间、展台、展品、项目等展示对象的虚拟化，为虚拟展会的观众营造身临其境的沉浸式展示环境。

（一）虚拟展览和线上展览的关系

虚拟展览与线上展览的关系很容易混淆，尽管有混用但本质上二者还是有区别的。可以说虚拟展览主要是在线的为主，因为只有在线虚拟展览才能吸引更多线上观众观展。尽管也有极少数虚拟展览是使用局域网或线下纯虚拟技术实现的，但这不是我们今天所讨论的虚拟展览。而线上展览可以有虚拟技术，也不一定有虚拟技术的使用。虚拟展览可以是线上展览的组成元素和内容，但线上展览的内涵和外延更广。值得注意的是，国内所说的虚拟展览与国际上所说的 Virtual Event 或 Virtual Tradeshow 不是同一个意思，国际上说的 Virtual 不是指空间和展品的虚拟，而是侧重于强调屏对屏形式的虚拟（也就是与面对面线下展览相对应的概念）。

（二）虚拟展览的核心元素

顾名思义，虚拟展览包括虚拟空间、虚拟展台、虚拟展品的虚拟化，因此就虚拟展览而言，最核心的元素必须包含有虚拟的展览空间（如虚拟展厅、虚拟展览场馆），虚拟空间的基础上拓展出虚拟的展台、虚拟的展品、虚拟的人（展商和观众）。如果没有一个共有的虚拟空间进行展示，而只有孤立的虚拟展台或展品,那就只能是虚拟展示,而不是虚拟展览。在元宇宙时代,虚拟展览是元宇宙会展的核心要素,因为都必须有虚拟的元素和场景。但元宇宙展览的要求更高,场景更多,比如元宇宙展览不仅需要有虚拟的展览空间,还需要有虚拟的人,而虚拟的人必须可以以虚拟分身在虚拟空间进行漫游和交流互动。虚拟展览的核心元素如表1-3所示。

表1-3 虚拟展览的核心元素

核心元素	具体应用
信息技术	大多数会展都开发了自己的移动应用程序,用于会议日程管理、实时信息更新、参展商和观众互动等。在线注册和票务系统:简化了参展和参观流程,提高了效率,并减少了纸质票据的使用
社交媒体和数字营销	社交媒体平台被广泛用于宣传和品牌推广,通过互动提高参与者的参与度和忠诚度。数字营销工具用于目标受众分析、个性化推广和营销效果跟踪
虚拟现实(VR)和增强现实(AR)	VR和AR技术提供了沉浸式体验,使得远程参展者能够虚拟参观展览,增加了展览的互动性和吸引力
大数据和分析工具	大数据技术用于收集和分析参与者行为,优化会展策划和提高个性化服务。预测分析帮助会展组织者预测趋势,优化资源分配和提升参展效果
云计算	云计算提供了数据存储、处理和共享的平台,使得会展活动可以更灵活、更高效地进行
物联网(IoT)	物联网技术在会展行业中用于智能监控、环境控制和资产管理,提高了会展的智能化水平
人工智能(AI)	AI技术被用于智能客服、语音识别、自然语言处理等,提升了客户服务的效率和质量
3D打印和快速制造	3D打印技术使得展位设计和展品制造更加灵活和经济,快速响应市场和客户需求
智能硬件	智能手环、智能导览设备等硬件产品用于提升观众体验,如导航、信息推送等
绿色科技	会展行业越来越重视环保和可持续性,使用绿色能源和环保材料,减少对环境的影响
数字化转型	新冠疫情加速了会展行业的数字化转型,线上展览、虚拟会议成为新常态
安全技术	安全技术如人脸识别、RFID追踪等被用于提升会展的安全性和效率

七、区块链技术提高交易透明度和安全性

(一)去中心化特性

区块链的去中心化特性意味着没有单一的控制中心或存储位置,数据在

网络中多个节点间复制和分布，这增加了数据的安全性和透明度。

（二）不可篡改的记录

一旦交易被记录在区块链上，就几乎不可能被更改或删除。这种不可逆性确保了交易记录的完整性和可靠性。

（三）智能合约

智能合约是自动执行的合同条款，它们在满足预设条件时自动执行相关操作，减少了欺诈和错误的可能性。

（四）增强的可追溯性

区块链提供了一个清晰的交易追踪路径，使得监管机构和参与者能够轻松追踪和验证交易。

（五）防止票务欺诈

区块链技术可以确保票证的真实性，通过加密技术为每张票分配一个独特的标识符，难以伪造。

（六）控制票价和转售

智能合约可以设置票价上限，防止价格操纵和非法倒卖，同时允许主办方和艺术家从转售中获得收益。

（七）提升交易速度

区块链技术可以加快票务交易速度，减少传统票务系统中的等待时间。

（八）改善客户体验

用户可以直接通过区块链平台购买和管理票证，简化了购票流程，提高了用户体验。

科技引领会展未来：
线上展会与虚拟展览
的深度剖析

第四节 会展数字化素养

在数字化时代，会展行业的数字化素养已经成为展商、观众和组织者所必备的核心能力。本节将探讨大数据在会展决策中的作用，并分析数字化素养对于会展行业的重要意义。

一、数字化素养的重要性

数字化素养是指个人在数字环境中有效使用数字技术、工具和资源的能力。这包括基本的计算机操作技能、信息检索、数据分析、网络安全意识以及对数字媒体的理解。

适应数字化社会：随着社会的数字化转型，无论是个人生活还是工作，数字化素养都成为必备的能力。对于会展行业从业者来说，具备高水平的数字化素养可以帮助他们更好地适应行业变化，把握新的工作机会。

提高工作效率：数字化工具和平台可以极大提高工作效率，如使用CRM系统管理客户关系、利用数字营销工具推广活动等。

创新服务模式：数字化素养使会展从业者能够探索和实施新的服务模式，如线上展览、虚拟会议等，满足市场和客户不断变化的需求。

数据驱动决策：具备数字化素养的人员能够更好地利用数据分析结果来指导决策，提高会展活动的针对性和有效性。

二、大数据在会展决策中的作用

市场分析：大数据分析可以帮助会展组织者了解市场趋势、消费者行为和偏好，为会展活动的策划和定位提供依据。

客户洞察：通过分析客户数据，会展组织者可以更准确地识别目标受众，实现精准营销和个性化服务。

运营优化：利用大数据技术，会展组织者可以优化现场管理，如通过跟踪观众行为来调整展览布局和活动安排。

风险管理：大数据分析有助于预测和评估潜在风险，如参展人数波动、安全问题等，使组织者能够提前准备应对措施。

提升体验：通过对参与者行为的分析，会展组织者可以提供更加个性化的体验，提高参与者的满意度和忠诚度。

案例分析：例如，使用 RFID 或 NFC 技术跟踪观众在会展场馆的活动轨迹，分析人们对产品及企业的关注度，并据此调整展览运营管理。

三、大数据的价值

大数据作为一种庞大的信息资源，对于会展行业的决策和发展具有重要的价值。通过对大数据的收集、分析和挖掘，展商和组织者可以更好地了解市场需求和行业趋势，优化展品设计和展示方案，提高展会的吸引力和竞争力。同时，大数据还可以帮助展商和观众实现精准匹配，提高参展效果和观展体验，促进商务合作和交流。

四、大数据在会展决策中的作用

大数据在会展决策中发挥着至关重要的作用。首先，通过对历史数据的分析，展商和组织者可以了解过往展会的参展情况和观众反馈，从而更好地制定展会策划方案和目标设定。其次，通过对市场数据和行业趋势的分析，展商和组织者可以把握市场需求和行业动态，及时调整展会内容和主题，提高展会的吸引力和竞争力。再次，通过对参展商和观众数据的分析，展商和组织者可以实现精准营销和精准服务，提高参展效果和观展体验，促进商务合作和交流。最后，通过对展会数据的监测和评估，展商和组织者可以及时调整展会方案和策略，提高展会的效益和持续发展能力。

五、大数据分析技术

为了更好地利用大数据进行会展决策，展商和组织者需要掌握一定的大数据分析技术。首先，他们需要了解数据采集和清洗技术，确保数据的准确性和完整性。其次，他们需要掌握数据分析和挖掘技术，发现数据中的规律和价值信息。再次，他们需要掌握数据可视化技术，将数据转化为可视化的图表和报告，直观地展示数据分析结果。最后，他们需要掌握数据应用和决策支持技术，将数据分析结果应用于会展决策和实践中，提高会展的效益和竞争力。

六、数字化素养的重要性

数字化素养对于展商、观众和组织者来说都是至关重要的。首先，展商需要具备数字化素养，才能更好地利用大数据进行展品设计和展示方案的优化，提高参展效果和品牌形象。其次，观众需要具备数字化素养，才能更好地利用大数据进行展会信息的获取和展品的选择，提高观展满意度。最后，组织者需要具备数字化素养，才能更好地利用大数据进行展会策划和管理，提高展会的吸引力和竞争力。

七、提升数字化素养的途径

为了提升数字化素养，展商、观众和组织者可以通过以下途径进行学习和实践。首先，他们可以参加相关的培训和课程，学习大数据分析技术和数字化素养知识。其次，他们可以参与实际的项目和案例，运用所学知识进行实践和探索。再次，他们可以积极参与行业交流和合作，与同行分享经验和成果，共同推动行业的发展和进步。最后，他们可以利用互联网和社交媒体等平台，获取最新的信息和资源，拓宽数字化素养的视野和思路。通过以上方式，展商、观众和组织者可以不断提升自己的数字化素养，更好地适应数字化时代的发展需求，实现会展行业的可持续发展和繁荣进步。

当前会展新技术的现状和发展趋势在不断演变，主要受到科技创新的推动和行业需求的影响。以下是对当前会展新技术的现状和发展趋势的解读：

（一）虚拟和增强现实技术（VR/AR）

随着VR/AR技术的不断成熟和普及，会展行业也开始广泛应用这些技术。通过虚拟现实技术，参展商和观众可以在没有实际到场的情况下参与会展活动，这为远程参与者提供了更多的参与方式。增强现实技术则可以增强展览体验，使参展者能够与虚拟展品进行互动，并提供更加生动和沉浸式的体验。

（二）人工智能（AI）

人工智能技术在会展行业的应用越来越广泛，可以帮助组织者更好地管理展览活动和优化参展者体验。例如，AI可以用于智能推荐展品、根据观众兴趣定制展览路线、提供实时语音翻译服务等。此外，AI还可以分析大量的数据，帮助组织者更好地了解参展者的需求和行为模式，从而优化展览策划和运营。

（三）区块链技术

区块链技术在会展行业的应用也逐渐增多。区块链可以提供安全可靠的数据存储和交换方式，帮助会展组织者更好地管理展览数据、参展者信息和交易记录。例如，通过区块链技术，可以建立去中心化的展览信息平台，确保展览数据的安全性和透明度，防止信息篡改和泄露。

图1-3　人工智能机器人展示

（四）大数据和数据分析

大数据和数据分析在会展行业中的作用也日益凸显。通过收集和分析大量的展览数据和参展者信息，会展组织者可以更好地了解市场趋势、观众需求和展品受欢迎程度，从而进行更精准的展览策划和营销推广。大数据和数据分析还可以帮助组织者进行展览效果评估和ROI分析，为未来的展览活动提供参考依据。

（五）物联网（IoT）

物联网技术的发展也为会展行业带来了新的机遇和挑战。通过物联网技术，可以实现展览场馆设施的智能化管理和监控，例如智能灯光、空调和安全系统。物联网还可以帮助展览组织者收集参展者数据和行为轨迹，提供更个性化的服务和体验。

综上所述，当前会展新技术的现状和发展趋势呈现多样化和前沿化的特点，随着科技的不断创新和应用，会展行业将迎来更加智能化、数字化和个性化的发展方向。

本章小结

1. 会展行业作为商业、文化和社会交流的重要载体，源远流长，起源可以追溯到古代各个文明时期。最早的会展活动可以在古代的集市和贸易活动中找到，这些集市是人们交流、交易和传播信息的场所。随着社会的发展和经济的繁荣，会展活动逐渐演变和发展，成为推动产业发展和文化传承的重要方式之一。

2. 全球会展行业呈现出多元化、专业化、国际化和数字化的发展特点。

3. 面对挑战与机遇并存的现状，会展行业需要不断创新和适应变化。通过积极拥抱数字化转型、注重可持续发展、加强国际合作、利用数据分析优化服务，会展行业可以克服挑战，抓住机遇，实现长远的发展。

4. 智慧会展是以移动互联网技术为依托，以一种智慧的方法提供实时社交的开放平台，凭借最新的科技改变会展参与各方信息交互的方式，提高商务洽谈的明确性、效率、灵活性和响应速度，以此实现会展资源的高效利用和会展服务的优化完善。

5. 线上展会（Online Exhibition 或 Online Tradeshow）又称为"线上展览"，某些场景下也称为"云会展"。线上展会是指利用互联网、移动互联网、大数据、人工智能等多种技术搭建在线展示交流的平台，帮助展商展示企业和展品信息，帮助观众实现线上观展。高阶版的线上展览还包括线上预约洽谈、供采匹配、智能推荐、在线撮合等功能，比如线上广交会就是线上展会的高阶版。

6. 虚拟展览（Virtual Exhibition 或 Virtual Tradeshow）又称"虚拟展会"，是指主要以营造虚拟体验、交流和展示为主要目标，通过互联网、3D建模、虚拟现实（VR）、增强现实（AR）、混合现实（MR）、数字孪生、多媒体动画、视频技术、社交技术等多种技术手段相结合，实现展览空间、展台、展品、项目等展示对象的虚拟化，为虚拟展会的观众营造身临其境的沉浸式展示环境。

7. 数字化素养是指个人在数字环境中有效使用数字技术、工具和资源的能力。这包括基本的计算机操作技能、信息检索、数据分析、网络安全意识以及对数字媒体的理解。

课内实训

尝试利用新技术收集、整理和分析会展行业的演变的相关资料，并提取出有价值的信息。

思考题

1. 智慧革命对会展行业的影响和意义是什么？
2. 智慧技术在会展行业中的应用场景和作用分别有哪些？

第二章

大数据与会展管理

思维导图

- 大数据与会展管理
  - 大数据概述
    - 大数据的定义
    - 大数据的特点
    - 大数据的思维变化
    - 大数据时代给会展企业带来的影响
  - 会展项目基础信息
    - 会展名称
    - 举办地点
    - 办展单位
    - 办展时间
    - 展品范围
    - 办展频率
    - 展会规模
    - 展会定价
    - 人员分工、招商招展和宣传推广计划
    - 展会进度计划、现场管理计划和展会相关活动计划
  - 会展注册数据管理
    - 注册报名渠道
    - 注册数据
  - 观众信息管理与数据分析
    - 观众数据分析的意义
    - 数据收集
    - 数据分析方法
    - 观众数据分析案例
  - 参展商信息数据分析
    - 参展商数据分析的作用
    - 参展商数据分析的流程
    - 参展商数据分析案例

 **学习目标**

【知识学习目标】

1. 了解大数据的概念与特点。
2. 明确会展相关数据类型。
3. 掌握数据收集的途径和数据分析的方法。

【能力培养目标】

1. 理解会展数据管理的重要性。
2. 能够依据会展项目特点，进行不同类型会展数据的收集和分析。

【素质培养目标】

1. 信息素养：提升信息素养，做好数据收集、分析与管理工作，同时要树立安全意识和大局意识，保护客户信息安全。
2. 持续学习和自我提升：鼓励持续学习和自我提升的态度，不断学习和掌握会展行业数字化发展所需的知识与技能。

 **开篇引例**

见证"中国制造"变迁是广交会推动新质生产力的底气

广交会结合时代趋势，不断延伸、打通、组合，推进功能的再造、生态的融合、创新要素的流动，成为生产力和创新力的转换器，成为新质生产力发展的有力见证者、推动者和引领者。

新质生产力2024年被首次写入《政府工作报告》。新质生产力的特点是创新，是对注重劳动力、土地和资本作用的传统生产力理论的突破，需要形成知识、技术、数据等创新要素驱动的发展新动能。品牌展会作为产业发展风向标，汇聚了最前沿的产业信息和知识，是助力培育新质生产力的关键抓手。

展会作为生产性服务业，触发产业创新是其重要价值。这是由展会的临时产业集群特征决定的。展会在短时间内将某一产业的全球（区域）产业链压缩于一个特定的空间，来自产业链上中下游的企业围绕新产品展开高强度的现场互动。从展会现场来看，展会作为临时性产业集群，集聚人才、技术、知识等产业创新要素，是创新扩散的中心。展会的重要特质在于对"新"的强调。尤其是产业中的全球顶尖展会，更是成为企业集中发布新产品的平台，新产品、新技术、新工艺、新解决方案、新组合在此高度集聚，进而产生裂变。展会中面对面沟通产生的蜂鸣效应，促进新技术、新知识、新应用沿产业链横向与纵向迅速扩散。从长期来看，展会引发行业创新的螺旋式上升，周期性的举办可带来持续性的动态引领作用。展会中获取的信息是企业战略决策的重要依据，引发企业后续的一系列创新与研发行为，触发产业的新一轮知识创新。周期性举办的展会形成创新要素动态更新，每年、每季度对全球（区域）最新市场需求和技术应用进行定期趋势反映，由此触发适应当下最新发展要求的新质生产力。

作为"中国第一展"，中国进出口商品交易会（以下简称"广交会"）是我国规模最大、商品类别最全的综合性国际贸易展会。广交会期间，各省优质企业和来自200多个国家和地区的境外客商到访广州，他们的消费给广州经济带来了强拉动效应，尤其是对商务服务业、住宿业、批发和零售商务业以及居民服务和其他服务业的拉动更强。根据笔者的测算，一年两届的广交会对广州市的经济拉动可达广州市生产总值的1%至4%。不仅如此，广交会的重要价值还体现在助力新质生产力的生成。广交会既是体现我国生产力高质量跃迁的重要代表，也是生产要素创新性配置的示范场景。

广交会见证我国产业从数量型增长转向质量型增长和可持续发展，是我国战略性新兴产业快速发展的"晴雨表"。近几年，广交会新兴市场采购商及参展商占比持续增加，参展产品结构逐年优化。越来越多的中国企业着力加强自主研发，注重设计与科技的融合创新。由相对低附加值、劳动密集型的传统"老三样"出口产品（服装、家电、家具）逐步升级迭代到当下高技术、高附加值、绿色低碳的"新三样"出口产品（电动载人汽车、锂电池、太阳能电池），广交会参展产品结构的演进式迭代直接反映了我国战略性新兴产业的快速发展。2023年，第134届广交会（秋季）展品相应扩展了新能源汽车及智慧出行、新材料及化工产品等展览题材，代表新质生产力的高科技产品大放异彩。数据显示，第134届广交会展品结构进一步优化，新品首发首展首秀活动超过200场，参展企业带来的新展品大约68万件，其中新能源、工业自动化等高技术含量、高附加值的新展品大约10万件。

广交会搭建起展示创新和推动创新的平台，对加速构建科技、高效能和高质量的先进生产力质态起到促进作用。比如，第134届广交会期间，国内有28 533家优质企业展出新产品，自主品牌和创新设计吸引到境外客商的关注。广交会致力于推动我国出口产品创新，通过设立出口产品设计奖（CF奖）培育原创精神和外贸竞争优势，在我国出口产品创新设计中持续发挥引领效应。随着我国对外贸易以创新发展不断开拓国际市场，广交会也在加大对知识产权的重视程度和保护力度，就此成为知识产权综合保护高地。从第133届开始，广交会成立知识产权专责小组，并由国家、省、市有关部门共同组建驻会的知识产权专家团队，在展览会期间设置知识产权投诉站，形成展前、展中、展后知识产权"全链条"保护体系。在展示创新、鼓励创新和保护创新的理念下,广交会引领我国对外贸易加快创新转型,促进创新成为企业发展的源头活水,加快了生产力发展路径的升级进程。

广交会让中国品牌走向世界,作为我国对外展示的重要窗口和文化名片,充分体现国际化的高水平对外开放。第134届广交会期间,新中式美学的设计创新和专利产品的技术创新,成为俘获外商的两大利器,反映出中国品牌的文化自信和技术引领。广交会见证了中国品牌的从无到有、从弱到强,再到走向世界,这体现在两方面:一方面,从OEM到ODM,逐渐发展到企业自主品牌创建,再到如今新能源汽车等战略性新兴产业的全球引领,广交会见证了我国从"中国制造"到"中国智造"的变迁史,呈现了清晰的外贸升级演变轨迹;另一方面,从早期以价格优势作为主要竞争力出口到欧美发达国家市场,到现在以性价比为突出优势逐步转到"一带一路"共建国家市场,再向以创新为目标竞争优势回归欧美国家市场迈进,体现了我国企业外贸竞争力螺旋式上升的发展路径。广交会开展67年来,世界风云变化多端,但广交会从未中止,这是"对外开放""敢为天下先"的广交会文化符号,也是广交会持续长期推动新质生产力发展的底气。

广交会发挥社会引领与标杆示范作用,作为支点撬动我国产业绿色化和产业数字化转型升级。广交会是我国率先实践绿色会展和数字会展的展会。《广交会绿色发展计划》将绿色布展作为抓手,早在2016年就实现了100%的绿色展位普及率,推动数万个参展企业实现绿色参展。借由绿色会展的推行,绿色低碳理念得以在数万个参展企业中普及。近年来,越来越多的绿色低碳产品在广交会中受到客商欢迎,大大增强了我国企业绿色创新的信心,带动更多企业投入到绿色低碳产品的研发中。此外,近年来,随着5G与云计算、大数据、物联网、人工智能等领域深度融合的新基建快速发展,广交会创新采取线上线下双线展览的形式,开启了展览数字化革新的尝试。云上广交会平台创新融入企业直播、VR看厂、3D摄影等新技术,让更多传统企业接触到以数字技术为导向的新一波科技革命与产业变革,让更多传统产业拥抱数字经济,加快产业转型升级的进程。作为我国影响力最大的综合展,广交会覆盖了13个板块的众多产业,在加快传统产业绿色化和数字化转型、加强绿色化和数字化战略性新兴产业的布局中发挥了不可忽视的杠杆作用。

毋庸置疑,广交会结合时代趋势,不断延伸、打通、组合,推进功能的再造、生态的融合、创新要素的流动,成为生产力和创新力的转换器,成为新质生产力发展的有力见证者、推动者和引领者。

资料来源:罗秋菊.见证"中国制造"变迁是广交会推动新质生产力的底气[N].中国贸易报,2024-03-14.

微课

广交会发展

第一节 大数据概述

一、大数据的定义

（一）大数据的发展历程

大数据的发展经历了几个重要的阶段，萌芽期—成长期—爆发期—大规模应用期，每个阶段都有其独特的特点和里程碑。

萌芽期（1980—2008 年）：在这个时期，随着数据挖掘理论和数据库技术的不断发展和完善，人们开始逐渐使用商业智能工具和知识管理技术。未来学家托夫勒（未来学家）于 1980 年在《第三次浪潮》中第一次提出了"大数据"这个词汇，并且称赞大数据是"第三次浪潮的华彩乐章"。《自然》杂志也在 2008 年 9 月推出了以"大数据"为主题的封面专栏。

成长期（2009—2012 年）：这个阶段大数据市场迅速成长，互联网数据呈爆发式增长，大数据技术逐渐被大众熟悉和使用。肯尼斯·库克尔于 2010 年 2 月在《经济学人》上发表《数据，无所不在的数据》的专题报告，内容达十四页之长。牛津大学教授维克托·迈尔—舍恩伯格于 2012 年发售的《大数据时代》风靡全国，推动了大数据的发展。

爆发期（2013—2015 年）：在这个时期，大数据迎来了发展的高峰阶段，全球范围内开始大力推动和实施大数据战略。以百度、阿里、腾讯为代表的国内互联网公司在 2013 年也开始逐步推出了具有创新性的大数据的应用。国务院于 2015 年 9 月发布了《促进大数据发展行动纲要》，从而对我国大数据发展和应用起到了全面推进的作用，人们的创业创新活力以及整个社会的治理水平也得到了进一步的提升。

大规模应用期：这个阶段大数据应用渗透各行各业，数据驱动决策，信息社会智能化程度大幅提高，出现跨行业、跨领域的数据整合，甚至是全社会的数据整合，从各种各样的数据中找到对于社会治理、产业发展更有价值的应用。

大数据的发展历程不仅见证了技术上的突破和进步，也反映了社会对数据价值的认识和利用方式的转变。从最初的数据挖掘和数据库技术应用，到后来对非结构化数据的处理和大规模计算能力的需求，再到如今的大数据在各领域的广泛应用和深度挖掘，大数据已经成为推动社会进步和产业发展的重要力量。

拓展阅读

大数据技术权威人物：维克托·迈尔-舍恩伯格

（二）什么是大数据

大数据（Big Data）本身是一个抽象的概念。从一般意义上讲，大数据是指无法在有限时间内用常规软件工具对其进行获取、存储、管理和处理的数据集合。

大数据泛指无法在可容忍的时间内用传统信息技术和软硬件工具进行感知、获取、管理、处理和服务的巨量数据集合，具有庞大的数据量、多样化的数据来源、复杂的数据类型以及快速的数据更新等多重特点。

大数据技术本质是提供一种人类认识复杂系统的新思维和新手段。对于海量数据进行存储和分析是大数据的最为核心的价值。

二、大数据的特点

《大数据时代》中指出，大数据可以直接对所有数据进行分析处理，不用随机分析法或抽样调查这种传统方式。IBM 提出了大数据的 5V 特点分别是：Volume——大量、Velocity——高速、Variety——多样、Value——价值、Veracity——质量。

（一）Volume——大量

Volume 表示大数据的数据体量巨大：采集数据量大，存储数据量大，计算数据量大一般是 TB、PB 级别起步的数据。

MB，全称 MByte，计算机中的一种储存单位，含义是"兆字节"。1MB 的存储容量可以容纳 1048576（1024×1024=1048576 字节）个单字节的数据单位。字节（Byte）是存储容量基本单位，1 字节（1Byte）由 8

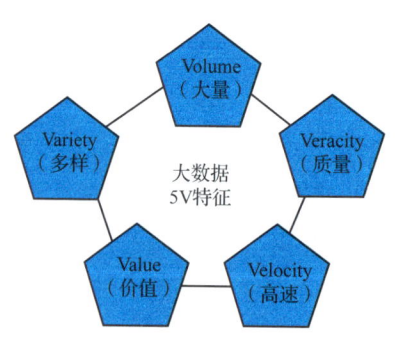

图 2-1　大数据 5V 特征

个二进制位组成。位（bit）是计算机系统中用于表示数据的最小单元，每个位可以是二进制值 0 或 1。通俗来讲，1MB 约等于一张网络通用图片（非高清）的大小。

1GB=1024MB，约等于下载一部电影（非高清）的大小。

1TB=1024GB，约等于一个固态硬盘的容量大小，能存放一个不间断的监控摄像头录像（200MB/ 个）长达半年左右。

1PB=1024TB，容量相当大，应用于大数据存储设备，如服务器等。

1EB=1024PB，目前还没有单个存储器达到这个容量。

(二) Velocity——高速

Velocity 意味着数据的生成、处理和分析速度正在不断加快。业界将大数据的这种处理能力称为"1 秒定律",这表明我们能够迅速从各种类型的数据中提取出具有高价值的信息。与传统的数据处理技术相比,大数据的快速处理能力更加明显。

加速的原因主要有两个方面:

数据的实时性:随着技术的发展,数据的创建越来越实时,这要求数据处理技术能够跟上这种速度,以确保数据的时效性。

流数据的整合:随着业务流程和决策过程中对数据的需求不断增加,将流数据(即实时生成的数据)整合到这些流程中变得尤为重要。这推动了数据处理模式从传统的批处理(批量处理数据)转向流处理(实时处理数据)。

(三) Variety——多样

大数据包括了结构化、半结构化和非结构化数据,涵盖了从日志文件、图片、音频到视频等多种类型的数据源。

与传统的 IT 产业不同,后者主要处理的是较为单一的、格式化的结构化数据。然而,随着传感器、智能设备、社交网络、物联网、移动计算和在线广告等新技术和渠道的出现,数据的类型变得极其丰富和多样化。

当前的数据类型已经远远超出了传统的格式化数据范畴,更多的包括了半结构化和非结构化数据,例如 XML 文件、电子邮件、博客文章、即时通信记录、视频内容、照片、用户点击行为数据和日志文件等。企业现在需要处理和分析来自各种复杂信息源的数据,这不仅包括企业内部产生的数据,也包括来自外部的数据源。

(四) Value——价值

Value 表示大数据的数据价值密度低:信息海量但是价值密度低,深度复杂的挖掘分析,需要机器学习参与。

大数据因其庞大的体量而闻名,虽然这导致单个数据点的价值密度有所下降,但整体上数据的价值却在显著提升。以监控视频为例,尽管一小时的视频内容中可能只有几秒包含了关键信息,但那几秒的信息可能对分析和决策至关重要。

目前,许多专家将大数据视为一种宝贵的资源,甚至将其与黄金和石油相提并论,这表明了大数据中蕴含的商业潜力和价值。尽管单个数据点可能看起来不那么重要,但当这些数据点被聚合和分析时,它们可以揭示出深刻的洞察力和模式，这些对于商业决策、市场趋势预测、产品开发和客户服务等方面都是极其宝贵的。

（五）Veracity——质量

Veracity表示数据的质量，即数据的真实性：它们指的是数据的准确性（即数据是否正确反映了其代表的现实情况）和可信赖度（即数据是否可靠，能否被信任用于分析和决策）。

大规模的数据量，在处理的时候，对技术体系是有较高的要求的，在还没有形成现有的技术体系的年代，人们在处理庞大的数据集的时候，往往束手无策，要么实效性非常差，要么干脆无法处理。那个时代甚至流行一种做法：随机抽样。随机地从庞大的数据集中抽取一部分出来进行处理，以这样的处理结果作为整个数据集的处理结果。追求真实性的，可能会多随机几次。但是这个结果其实是不准确的，并不能够体现出这些数据完整的价值，甚至还可能得到错误的结论。但是现在大数据的技术体系相对成熟，我们不再使用这样的随机抽样的方式了。我们就是要对所有的数据进行高效的处理，得出的结论自然也是正确的。

三、大数据的思维变化

（一）对数据重要性的新认识：从数据资源到数据资产

大数据时代的兴起标志着"数据资产"成为产业发展的新核心，改变了我们对产业竞争力的传统认知。随着信息产业的不断演进，我们发现，决定一个产业能否持续繁荣的关键，已经从传统的生产要素转向了数据资产的积累和利用。

权威机构和专家普遍认为，大数据将成为未来经济增长的新引擎，其价值潜力巨大，甚至可能与历史上的石油资源相提并论。

想一想

1. 传统的生产要素有哪些？
2. 大数据时代，最核心的产业趋势是什么？

大数据资产的价值衡量是一个复杂的过程，通常涉及多个方面的标准。以下是三个主要方面的衡量标准：

1. 独立拥有及控制数据资产

Ⅰ型数据：这类数据是由数据的生产者直接创造和收集的。以百度为例，用户在使用其搜索引擎时产生的各种行为数据，虽然是由用户行为产生的，但

数据的产权归属于百度公司。百度可以利用这些数据进行商业分析和营销,从而实现其商业价值的最大化。

Ⅱ型数据:也被称作入口数据,这类数据通常由第三方公司通过在电商平台等地方嵌入工具或插件来收集。这些公司虽然不拥有数据的所有权,但通过提供服务,实际上控制了数据的使用权,并能够根据一定的规则使用这些数据进行分析和营销。

Ⅲ型数据:这类数据的来源更为复杂,可能通过网络爬虫或某些不正当手段获取。与前两类数据不同,Ⅲ型数据往往是公司内部数据,但被非法获取并在网上出售。目前,这类数据的产权界定不明确,其合法性和作为资产的属性存在争议。

简单来说,Ⅰ型和Ⅱ型数据的产权相对清晰,分别归属于数据的生产者和实际控制者,而Ⅲ型数据则因来源不正当,其产权和合法性存在疑问。不同类型的数据在商业利用和法律合规性方面有着不同的考量。

> **想一想**
> 哪一种类型的数据有产权问题?

2. 计量规则与货币资本类似

大数据的资产化需要解决数据的货币计量问题,并且需要企业建立起相应的会计处理机制。对于研发密集型企业,长期存储的数据可以被视为资产,而对于通过交易获得的数据,则可以按照实际成本入账,为企业带来税收上的优势。

> **答一答**
> 真正的资产化的核心应该是什么?

3. 具有资本一般的增值属性

大数据要成为资产,企业需要采取有效的策略来利用数据。这包括通过数据租售实现数据价值的直接变现,通过信息租售整合和分析数据以形成完整的数据链条,以及通过数据分析进行精准服务,为其他行业提供数据支持,创造新的业务机会。这些方法都能帮助企业将手中的大数据资源转化为具有增值潜力的数据资产。

> **答一答**
> 直接利用数据为企业带来经济利益的方法是什么?

（二）对方法论的新认识：从基于知识到基于数据

在信息时代背景下，我们解决问题和理解世界的方式正在发生根本性变化。传统方法论强调的是基于已有知识和理论来构建假设和模型，这种方法在知识积累相对稳定的情况下非常有效。然而，在数据爆炸的今天，我们能够获取和处理的数据量远远超过了以往，这使得我们有能力通过分析大量数据来揭示隐藏的模式和关联，而不仅仅是依赖于有限的知识和理论。

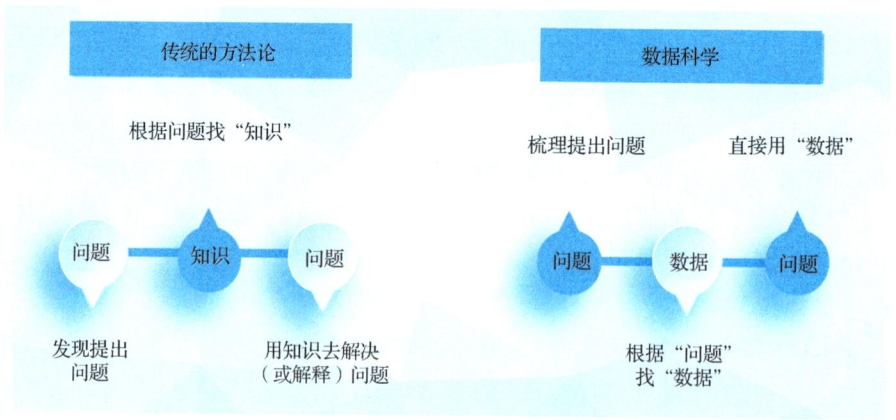

图 2-2　传统思维方法论和大数据思维方法论

基于数据的方法论强调实证研究和数据分析的重要性。它允许我们从数据中直接学习，而不是仅仅依赖于专家的见解或传统的理论框架。这种方法论的转变促进了数据科学、机器学习和人工智能等领域的发展，这些领域通过算法和计算模型从数据中提取知识和见解。基于数据的方法论更加灵活和适应性强，能够快速响应新情况和新问题，为决策提供更加精确和实时的支持。

（三）对数据分析的新认识：从统计学到数据科学

在传统科学中，数据分析主要以数学和统计学为直接理论工具。云计算等计算模式的出现及大数据时代的到来，提升了我们对数据的获取、存储、计算与管理能力，进而对统计学理论与方法产生了深远影响。大数据带给我们 4 个颠覆性的观念转变。

1. 全面性而非抽样

大数据强调分析所有可用数据，而非依赖于随机抽样。这种方法能够提供更全面的视角，减少因抽样误差带来的局限性。

2. 接受数据的复杂性

大数据认识到数据往往是混杂的，包含各种类型的信息和噪声。与传统分析追求数据的纯净性不同，大数据分析能够接受并利用这种复杂性。

3. 趋势而非绝对精确

大数据更注重发现数据中的趋势和模式，而不是追求每个数据点的精确度。这种方法有助于揭示大规模数据集的行为模式。

4. 相关性而非因果性

在大数据的背景下，分析往往侧重于识别变量之间的相关性，而不是深入探究因果关系。这有助于快速识别潜在的联系和机会，尽管它们可能不提供直接的因果解释。

（四）对计算智能的新认识：从复杂算法到简单算法

只要积累了庞大的数据量，许多原本被视为高难度的"智能问题"可以转化为更易于处理的"数据问题"。大数据时代赋予了我们一种新的能力：通过分析大量数据来解决那些原本需要高度智能才能处理的问题，从而实现从复杂到简单的转变。

（五）对管理目标的新认识：从业务数据化到数据业务化

管理目标的转变：企业正从仅仅记录业务活动（业务数据化）转向利用数据来优化和创新业务流程（数据业务化）。这意味着数据不再仅用于回顾性分析，而是成为推动业务发展和降低成本的关键。

（六）对决策方式的新认识：从目标驱动型到数据驱动型

决策方式的演进：决策过程已经从基于预设目标或模型的目标驱动型，转变为以数据为基础的数据驱动型。数据成为决策的主要触发点和依据，使企业能够更灵活地响应市场变化。

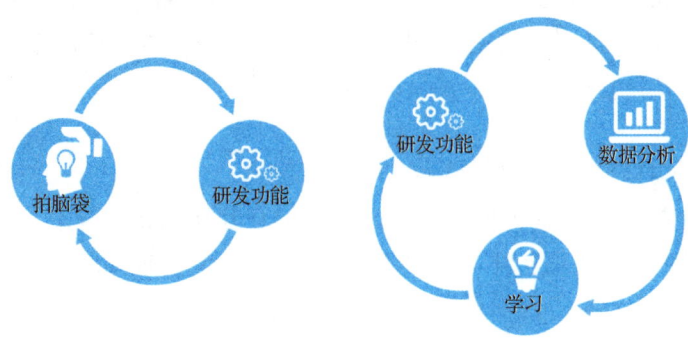

图 2-3 决策方式

(七)对产业竞合关系的新认识:从以战略为中心到以数据为中心

产业竞合的新视角:企业的竞争和合作关系不再仅仅围绕战略展开,而是越来越多地以数据为中心。数据的动态性、异构性和跨域特性被视为数据固有的特征,企业开始接受并利用数据的复杂性来构建竞争优势。

(八)对数据处理模式的新认识:从小众参与到大众协同

数据处理模式的扩展:传统的数据处理往往局限于具有专业技能的核心员工,而在大数据时代,数据处理和分析变得更加开放和协作,涉及更广泛的参与者,包括非专业人士和大众。这种大规模协作有助于解决数据规模和形式化之间的矛盾,促进创新。

四、大数据时代给会展企业带来的影响

会展业作为现代服务业的重要组成部分,应贵在创新。尤其是在移动互联网的新纪元下,应坚持"会展亦创新、会展亦移动",才能为参展者或与会者提供高效的服务。

我国的会展行业迅猛发展,带动会展企业似群蜂出巢一般兴起,举办的各类会展源源不断,展会面积也日益增大,出现了越来越多竞争力强大的会展品牌。

(一)会展服务内容的深化

大数据的应用将实现展会服务虚拟化,获得大量的参展人员数据,有利于产品种类的管理,对会展企业调查会展前期产品、分析消费者参展反映,以及进行后期服务跟踪等方面的服务质量有促进作用。

这样会展企业就能够进一步为参展商以及消费者提供综合性的产品情况,掌握产品市场动向和发展趋势,进而使参展商和消费者对市场状况、产品趋势、产品盈利情况有更好的了解。

(二)提升会展企业服务效率

传统会展的形式是实现人与人之间的信息互换以及相应资料的传递等。在这个过程中,为实现会展企业与参展商之间的交流更直观、顺畅,需要对展会形式以及展会位置等因素进行反复协商和调整。

随着大数据时代的到来,会展企业更容易获得参展商的需求以及产品种类等数据,从而有利于会展企业的实际安排与参展商和产品种类实现理想契合。

（三）利于会展企业服务信息化水平的提高

会展企业服务不断实现智慧化，更有利于会展企业利用相关新一代信息技术，掌握参展人员对展品的动态需求并进行优化整合，从而建立参展人员动态需求的智能数据库，并对参展人员的相关服务需求予以实时动态的智能回应。依托数据分析，进行精准服务。

创新驱动下的会展业：大数据与移动互联的融合

第二节　会展项目基础信息

会展项目策划信息的管理即在会展项目正式开展之前根据会展项目的实际需要对已经收集和分析的信息进行有效的整理以形成会展项目立项策划书的过程。会展项目策划信息的管理将零碎的信息具体化，为即将举办的会展项目绘制出蓝图和执行的方针。

以展览会为例，会展项目策划信息的管理就是编制和撰写展会立项策划书。展会立项策划书就是根据掌握的各种信息，对即将举办的展览会有关事宜进行初步规划，设计出展览会的基本框架，提出计划举办的展览会的初步规划内容。主要内容包括展会名称、举办地点、办展单位、办展时间、展品范围、办展频率、展会规模、展会定价、人员分工、招商招展和宣传推广计划、展会进度计划、现场管理计划和相关活动计划等。

一、会展名称

确定了展会题材以后，首先需要确定该项目的正式名称，即为展会命名。一般来说，展会的名称由三个部分组成：基本部分、限定部分和行业标识。

（一）基本部分

基本部分一般用来表明展会的性质和特征。主要由展览会的基本词及其派生词和变体词构成。在汉语中，博览会、交易会、展销会、庙会和集市可以作为展览会的基本词，它们所表示的展览会的性质和特征如下所示。

博览会：综合性。内容广、规模大、展出者和参观者众多的展览。

交易会：贸易。由一个或数个相关的行业参与，规模多为中小型，以贸易和宣传为主要目的的现代形式的展览。

展销会：消费。由一个或数个行业参与，规模为中小型，以零售为主要目的的现代形式的展览。

庙会（含灯会、花会等）：以消费为主。内容繁杂，融贸易、零售、文化、娱乐等为一体，以零售为主，在城镇举行的传统形式的展览。

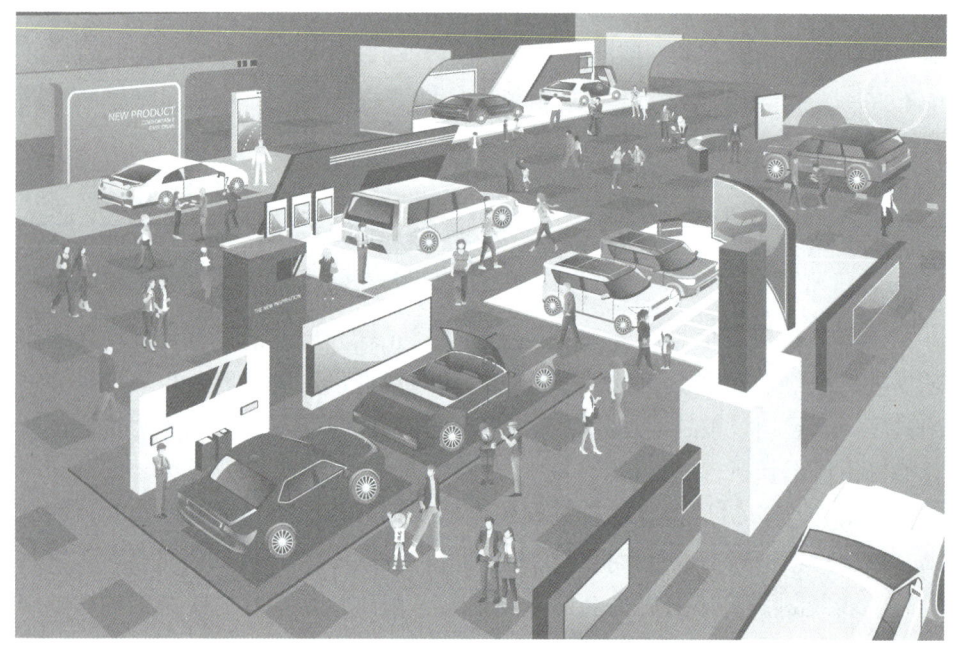

图 2-4　汽车展销会现场

集市（含集、墟、场等）：消费。以交易农副产品、土特产、日用品为主，在乡村举行的传统形式的展览。

（二）限定部分

限定部分主要用来表明展会举办的时间、地点及性质。展会时间一般有三种表达方式，一是用"届"，二是用"年"，三是用"季"来表示。比如，2024年第六届全球人工智能产品应用博览会、第25届中国国际照相机械影像器材与技术博览会、2024年春季中国（广州）茶叶博览会等。展会的地点也可以体现在展会题目中，如2024（第十八届）北京国际汽车展览会，北京即为该年度的展会举办地。展会名称里体现展会性质的词主要有"国际""全球""世界""地区""城市"等，如2024中国国际珠宝首饰展览会，"国际"二字表明本展会有来自各个国家和地区的展商和观众。

（三）行业标识

展会名称中的展览会题材以及展品的范围即为行业标识部分。行业标识通常为一个产业的名称，或者是产业中一个产品大类的名称。如2024中国国际珠宝首饰展览会中，"珠宝"表明这是一个以珠宝为主题的展会。展会中行业标识词汇的筛选是一项非常重要又严谨的工作，在命名时既要注意不要含义过宽，也不要过窄。含义过宽会影响欲参加该展会的观众和参展商错误判断展会的展品范围，最终导致顾客对展会产生虚假宣传的印象。反之，如果含义过窄，会削弱展会的影响，二者都对展会的长远发展不利。

二、举办地点

展会举办地的选择是经过信息分析以后，为展会项目选择一个最为合适的办展地点，办展地点也对展会的长远发展有重要的影响。展会地点的选择，具体来说，就是要确定展会在哪个国家、哪个省市，以及该城市的哪个具体展馆举办。因此，展会举办地点的选择需要考虑展馆所在地的各项区位条件，包括交通、经济、人文等各方面的因素。例如，如果举办一个大型国际性的展览会，就要考虑到展会周边的交通条件是否能够满足到场参展商以及观众的出行需求。

三、办展单位

办展单位是指负责展会的策划、组织、招展以及管理等事宜的有关单位。办展单位主要有主办单位、承办单位、协办单位以及支持单位等。对于展会而言，主办单位和承办单位在展会中是必不可少的，在展会举办的整个过程中起到重要作用，也关系到展会的成功举办和长远发展。

四、办展时间

办展时间是指展会举办的具体时间。一是展会的开展时间和闭展时间以及持续时间。二是展会中参展商的布展和撤展时间。布展是指参展商在展会开展之前在场馆中搭建的时间，撤展是展会结束后，参展商拆除展位运出展品的时间。三是指展会对不同类型观众的开放时间。一些展会针对不同的观众，开放的时间也不尽相同。例如，2024第十二届上海国际新能源汽车技术与生态链博览会开放日期在官网展示。

图2-5 2024第十二届上海国际新能源汽车技术与生态链博览会官方网站

五、展品范围

展品范围是指在该展会上展出的产品范围。展品范围决定了展会的题材以及定位。展品的范畴具有灵活性，它可以聚焦于单一产业，也可以涵盖多个产业；同样，它可以专注于某一产业中的某一具体产品大类，或是涵盖其中的多个产品大类。

六、办展频率

办展频率是指展会的举办频次，是定期举办，还是不定期举办，定期举办的周期是多久。会展办展频率主要与会展项目所属行业相关，行业产业的生命周期不同，办展频率自然不同。生命周期较长的产品，该类展览会的举办频率就应该相应拉长；反之，生命周期较短的产品，该类展览会的办展频率就相应缩短。除此之外，一些行业有其固定的采购频率，办展频率也要考虑这些因素。

七、展会规模

展会规模的衡量有两个指标：一是展会的总展出面积；二是展览会的参与者人数，也就是参展商和观众的具体数量。在展会项目立项的阶段，这两个指标就要做出准确的预测和规划。

八、展会定价

展会定价主要包括三个方面。一是展位的价格。不同的展位在不同的位置，其定价也有不同。标准展位和光地展位价格也应有所差别。二是展会门票的定价。一些展会是免门票的，一些展会是需要收费的，具体的收费标准也需要有一个价格的确定。三是展会上广告位的定价。价格的合理制定对于展会后期招展招商都有重要的意义。

九、人员分工、招商招展和宣传推广计划

展会的顺利执行依赖于四个核心计划：人员分工计划、招展计划、招商计划以及宣传推广计划。这些计划在实施过程中相互交织、互为影响。人员分工计划旨在全面规划展会工作人员的任务与职责，确保展会运营的高效有序。招展计划聚焦于吸引企业参展，通过一系列策略和措施，力求吸引更多优质参展商加入。招商计划则侧重于吸引观众，制定多样化的策略和措施，以提升展会的参观率和人气。而宣传推广计划则着重于构建和强化展会的品牌形象，通过广泛传播展会的价值，为招展和招商提供有力支持。

十、展会进度计划、现场管理计划和展会相关活动计划

展会进度计划是一个详细的时间表，用于系统地规划展会的招展、招商、宣传推广和展位划分等各项工作的实施。这一计划确保了展会筹备过程中每个阶段都有明确的任务和时间节点，从而确保所有工作都能有序进行，直至展会圆满落幕。

展会进度计划安排对于会展项目筹备工作起着至关重要的作用。

现场管理计划是展会开幕后对展会现场进行有效管理的各种计划安排，它一般包括展会开幕计划、展会展场管理计划、观众登记计划和撤展计划等。现场管理计划安排合理，展会现场将井然有序。

展会相关活动计划是对会展项目同期举办多类型活动做出具体的计划。同期活动让会展项目更有活力、更有吸引力，同期举办的相关活动通常有会议论坛、研讨会、竞赛、演出等。

第三节　会展注册数据管理

一、注册报名渠道

（一）官方公开邀请

官方公开邀请可以制作独立的大会网站进行邀请，也可制作邀请页面挂在主办方已有的官方网站上进行邀请。可借助互联网查找展会官方网站了解展会详细信息，例如2024第十二届上海国际新能源汽车技术与生态链博览会——官方网站 http://sh.neashow.com。

（二）媒体邀请

媒体邀请指通过相关行业媒体渠道进行邀请，链接到对应官方网站或官方微信公众号。

1. 电视媒体

电视媒体，可借助央视、卫视、地方电视台等媒体进行邀请，例如北京电视台、东方卫视、CCTV-1综合等。

2. 视频媒体

视频媒体，可借助中央级、主流门户视频媒体进行邀请，例如爱奇艺视频、腾讯视频、央视频等。

3. 网络媒体

网络媒体，可借助党政媒体、央级媒体、行业媒体、地方省会媒体等网络媒体进行邀请，例如财经网、上海新浪新闻、天津电视台等。

4. 报纸媒体

报纸媒体，可借助全国、地方、行业等报纸媒体进行邀请，例如成都商报、市场导报、羊城晚报等。

（三）内部销售渠道邀请

内部销售渠道邀请指通过内部销售人员或者渠道商进行人员邀请，此类别多为日常销售及市场推广过程中接触到的潜在用户，此渠道邀请到的参会来宾人员质量相对较高。

（四）自有数据库邀请

通常企业经过日常工作接触及客户关系管理系统的管理和拓展，会积累很多客户资源，我们称之为自有数据库。自有数据库邀请指针对这部分数据进行的邀请，可以由主办方销售或市场部门直接邀请，也可提供数据由第三方邀请公司进行邀请。

（五）第三方数据公司邀请

与专业的第三方数据公司建立合作关系，借助他们拥有的丰富且专业的第三方数据库来发起邀请。

（六）现场报名

现场报名即到达会展项目现场进行报名，到达会展项目现场登记处进行登记报名或扫码等形式报名。

二、注册数据

由于会展自身的综合性及涉及的广泛性，会展的利益相关者是复杂而繁多的，主要的利益相关者主要有参展商、观众、嘉宾、政府、媒体等，因客户类型不同，注册报名时填写的信息也不尽相同。邀请渠道有官方公开邀请、电话邀请、专人负责邀请等形式，各种邀请形式相互关联，以官方公开邀请为基础。下面就每类利益相关者邀请时需要提供的注册数据进行介绍。

（一）参展商

参展商注册信息主要包括两大类，即企业基本信息、参展信息。获取参展商信息的渠道多种多样，招展人员应当多角度、深层次地了解这些渠道，高效收集信息，找到目标参展商。

1. 企业基本信息

企业基本信息主要包括企业名称、企业地址、邮编、主营产品/业务、法人代表、注册资本、实缴资本、成立日期、公司类型、参保人数、联系人、联系人职位、联系电话、联系人邮箱等信息。

联系人职位通常包括 C-level：副总级别及以上（CEO、CFO、CIO、CTO 等）。High-level：总监级别。Mid-level：经理及主管级别。Basic-level：职员/员工等。

2. 参展信息

企业参展信息主要包括展位类型、企业客户类型、参展目的、获取展会信息渠道、感兴趣的会议/论坛、参与论坛的方式等。

展位的类型丰富多样,涵盖从9平方米的标准展位到18平方米的标准展位,同时也提供36平方米起租的光地展位,以及根据需求定制的其他面积展位,以满足不同参展商的需求。

参展目的包括了解市场信息、寻求新产品/新技术、产品采购、寻求代理及合作机会、维护/拓展业务关系、参加研讨会、为下届参展做准备、其他目的等。

获取展会信息渠道包括曾经参加过、朋友推荐、网上搜索、媒体推荐、邮件/短信、关注了展会的微信号、行业协会/机构推荐等渠道。

参与论坛的方式包括演讲赞助、现场广告赞助、茶歇赞助、晚宴赞助、手提袋赞助、胸卡赞助、与会观众(主机厂免费)、其他方式等。

(二)观众

1. 观众构成

展会观众构成较为复杂,主要包括同行业企业、采购商、知名人物、政府官员、当地群众等。

同行业企业是展会的重要参观群体之一。通过参观同行业企业的展位,可以了解行业内新产品、新技术的发展情况,了解同行业企业的经营理念和发展战略。展会给同行业企业提供了一个互相学习、交流合作的平台,可以促进行业内的技术创新和合作发展。

采购商是展会的重要参观群体之一。展会上,各类采购商可以一站式地了解各个行业的产品和供应商。对于采购商来说,展会是寻找合作伙伴、拓宽采购渠道的重要机会,可以直接与供应商面对面交流,了解产品的质量、价格和售后服务等信息,从而更好地选择合适的供应商。

知名人物、政府官员是展会的参观群体之一。展会吸引了不少知名人物和政府官员的关注和参与。他们参加展会的目的是了解行业发展现状,倾听行业从业者的声音,推动相关政策的制定和实施。同时,他们的参与也为展会增添了一份权威性和可信度,可以吸引更多人的关注和参与。

当地群众也是展会的参观群体之一。展会不仅吸引了专业人士和企业的参与,也吸引了当地群众的关注和参观。对于当地群众来说,展会是一次近距离接触各类产品的机会,可以感受产品的魅力和品质,了解行业的发展趋势。

同时，展会还为当地群众提供了一个休闲娱乐的场所，他们可以在展会中感受浓厚的展会氛围，享受愉快的购物和娱乐体验。

2．观众注册信息

观众注册信息主要包括联系人信息和参观信息两大类。观众注册成功后会收到相应的短信和二维码，参观时可作为参观凭证使用。项目中注册数据表会有较大的区别，因会展项目属性不同而变化较大。

联系人信息。联系人信息主要包括注册手机号、姓名、证件类型、证件号码、单位名称、联系人职位、联系人地址、联系人邮箱等。证件类型有身份证、护照等。

参观信息。参观信息主要包括公司业务性质、参观目的、参观时间、意向会议/论坛、是否组团参观、购买决策中影响力、是否参加晚宴等，根据会前需要收集的参会信息需求进行设定。参观目的包括了解市场信息、寻求新产品/新技术、产品采购、寻求代理及合作机会、维护/拓展业务关系、参加研讨会、为下届参展做准备等；购买决策中影响力主要分为最终决策和审批、共同决策权、提供评估信息或推荐、不在决策影响范围等几大类。

拓展阅读

预登记系统

第四节　观众信息管理与数据分析

观众数据不仅揭示了观众的地理分布、行业归属和参展动机，而且成为衡量观众对展览期望值的客观指标。展览的成效直接体现在参展观众的数量和质量上，通过深入分析观众数据，特别是针对专业观众和境外观众的数据，深入理解客户需求，优化展览体验，提升客户满意度，这对于构建和深化客户关系具有举足轻重的意义，进而推动展览的持续成功。

一、观众数据分析的意义

（一）提升经营效益

客流统计数据可以为商家提供精细化的管理和运营依据，通过实时获取和分析客流量、客流密度、客流路径等数据，商家可以更加精准地制定营销策略，提升经营效益。

（二）安全管理

通过客流统计，可以实时掌握展会的人流情况，及时发现异常情况，如人流拥堵、火灾等安全风险，从而及时采取应对措施，保障场所的安全运营。同时，内部可设置限定人数值，有效管理进场人数，人数到达设定的最大值之后会发出声光报警，以便进行人流控制和安全管理。

（三）提高游客体验感

在商业街区入口设置客流 LED 大屏，显示当前游客人数，用红、黄、绿显示步行街道路畅通程度，为游客提供客流数据，方便游客提前决定是否前往游玩，从而提高游客的体验感。

（四）提高资源利用率

实时采集客流量信息，可以为商家运营管理提供科学依据，提高公共资源的利用率，实现资源的优化配置。

观众数据分析：提升展览效益与体验的关键

二、数据收集

（一）展览会入场券统计

售票功能是一个重要功能，在展会上不仅可以配置不同种类的票，而且能够精确地监测整个售票过程。对各类票证的销售，以表格和柱状图的形式呈现出来，既可确保资料准确，又便于主办单位了解资料整体趋势。除了监督买票行为，还可以查看核销和收益情况，从而使组织者能够全面了解整个会议门票销售情况。

（二）参观者人数统计

在不同时间段内可查看展会的访问量，把访问量和访客数这两项重要数据指标用曲线图表示，直观地了解访问量的变化趋势。也可浏览线上会展中不同企业的展位参观情况，了解哪种企业展位更受欢迎，从而进行定向展位布置。

（三）查询资料统计

在各种摊位上统计咨询，包括预约信息、电话咨询、谈话室等。保留信息是参展者在线上会展中的咨询留言，在后台形成的留言数据可用于输出操作。还可查看各展位咨询情况，通过折线图和详细数据表，所有数据情况还可进行导出操作，方便后期统计整理。

三、数据分析方法

（一）数据精加工

经过一系列精心设计的初步处理流程，包括数据的系统整理、严格过滤、细致核实、必要补充、精确录入以及逻辑分类，可以成功筛选出精准的专业观众信息数据。随后，运用科学的方法和严谨的态度对这些数据进行深度加工和细致分析。通过对这些精加工数据的深入研究，可以更深入地洞察展会中客观现象的本质、探寻其潜在的规律，并理解其独有的特征。这些研究成果准确地反映展览的实时状况，为展会运营提供有力支持。

（二）数据比较

对于搜集到的展览数据和情况，首先需要经过细致的整理工作，计算出关键的总数和比例，确保这些信息变得有效和可靠，进而作为评估的坚实基础，并赋予其应有的价值。

在数据比较时，通常会参照既定的评估标准来进行，这样做可以确保评估的公正性和准确性。通过精心整理的数据能够更加理性地分析展会的实际效果，判断其是否达到了预期的目标，评估展览的服务效率以及展览收益的高低。但重要的是，在进行数据比较时，必须严格遵循统一的评估标准，避免主观感受对评估结果造成不必要的偏差。

（三）数据评估

经过数据的精加工和细致对比后，进行综合评估成为至关重要的环节。通过会展数据的全面评估，深入剖析展览组织工作的成效以及展览的实际效果。发现数据和信息之间的内在联系，透过数字背后的含义，洞察展览组织过程中存在的问题。进一步地揭示这些问题产生的规律，并据此提出具体、可行且能够切实解决问题的建议和措施，为未来的展览活动提供宝贵的参考和借鉴。

四、观众数据分析案例

（一）案例信息

（1）会议名称：某大型企业软件厂商技术大会"×××Summit"。

（2）会议日期：10月25日。

（3）会议地点：北京。

（4）参会来宾目标人数：1500人（其中包含VIP50人、厂商内部员工200

人、赞助商人员 100 人、媒体 100 人、演讲嘉宾 50 人，其余为普通参会嘉宾）。

（5）普通参会嘉宾要求：

● 企业高管、业务部门经理、总监；IT 部门经理、总监。不包含竞争对手及学生。

● 年营业额 5 亿元或企业员工人数超过 500 人。

● 行业不限制，以消费品、零售、高科技、制造、金融、电信、化工、公共部门为主。

● End-user（最终用户数）与 BP（合作伙伴）的参会比例不小于 6∶4。

● C-level 级别的参会者不低于 15%。

● ERP 相关软件公司，视为竞争对手公司，禁止邀请。

（6）会议为免费会议，需要采用线上注册报名的形式（其中 VIP、媒体、演讲嘉宾为专人负责联系线下报名）。

（7）会议现场采用电子签到，并对各会场及赞助商展区进行统计分析。

（8）主会场及分会场设置反馈表。

（9）会后出具数据报告，并根据反馈表进行跟进（Feedback follow），产生销售线索（Leads）。

（二）数据分析

会后提交数据的统计分析报告，既是对此次会议的总结和分析，也可作为次年规划的参考。此案例主要从参会人员邀请渠道、参会率、签到及入场峰值、签到及入场数据、反馈表五方面进行分析。

1. 参会人员邀请渠道分析

对各个邀请渠道的邀请状况进行结果分析，辅助本届考核的同时，为下一届的规划打好基础。

第一步：拿到案例会议的参会数据，数据中标注有"注册渠道"（即邀请渠道来源），根据邀请渠道制作透视表，可得出此参会人数的统计数量，并进行参会比例的计算（见表 2-1）。

表 2-1 各邀请渠道参会数据

到会嘉宾注册渠道	参会人数（人）	参会比例
自有 Database	951	52%
MiniSite	519	29%
Sales Nomination	193	11%
CSDN	86	5%
51CTO	61	3%
总计	1810	100%

第二步：通过表格的数据，制作饼状图，以图表的形式进行一目了然地直观呈现。

第三步：以数据的统计结果为依据，进行重点的文字描述。

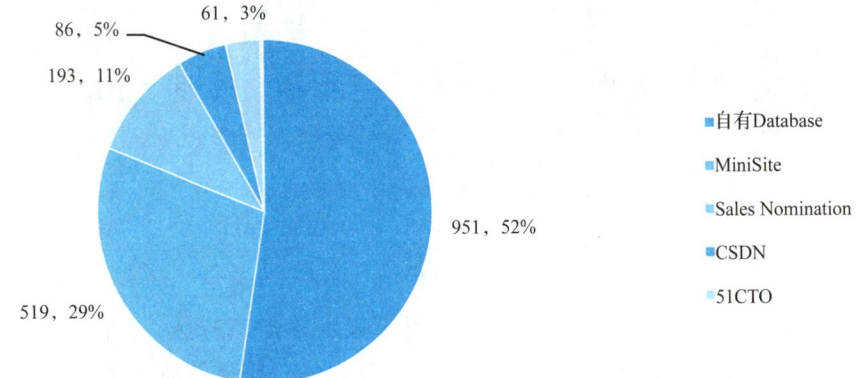

图 2-6　各邀请渠道参会情况

本次会议实际参会 1810 人。

共有 5 个邀请渠道，各邀请渠道参会参会情况为：

自有 Database 渠道，参会 951 人，占比 52%；

MiniSite 官方网站渠道，参会 519 人，占比 29%；

销售邀请，参会 193 人，占比 11%；

2 个第三方渠道邀请，其中：

CSDN，参会 86 人，占比 5%；

51CTO，参会 61 人，占比 3%。

自有 Database 的邀请人数最多，占半数以上。

２．参会率分析

对各个渠道参会情况进行各参会比率的分析，评估其转化率及其结果产生的原因，作为下一届提高参会率的重点参考指标。

案例中需要有三方面的数据明细：

（1）会前注册提名的数据。

（2）会议邀请中会前提醒的数据。

（3）实际参会的参会名单数据。

第一步：通过对三个原始数据进行统计，得出统计结果。

第二步：根据统计结果，制作清晰直观的柱形图，以便一目了然地看出各邀请渠道转化率的对比情况。

第三步：对分析结果进行重点的文字描述，辅助理解。

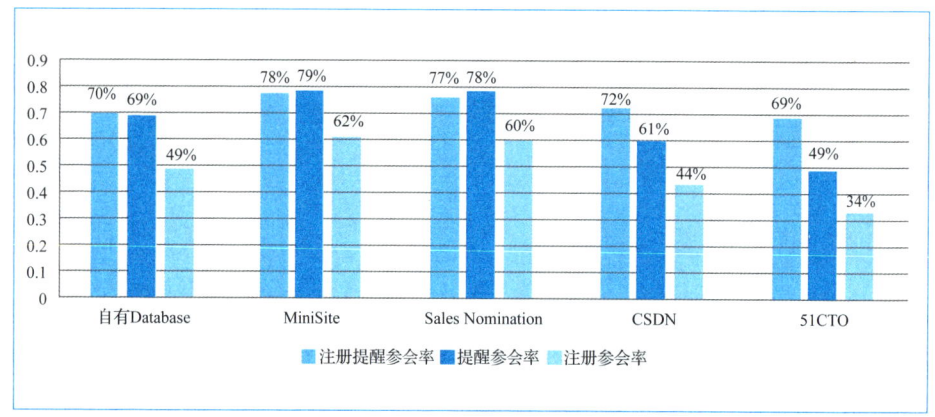

图2-7 各注册渠道转化率

该次会议共注册提名3488人,提醒环节表示参会2537人,注册提醒参会率为73%;实际到会1810人,提醒参会率为71%;整体注册参会率为52%。其中MiniSite来源各转化率最高,最终注册参会率为62%(见表2-2)。

表2-2 各邀请渠道注册参会情况

到会嘉宾 注册渠道	注册 提名	提醒 参会	注册提醒 参会率	实际 到会	提醒参 会率	注册参 会率
自有Database	1951	1370	70%	951	69%	49%
MiniSite	840	655	78%	519	79%	62%
Sales Nomination	321	246	77%	193	78%	60%
CSDN	196	142	72%	86	61%	44%
51CTO	180	124	69%	61	49%	34%
总计	3488	2537	73%	1810	71%	52%

3.签到及入场峰值分析

对参会者签到及入场,进行时间段的峰值分析,计算单人签到及入场办理时长。以便日后更加合理地规划签到及入场通道安排,保证会场接待质量的前提下,资源最大化。

前提是拥有签到系统导出的原始数据。

(1)签到情况分析。

第一步:根据签到原始数据对数据的签到状态进行统计,并制作统计表格。

会前注册指的是前期邀请到的拟参会名单,导入签到系统的部分,签到完成之后此部分数据区分为"已签到"和"未签到";除了签到之前导入的名单数据,会议会存在现场新增的情况,此案例中,现场新增有两种途径,一种为现场web新增(通过手机登录平台进行信息填写新增),另一种为签到台现场新增(通过告知签到工作人员个人信息,由签到工作人员在签到台帮忙办理新增),如表2-3所示。

表2-3 参会者签到情况

参会人员类别	已签到	未签到	总计
会前注册	7785	15 205	22 990
现场 web 新增	2907	—	2907
签到台现场新增	3696	—	3696
总计	14 388	15 205	29 593

第二步:根据统计表格,进行图形的制作。

① 签到统计分析的柱形图(见图2-8)。

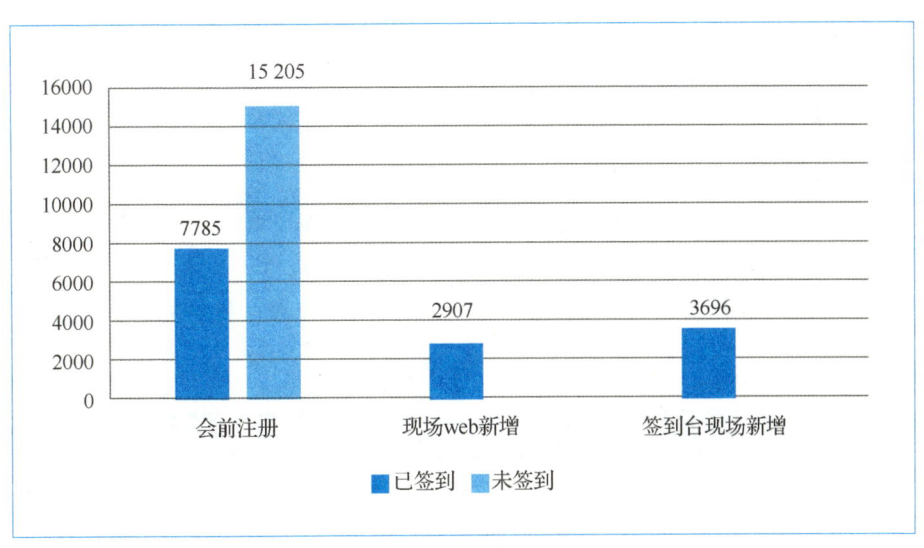

图2-8 参会者签到统计

② 已签到统计分析的饼状图(见图2-9),只针对已签到名单数据,通过饼状图的形式直观地反映出各签到形式的占比。

第三步:进行简单的文字描述,辅助理解。

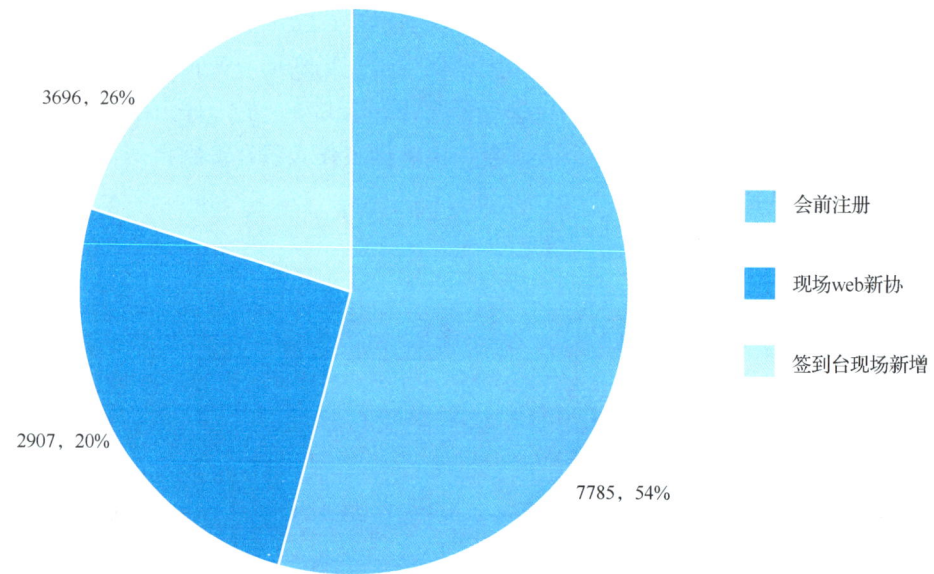

图2-9 参会者已签到统计

该活动现场共签到14388人,其中:

会前注册签到7785人,占比54%;

现场web新增签到2907人,占比20%;

签到台现场新增3696人,占比26%。

会前注册报名22 990人,有15 205人未参会签到。

(2)签到峰值分析。

需要拿到的原始数据为:签到的流水数据,含有签到办理的系统时间。

第一步:根据原始表单进行时间段签到数量的统计(见表2-4)。(本案例中上午为签到时间,我们以10分钟为一个时间单位进行签到的数量统计)

表2-4 各时间段签到数量统计

时间段	签到数量	累计
06:41～06:50	51	51
06:51～07:00	105	156
07:01～07:10	224	380
07:11～07:20	226	606
07:21～07:30	213	819
07:31～07:40	245	1064
07:41～07:50	175	1239

续表

时间段	签到数量	累计
07:51～08:00	283	1522
08:01～08:10	240	1762
08:11～08:20	195	1957
08:21～08:30	310	2267
08:31～08:40	357	2624
08:41～08:50	429	3053
08:51～09:00	467	3520
09:01～09:10	509	4029
09:11～09:20	461	4490
09:21～09:30	496	4986
09:31～09:40	434	5420
09:41～09:50	421	5841
09:51～10:00	374	6215
10:01～10:10	315	6530
10:11～10:20	343	6873
10:21～10:30	277	7150
10:31～10:40	307	7457
10:41～10:50	238	7695
10:51～11:00	206	7901
11:01～11:10	185	8086
11:11～11:20	193	8279
11:21～11:30	183	8462
11:31～11:40	141	8603
11:41～11:50	96	8699
11:51～12:00	84	8783
总计	8783	—

注意，需要根据单位时间的签到数量，计算一下截至该时间点签到的累计值。

第二步：通过统计表格的累计值，制作曲线图，直观地看出签到的趋势。通过统计表格中的单位时间签到数量，制作柱形图，直观地看出每个单位时间签到数量的对比情况，可分析出峰值出现的时间段。

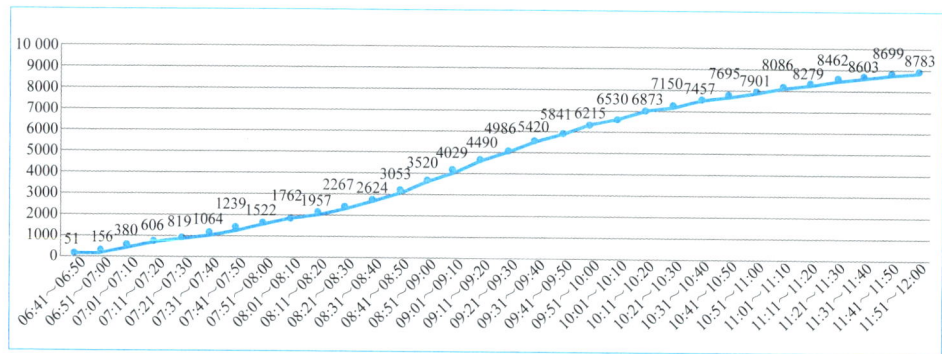

图 2-10　签到人数趋势曲线

第三步：

根据表格及图表，进行文字描述，辅助理解。

本次活动上午为签到时间，按照 10 分钟为一个时间段统计签到数量及趋势（见图 2-11）。

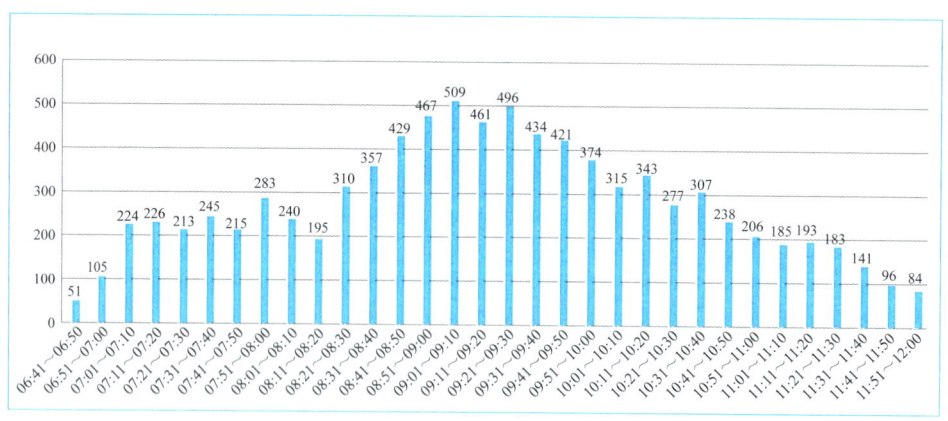

图 2-11　各时间段签到数量

统计时段为 06∶41～12∶00，时长为 5 个小时 20 分钟（合计 320 分钟），共签到 8783 人，平均每分钟签到 27 人。

其中 08∶31～10∶00 为高峰时段，时长 90 分钟，共签到 3948 人。

4．签到及入场数据分析

通过入场扫描，进行嘉宾参会之后的行为追踪，如参加了哪些分会场，观看了哪些展位，聆听了哪些主题演讲等，从而判断参会者的潜在喜好及需求等。

会议现场的信息管理，除了签到部分，还会有入场扫描统计的部分。

示例案例,共设置 8 个分会场。

第一步:我们根据每个分会场入场扫描导出的原始数据,进行统计,得出各个分会场参会的人数,并计算所占的比例(见表2-5)。

表2-5　各分会场参会人数统计

分论坛	数量(人)	比率
分会场1	411	28%
分会场2	347	24%
分会场3	80	5%
分会场4	178	12%
分会场5	186	13%
分会场6	191	13%
分会场7	49	3%
分会场8	35	2%
总计	1477	100%

第二步:根据统计表格,制作柱形图,直观看出各个分会场参加人数上的对比情况。

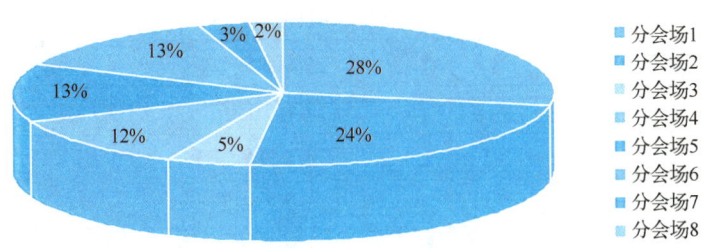

图2-12　各分会场参会人数占比

制作饼状图,直观看出各分会场参会人数的占比情况。

第三步:通过图表进行文字描述,辅助理解。

示例案例中,共设置 8 个分会场。此部分为各分会场入场参会人数的分析。

参加分会场共1477人,其中参加分会场一的人数最多,共411人,占总人数的28%。分会场八的参与情况较差,只有35人,才占会议总参加人数的2%。

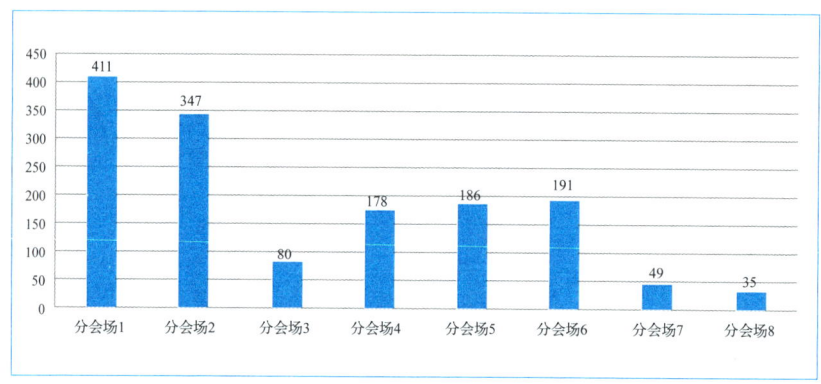

图 2-13　各分会场入场情况

5. 反馈表分析

在展会及会议现场设置反馈表（纸质或基于手机的电子反馈平台），通过对反馈表问卷题目的设置及会后分析，一方面可以得出参会者的满意度，便于日后会议举办的优化，另一方面进行参会者的需求分析，从而得到销售线索，便于会后跟进，最终达成销售的目的（见表2-6）。

表2-6　参会者所属行业反馈表

大会反馈表设置如下项目：	
请问您所从事的行业是？（单选）	
□农业/采矿	□计算机/电子
□快消行业	□教育
□能源/公共事业	□金融业务
□游戏	□政府
□医疗	□生命科学
□制造业	□媒体/娱乐
□非营利组织	□专业服务
□租赁/建筑	□零售
□软件/互联网	□通信类
□交通/物流	□旅游/服务业
□批发/分销	

除了签到数据及入场扫描数据之外，会议现场通常会需要参会的嘉宾填写反馈表，不管是传统的纸质反馈表，还是便捷的电子反馈表。

实际项目中，对于反馈表，企业的从业人员是如何做分析的。

（1）反馈表1。

第一步：我们通过收集到的反馈表数据，对该题目的答案（参会者所属行业）进行统计，并计算所占的比例（见表2-7）。

表2-7 各行业参会者情况统计

参会者所属行业	计数（人）	比率
农业/采矿	3	0.09%
计算机/电子	877	26.44%
快消行业	45	1.36%
教育	110	3.32%
能源/公共事业	30	0.90%
金融业务	201	6.06%
游戏	36	1.09%
政府	19	0.57%
医疗	200	6.03%
生命科学	47	1.42%
制造业	217	6.54%
媒体/娱乐	93	2.80%
非营利组织	2	0.06%
专业服务	89	2.68%
租赁/建筑	22	0.66%
零售	46	1.39%
软件/互联网	995	30%
通信类	181	5.46%
交通/物流	60	1.81%
旅游/服务业	21	0.63%
批发/分销	23	0.69%
总计	3317	100%

第二步：根据统计表，制作条形图，直观地看出参会者来自哪个行业的人员最多。

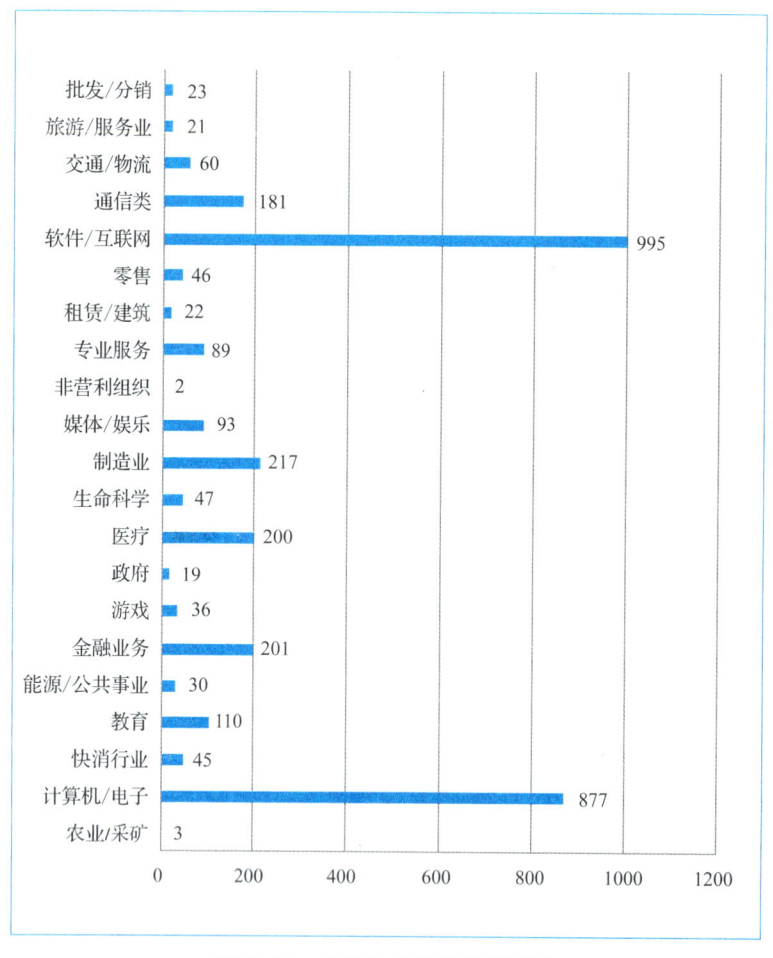

图2-14　各行业参会者人数统计

第三步：根据图表做文字描述辅助理解。

分析结果：本次大会共参会3317人，通过反馈表收集行业的统计分析，可以看出，来自"软件/互联网"及"计算机/电子"行业的参会者较多，占整体的半数以上。

（2）反馈表2。

第一步：我们通过收集到的反馈表数据，对该题目的答案（参会者所在公司员工人数）进行统计，并计算所占的比例（见表2-8、表2-9）。

表2-8 参会者所属公司规模反馈表

大会反馈表设置如下项目：
请问您所在公司的员工人数是？（单选）
□ 1～19名员工 □ 20～99名员工 □ 100～499名员工 □ 500～999名员工 □ 1000～9999名员工 □ 10 000名员工或以上

表2-9 参会者所属公司规模情况统计

所属公司规模	计数（人）	比率
1～19名员工	261	8%
20～99名员工	577	17%
100～499名员工	999	30%
500～999名员工	457	14%
1000～9999名员工	578	18%
10 000名员工或以上	445	13%
总计	3317	100%

第二步：根据统计表，制作饼状图，直观地看出参会者来自各规模公司的占比情况。

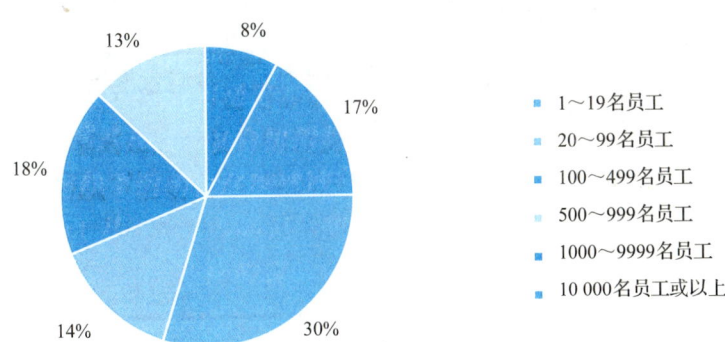

图2-15 参会者所属公司规模情况

第三步：根据图表做文字描述辅助理解。

分析结果：

本次大会共参会3317人，通过反馈表收集到的参会者所属公司规模（员工人数）的统计分析，可以看出，本次大会参会者来自的企业规模比较平均。

其中"100～499名员工"的中型企业相比较多一些，占比30%左右。

（3）反馈表3。

第一步：我们通过收集到的反馈表数据，对该题目的答案（满意度）进行统计，并计算所占的比例。

表2-10　参会者满意度反馈表

大会反馈表设置如下项目：
请问您对本次大会整体的满意度是？（单选）
□非常满意 □满意 □一般 □不满意 □很不满意

表2-11　参会者满意度情况统计

满意度	计数（人）	比率
非常满意	1172	35%
满意	2001	60%
一般	106	3%
不满意	25	1%
很不满意	13	1%
总计	3317	100%

第二步：根据统计表，制作柱形图，直观地看出各满意度指标的对比情况。制作饼状图，直观地看出各个满意度指标的占比情况。

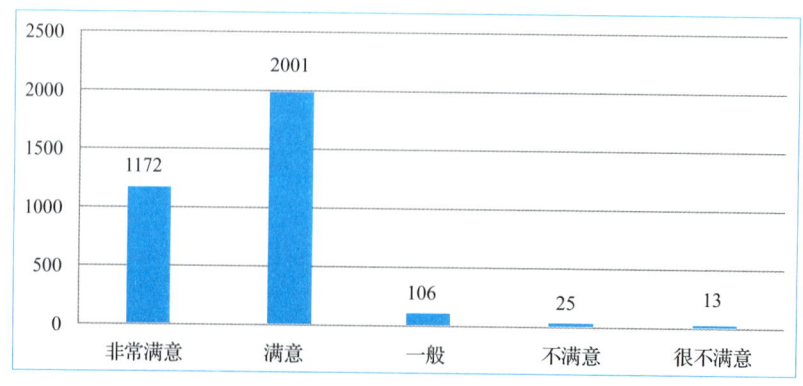

图2-16　参会者满意度情况

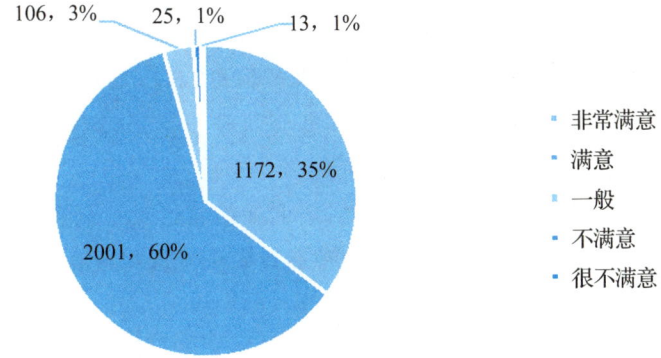

图 2-17　参会者满意度比例

第三步：根据图表做文字描述辅助理解。

本次大会共参会 3317 人，通过反馈表满意度的统计分析得出，本次参会者对大会的满意度很高。"非常满意"占比 35%，"满意"占比 60%。整体满意度达到 95%。

第五节　参展商信息数据分析

一、参展商数据分析的作用

（一）提供增值服务，打造品牌影响力

主办方可以为参展商提供额外的服务，如市场分析、品牌推广、采购商精准对接、竞争对手调研、客户关系管理（CRM）工具等，帮助参展商更好地了解市场和客户，从而提高他们的参展效果。

强化展会的品牌力可以吸引更多的参展商和观众，提高展会的规模和影响力，从而为参展商带来更多的商业机会。

（二）利用数据分析，建立长期合作关系

主办方可以收集和分析参展商和观众的数据，了解他们的需求和行为模式，然后根据这些信息为参展商提供定制化的服务和解决方案，增加参展商的满意度和忠诚度，形成长期的合作关系。这种关系的建立有助于在未来的展会

中吸引参展商重复参展，实现二次增值。

（三）提供专业论坛和会议，提供培训和教育

通过组织相关的论坛和会议，增加展会的专业性，吸引更多行业内的专业观众，为参展商提供交流和学习的机会。

主办方可以提供与展会主题相关的培训和教育活动，帮助参展商提高他们的专业知识和技能，从而提升他们的参展效果和投资回报率（ROI）。

（四）建立线上平台，促进网络建设

为更好地实现线上线下的有效融合，可开设线上的展览、体验等环节，延长展会的影响力和周期，为参展商提供更持久的曝光机会。

主办方可以组织各种网络活动，如研讨会、座谈会和社交活动，帮助参展商建立行业联系，扩大他们的商业网络，这不仅可以增加参展商的参展价值，还可以为主办方带来额外的收入来源。

（五）提供定制化服务，优化展会体验

根据参展商的具体需求提供定制化的服务和解决方案，以满足不同参展商的特殊需求（比如特殊搭建服务、采购商对接、会议赞助、深度合作）。

通过提供高质量的展会体验，如优秀的展位设计、高效的物流服务、便捷的交通安排等，增强会展项目竞争力。

（六）利用数字营销工具

主办方可以利用数字营销工具，如社交媒体、电子邮件营销、在线广告等，来推广展会，吸引更多的参展商和观众，并通过这些渠道提供持续的信息和互动，增加参展商的参与度和忠诚度。

运用人工智能、大数据、VR 技术等数字技术，不仅可以提升展会的吸引力，还能为参展商提供新的营销渠道和客户互动方式。

（七）提供后续服务

展会结束后，主办方可以提供后续跟进服务，如市场报告、举办会展沙龙邀请行业知名企业代表参加、下一次展会的早鸟优惠等，以保持与参展商的联系，并鼓励他们继续参与公司举办的未来展会。

二、参展商数据分析的流程

参展商数据分析是会展项目是否成功、会展品牌是否持久的一个重要因素。通过分析参展商的数据，组织者可以更好地了解参展商的需求和行为，从而提供更优质的服务，吸引更多的参展商和观众，提高展会的成功率。展会结束后，假如发现参加展览的国外观众的总数比例偏小，就需要研究该次展会未取得良好效果的原因：是市场因素导致的，还是选题的问题，或者是该场展会的宣传推广工作未能覆盖目标观众群体，组织策划工作不够到位等。

以下是进行参展商数据分析的一些关键步骤和考虑因素。

（一）数据收集

需要收集参展商的基本信息，包括但不限于公司名称、行业类别、参展历史、参展规模、地理位置等。

（二）参展商分类

根据收集的数据，将参展商进行分类，比如按行业、规模、参展次数等。

（三）参展商行为分析

分析参展商在展会上的行为，包括他们参观的展位、参与的研讨会、购买的服务等。

（四）参展效果评估

评估参展商的参展效果，包括他们是否达到了参展目的、是否获得了预期的商业机会等。

1．参展商满意度调查

通过深度访谈与问卷调查等方式，对参展商进行调研，收集他们对会展项目的满意度情况。

2．参展商忠诚度分析

分析参展商的重复参展率，了解哪些因素会影响他们的忠诚度。

3．市场趋势分析

结合行业市场趋势，分析参展商的需求变化，预测未来的参展趋势。

4．数据可视化

使用图表、图形等工具将分析结果可视化，使信息更易于理解和传达。

5．策略制定

根据前期调研的数据，结合分析结果，明确新的发展策略。

数据分析是一个持续的过程，需要定期跟踪参展商的行为和反馈，不断优化分析模型和策略。

三、参展商数据分析案例

数据分析内容与展会性质相关，展会的性质不同，重点关注的要素也不尽相同，要具体项目具体分析。

为了更好地进行参展商数据分析，我们来分析第89届中国国际医疗器械博览会（CMEF）。

（一）展会简介

CMEF是中国国际医疗器械博览会，英文名称为China International Medical Equipment Fair，该展会始创于1979年，经过四十多年的发展，现已经成为医疗行业国际领先的会展服务平台。

2024年10月在深圳国际会展中心，第90届中国国际医疗器械博览会（CMEF）顺利举办，展会面积近20万平方米，举办会议论坛50余场，展会现场有来自世界150多个国家和地区的近4000家参展商、超12万名专业观众到场，展会现场分别展示了医学影像、体外诊断、医用电子、医用光学、医院建设、手术室、消毒感控、医用耗材、骨科、康复养老、医疗器械生产供应链等领域的创新科技产品。用火爆的现场效果向全行业、全社会展现了医疗器械行业高增长的澎湃动力。

（二）参展商数据分析

1．参展商展馆分布

第90届CMEF汇聚全球前沿医疗科技成果，设置医学影像、体外诊断、医用电子、医用光学、医院建设、手术室、消毒感控、医用耗材、骨科等14大展区，如图2-18所示，全景呈现医疗全产业链。

针对此次展会，主办方对参展商信息进行梳理，形成了参展商信息Excel表格，对这近4000家参展商进行了全面梳理。在Excel表格中包含了参展的基础信息、参展信息两部分内容，基础信息有公司名称、法人代表、注册地、注册资本、具体地址、成立日期、所属省份、公司类型、参保人数，参展信息包括所在展馆、具体展位号、参展渠道等内容。这个信息表清晰地呈现出参展商自身实力及所在区域，对于快速锁定参展商、针对性发现合作伙伴具有非常重要的意义。

第二章　大数据与会展管理

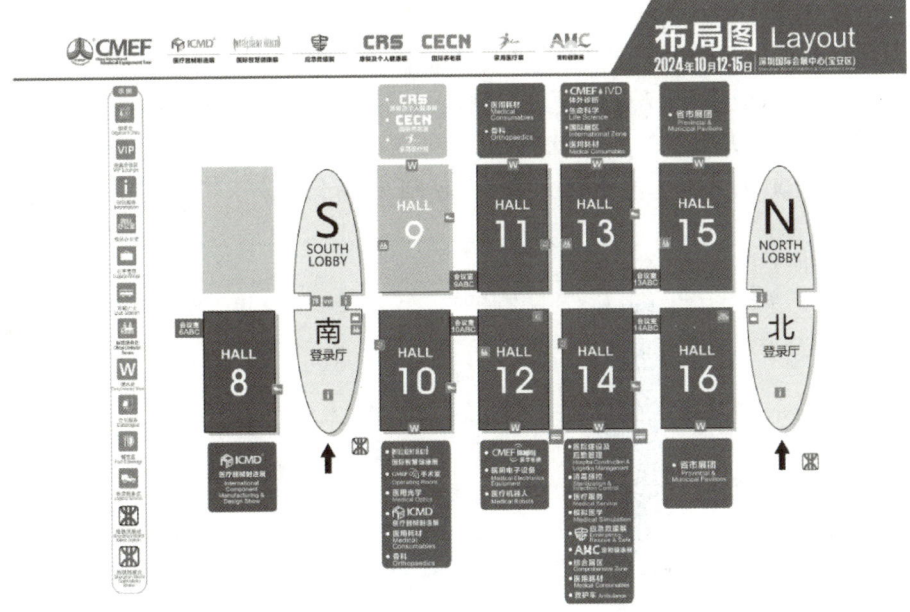

图 2-18　第 90 届 CMEF 布局图

2. 参展商区域分布统计分析

通过参展商信息表发现，参展商所在区域比较集中，主要集中在东部沿海地区，东部沿海占到 70% 以上，中西部地区不足 30%，其中江苏的参展商最多，其次是广东、浙江等地。

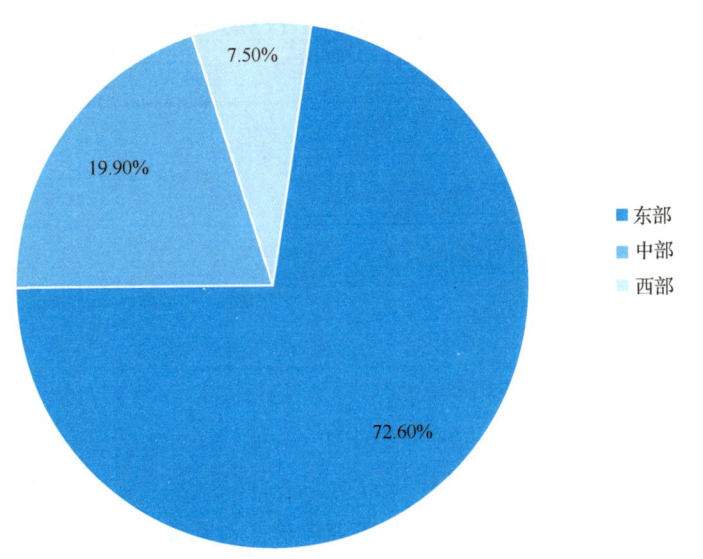

图 2-19　参展商区域分布比重图

3. 参展商参保人数统计分析

通过对参展商信息表中参保人数的分析，发现第 90 届 CMEF 大部分参展企业的参保人数在 49 人及以下，也就是说大部分参展企业的规模为小型企业，参保人数在 49 人以下的占比 69.23%，参保人数 50～99 人的占比为 16.65%，参保人数在 100 人以上的占比为 14.12%（见图 2-20）。

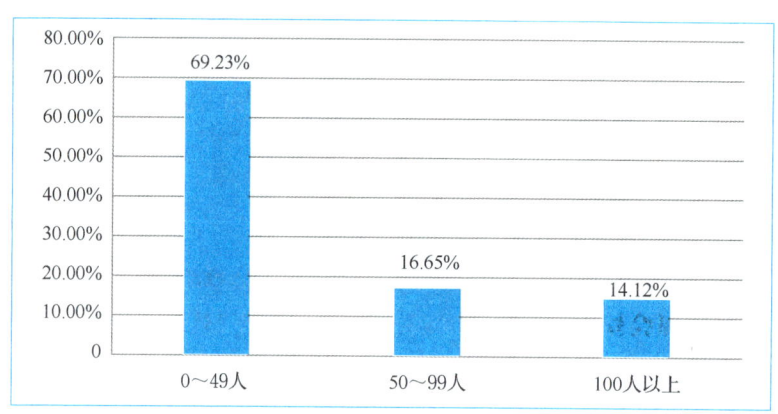

图 2-20　参展企业参保人数分布图

4. 参展商是否达到参展目的

参展商参加展会往往有多个目的，例如寻找客户，开发市场，宣传公司市场形象，了解市场需求趋势，与现有客户保持联系，展出新产品。在对参展商是否达到参展目的进行调研发现，91.38% 的参展商达到了参展目的，且有 29.50% 的参展商达到非常满意的效果，仅有 8.62% 的参展商没有达到参展目的。

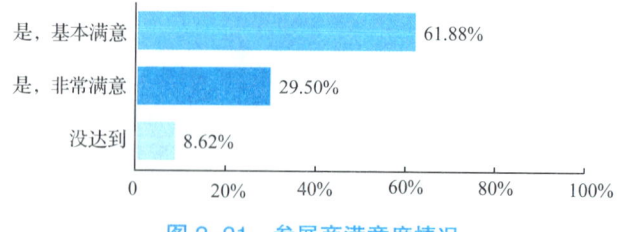

图 2-21　参展商满意度情况

5. 参展商对此次展会的总体评价

在此次对参展商的满意度调查中可以看到，参展商的满意度是比较高的，26.05% 的参展商对此次展会总体评价达到非常满意的状态，53.07% 的参展商较为满意，18.20% 的参展商对此次展会评价一般满意，仅有 2.68% 的参展商对此次展会评价为不满意。

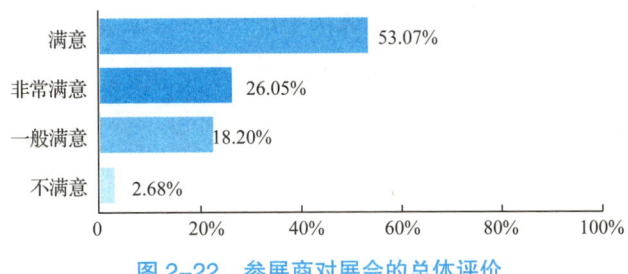

图 2-22　参展商对展会的总体评价

本章小结

1. 大数据通常指的是无法在合理时间内用常规软件工具进行捕获、管理和处理的庞大、复杂数据的集合。

2. 大数据主要有五方面的特点，分别是 Volume（大量）、Variety（多样）、Veracity（质量）、Velocity（高速）、Value（价值）。

3. 大数据时代的到来，会展从业者要做好思维转变，认识到数据的重要性，在方法论、数据分析、计算智能、管理目标、合作方式等多方面要有新的认知。

4. 大数据时代，会展企业要做好会展服务工作，需要进一步加强展会中大数据的应用与分析，做好会展数据的收集、整理与分析，进一步挖掘数据价值，促进会展品牌的形成。

5. 参展商与观众的注册报名渠道有很多种，包括官方公开邀请、媒体邀请、内部销售渠道邀请、自有数据库邀请、第三方数据公司邀请、现场报名等，但都以官方公开邀请为基础。

6. 会展项目参与者主要包括参展商和观众两大类，会展项目注册信息主要包括人员基本信息和项目信息两大类，即人员信息、企业信息和参展或参观信息。

7. 参与者的数据是非常重要的，尤其是观众的数据。通过分析观众的数据，可以了解观众的区域分布情况、观众所属行业的构成情况，以及观众对展览的满意度等。在对观众数据进行分析时，要依据会展项目的特点进行分析，通常包括邀请渠道、签到峰值、互动情况、满意度等几个方面。

8. 通过分析参展商的数据，组织者可以更好地了解参展商的需求和行为，从而提供更优质的服务，吸引更多的参展商和观众，提高展会的成功率。在进行参展商数据分析时，也要依据会展项目特点进行分析，通常包括区域分布、参展目的达成情况、满意度等几个方面。

课内实训

1. 谈谈你对大数据在会展业应用方面的认识。
2. 多了解展会信息，紧跟行业发展，试着对某一展会的参展商和观众数据进行收集并分析。

思考题

1. 什么是大数据？
2. 大数据有什么特点？
3. 大数据在会展行业的应用现状如何？
4. 怎样更好地利用大数据促进会展行业的发展？
5. 展会注册的渠道都有哪些？
6. 参展商注册信息和观众注册信息都有哪些内容？
7. 观众数据分析的意义是什么？
8. 参展商数据分析的意义是什么？
9. 数据分析的方法有哪些？
10. 数据分析的流程是怎样的？

第三章

新技术与会展营销

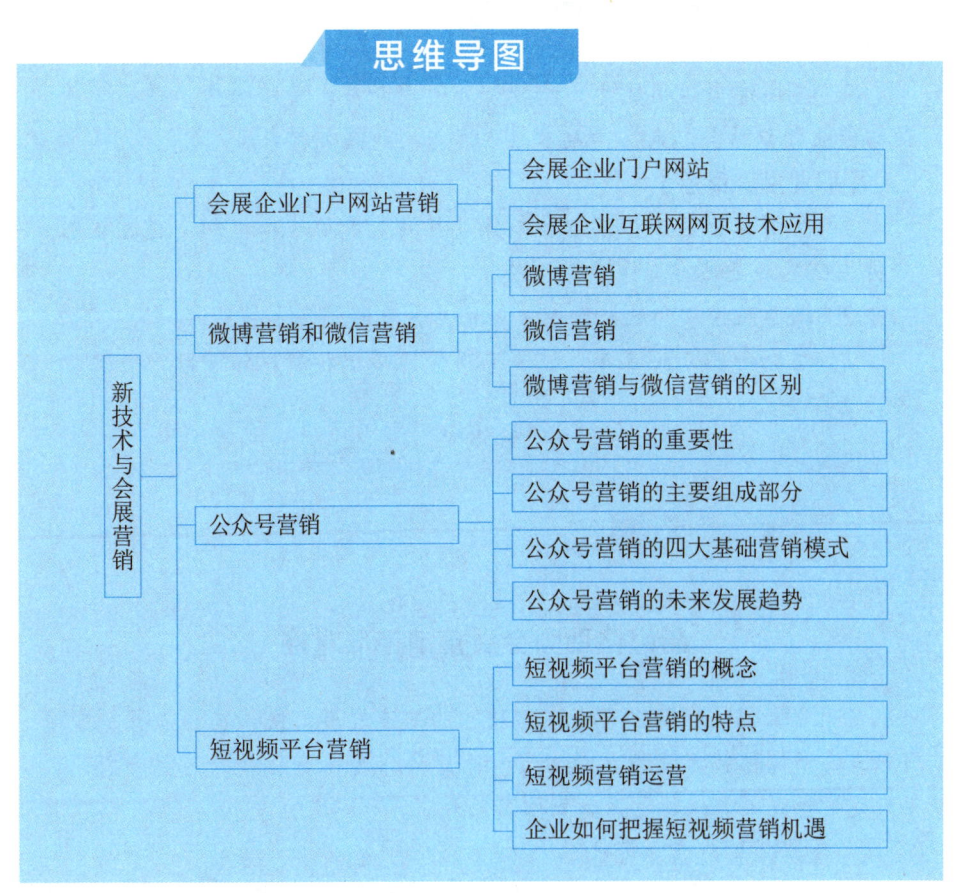

学习目标

【知识学习目标】

1. 认识会展企业门户网站营销。
2. 了解微博营销和微信营销。
3. 掌握公众号营销的基本方法。
4. 学会短视频平台营销基本方法。

【能力培养目标】

1. 了解网络营销对会展活动的作用,理解网络营销对企业活动的重要性。
2. 培养敏锐的洞察力和深刻的理解力,提高理性思维能力和社会适应能力。
3. 提高综合运用能力,能较好地运用新技术营销分析,将科学理论与专业知识结合起来,学习本章内容与实践结合起来。

【职业素养目标】

1. 了解会展企业营销活动工作过程的基本原理和机制,通过案例分析适应不断变化的工作情境与内容。
2. 培养高素质会展技能人才,培养会展营销基本技能。
3. 培养会展专业素养,综合应用营销知识和新媒体手段,适应会展行业需要。

开篇引例

新媒体助力会展营销精准对接

在当今社会,大数据与多媒体技术的快速发展,使得在会展营销中采用先进的新媒体技术变得尤为重要。新媒体作为一种新兴的传播方式,近年来逐渐崭露头角,其显著优势不容忽视。

(一)满足用户交互需求

传统的会展营销多采用单向传播方式,不仅在广告宣传上存在局限,在产品销售环节也受到制约,整体效果并不理想。最关键的是,传统模式难以及时应对突发状况,导致企业与消费者之间的直接交流受阻。然而,在新媒体时代，新媒体凭借其固有优势，能够充分满足用户的交互需求。当会展主办方有效利用新媒体时，信息的流通速度会大幅提升，即便遇到突发问题也能迅速解决。当前，各类交互平台推出的自助服务功能，不仅降低了人力成本，还很好地满足了用户的多样化需求。在会展营销中，新媒体的充分利用不仅满足了用户的交互需求，还确保了信息的完整传递，避免了信息遗漏的问题。

（二）有效降低营销成本

新媒体营销凭借其精准定位与高度适用性，在降低营销成本方面展现出独特优势。相较于传统营销需要大量资源倾注于产品推广，新媒体营销就不一样。它先了解大家想要什么，喜欢买什么，然后有针对性地推广产品，制定策略。现在网络发达，网络营销越来越普遍，对建立品牌形象也很有帮助。总的来说，新媒体网络营销能够迅速锁定目标消费群体，放大宣传效能，并有效压缩营销成本。

（三）推行客户细分策略以强化管理

多屏互动趋势日益显著，信息高效输出备受关注。营销企业应积极推行客户群体细分管理策略，依据特定维度对客户进行细致划分，鼓励其充分表达需求，从而实现精准匹配与高效对接。

资料来源：赵芮，赵微，郑茜文，李佳菲，麻松，姜雪. 新媒体在会展营销中的运用策略研究[J]. 科学与生活，2023（4）（有改动）.

第一节 会展企业门户网站营销

随着互联网大潮的来临，网络形象逐渐成为会展企业形象的重要组成部分。在当今会展行业，越来越多的企业选择搭建自己的在线平台，这不仅打破了地域的局限，更让营销直接触及全球。这种模式的普及性和高效性，无疑为会展企业带来了巨大的经济效益和运营效率的提升。因此，拥有一个专业且功能完备的官方网站，已然成为评估一个会展企业综合实力的关键指标之一。对于会展企业而言，构建独具特色、功能完善的企业网站至关重要。这不仅是企业形象的展示，更是与客户互动、提供服务的平台。

一、会展企业门户网站

会展企业的门户网站不仅是其网络营销和形象塑造的重要工具，更被视为企业在网络空间的一张名片。在信息时代的大背景下，众多有远见的企业都认识到了门户网站的价值——便捷、高效且成本低廉。这些优势使得门户网站成为企业推广品牌、展示产品与服务，乃至开展各类经营活动的理想平台和窗口。时至今日，拥有一个门户网站对于企业而言，就如同拥有电话和传真一样，已经成了一种标配。

会展企业的门户网站与企业文化、企业形象往往有十分密切的联系，甚至在一定程度上会影响到会展企业的市场潜力和商业机会。不同类型的会展企业应立足自身的企业文化及目标客群去建设门户网站，建设网站时除了确保内容准确性，时效性高，资料完整性、品牌性等基本要求之外，还应该在网页的页面布局和美化、栏目的设置和规划、导航的设计、相关链接的引入、信息发布和获取方式等方面都有相应的侧重，凸显出品牌的核心价值。

（一）会展企业门户网站的设计

网站的页面设计与公司的形象息息相关。网站的视觉效果影响用户的观感和体验效果。网页的核心部分、页面布局搭配应是企业门户网站设计的重点考虑内容。在网站设计的过程中，确保美观性、统一性和协调性是至关重要的。这样的设计布局不仅显得大方得体，还能帮助用户更深入地了解和认知企业的形象。

1. 会展企业门户网站的页面布局

会展企业门户网站是专为会展行业打造的综合性在线平台。用户可轻松访问首页、公司信息等核心板块。网页集成了最新的展会轮播、日历视图、新闻公告与特色展会推荐，为用户提供清晰的信息概览。我们以德马吉国际展览有限公司的网页设计为例，介绍网站主页的页面布局。

第一部分是公司标识。公司标识是企业网站主页的必要因素，能强化浏览者对企业的辨识度。德马吉国际展览有限公司的公司标识由"demage""德马吉国际"及"股票代码"三部分组成，并未做过多的设计，公司标识简洁大方，有助于企业增加辨识度。

第二部分是公司的企业介绍。用德马吉国际展览有限公司的品牌口号"德行天下，博览全球"附有指示小箭头引出公司介绍，采用独特的文字艺术表现，使得文字视觉表达既醒目又朴实。

第三部分是德马吉国际展览有限公司的主要会展产品及涉及领域。企业引导访问者进一步了解产品特点、性能和应用场景。网页列举出了公司产品的相关产品，并附有不同会展产品领域的网页链接。由于该公司具有一定的品牌影响力及规模，因此该公司针对目标客群采用不同产品领域划分，介绍主要产品和涉及领域可以吸引与企业业务相关的目标客户。当客户在网站上找到符合他们需求的产品或服务时，他们更有可能与企业联系，从而增加客户转化率。同时，这也为企业在相关领域拓展业务提供了有力支持。

第四部分是德马吉国际展览有限公司的经典案例展示。网页列举6大经典案例及相关案例。大量的案例展示了德马吉国际展览有限公司的专业性、创新性和解决问题的能力，帮助企业建立客户信任。当潜在客户看到与自己需求相似的成功案例，他们会更有信心选择这家企业。案例展示是企业网站建设不可或缺的一部分。它不仅能够展示企业的实力和经验，提高客户转化率，并增强企业的品牌形象，还能为潜在客户提供参考和启发，促进沟通与合作。

第五部分为"新闻动态"及"知识问答"。主要内容是会展公司近期内的相关新闻及相关内容的解疑。定期更新新闻动态可以使企业网站保持活跃，持续的更新表明企业在行业中保持关注和积极性，企业在行业发展中富有活力。新闻动态栏目是传递企业最新消息和动态的重要渠道，借助新闻动态这一平台，企业能够迅速而有效地向用户传递重要事件、产品发布的最新信息、合作伙伴关系的进展以及各类活动的举办详情。这不仅彰显了企业的发展实力，还展现了其在行业中的广泛影响力，从而吸引更多潜在客户和合作伙伴的关注和合作。

第六部分是关于公司的宣传篇章。我们深知文化的力量，一流的企业靠文化，二流的企业靠制度，三流的企业靠人才。然而，企业文化始终是企业软实力和核心竞争力的体现。优秀的企业宣传片能够有效塑造企业品牌，提升整体形象。通过视觉上的震撼与刺激，企业宣传片向观众传递了独特的视觉符号，这些符号令人印象深刻，容易在观众心中引发共鸣，进而增强品牌的吸引力。这种深度的情感连接不仅有助于建立品牌的权威地位，还能在用户心中树立企业品牌的崇高形象，稳定原有受众群体，进一步扩展新的消费群体。

第七部分是品牌客户的介绍，可以证明企业在行业中的实力和能力。与知名品牌合作通常需要具备一定的专业技能、质量保障和服务水平，因此这些合作关系可以作为企业实力的证明，增强企业在潜在客户心中的竞争优势。当潜在客户看到企业与自己熟悉的品牌合作时，会更容易记住企业，并且对企业产生积极的印象。

最后两个部分为公司的地址及联系方式。

2. 导航栏的设置和规划

对于网站而言,导航是不可或缺的一部分。精心设计的导航布局能让用户迅速定位到所需信息,直观了解网站的整体架构,从而有效降低用户的时间消耗。导航栏相当于网站的指南针,用户通过导航栏能够了解网站信息能否满足他的需求,对进行下一步的行为具有指示作用。

(1)顶部导航的设计呈现出一种成熟稳重的风格,其布局中规中矩,既符合用户的常规操作习惯,又避免了过于花哨或前卫的设计可能带来的使用困扰。这种设计因其高度的实用性和可靠性,在各类网站中得到了广泛的应用,使用率相对较高。

(2)侧边栏导航的设计形式独具特色。主要以动态、静态、大小不一的多种表现形式呈现。固定的侧边栏在导航设计中需要重点考虑侧边栏的宽度。过宽的侧边栏导航会占据过多的网页空间,导致界面宽度增加,从而降低整个网站页面的观感。若导航栏的字体尺寸过于庞大,它在页面呈现时可能会遇到一些困难,即使采取滚动方式查看也未必能带来理想效果。鉴于侧边栏二级导航选项的局限性,这种导航形式更适用于设计师个人官网或结构相对简洁的网站。对于结构复杂、内容繁多的网站而言,侧边栏导航可能无法提供足够的导航选项,可能并不适用。

(3)底部导航通常出现在活动或个性化设计的网站中,相较于其他导航形式,其应用场景较为有限。在移动端设备上,底部导航因其便捷性和直观性而广受欢迎。然而,在PC端,底部导航多以固定形式呈现,虽然能降低使用成本,但对于结构复杂或包含多级导航的网站来说,其适用性则大打折扣。

考虑到用户通常习惯于从上至下、从左至右的视觉浏览顺序,将导航置于页面底部并不完全符合这一浏览习惯。因此,在设计网站时,需要根据目标用户群体和网站内容特点,谨慎选择是否采用底部导航,以确保用户能够顺畅、高效地浏览网站内容。

(4)汉堡式导航与底部导航相似,都常出现在移动端。相较于传统的底部导航在PC端的应用,现代网站设计更倾向于采用汉堡包式导航设计。这一设计因其独特的设计感和空间布局,以及多样化的设计形式而备受欢迎。然而,汉堡包式导航在展现网站结构脉络方面可能不够直观。因此,在追求用户能够迅速了解网站结构的目标下,对于是否采用这种导航设计,仍需要谨慎考量。

(5)滚动式导航主要涵盖水平式滚动和垂直式滚动两种形式。其中,水平滚动导航显著特点在于其内容能够依据用户操作在水平方向上左右移动。然而,这种与常规垂直滚动截然不同的物理与视觉动态,可能会在用户浏览页面时引发一种不自然的错位感,进而影响整体的浏览体验,使其效果略显逊色。

在设计时需精心考量,确保用户体验的连贯性与舒适性。当网页进行水平式滚动设计时,大多数界面设计用箭头进行指示,减少视觉的突兀感,增强用户的心理暗示。但大多网站会较少使用水平式滚动,因此这样的网站设计比较少见。垂直式滚动导航广泛运用于 H5 页面,将动画特效与垂直式滚动导航有机结合起来,给用户产生视觉效果的冲击,从而引起用户的兴趣。

一般商业网站主页的导航通常会设置以下栏目:公司简介、业务介绍、主要项目介绍、新闻中心、联系信息等。我们需要将确认好的导航内容进行组合排列设计,在设计的过程中,我们需要遵从用户体验为上的设计原则,在保证内容可读的情况下,再去保证界面设计得最优。

(二)会展企业门户网站的营销功能

会展企业的门户网站应注重营销功能,构建营销型网站,强调品牌宣传和产品展示的效果。营销型网站应该更加注重客户的体验,从而提升企业的服务水平,扩大品牌知名度以及实现企业的营销目标。会展企业的营销功能主要聚焦于企业品牌打造与推广、产品展示与销售、客户服务这三个方面。

1. 企业品牌打造与推广

会展产品特有的经验品属性导致客户在参加了会展活动之后才能判断产品的质量,因此会展企业更加注重品牌建设及口碑的经营。

吸引用户的关注并增强他们的留存,企业应当致力于创作高质量、有价值的产品输出。这不仅有助于提升用户黏性,还能有效提高转化率。只有当产品或服务的质量达到卓越水平,企业才能赢得消费者的信任和口碑。

(1)提高品牌辨识度。品牌辨识度是企业为了传达出企业的核心价值所追求的品牌精神的独特性。品牌塑造,本质上是企业为了增强自身品牌形象而进行的一场精心设计的全面营销活动。其根本目标是与广大消费者产生深刻的情感联系,以在激烈的市场竞争中脱颖而出,赢得消费者的喜爱和信任,进而构建起独特的差异化竞争。在如今品牌林立的商业环境中,一个具备高度辨识度的品牌能够迅速捕获消费者的注意力,使其在众多同类品牌中脱颖而出。品牌的差异性越显著,产品在市场中的定位就越清晰明确,品牌识别度也会越高。因此,在品牌打造的过程中,企业需要深入挖掘并提炼出具有差异性、共鸣性和包容性的情感联系。

(2)提高品牌管理。在激烈的商业竞争中,强化人才培训与科学管理是稳固企业地位的关键所在。首要任务是设立专业的品牌管理部门,以全面规划、系统推进和逐步实施自主品牌战略。其次,吸引专业的品牌管理精英团队,让他们充分展现个人才华,并通过高效的团队沟通,实现品牌管理的最大化效能。

最后，借助智囊团的力量，聘请资深品牌管理专家，在专家的指导下探索战略发展道路，掌握操作技巧，并培训专业人员以高效地管理企业品牌。

（3）优化品牌战略。要成功塑造品牌，关键在于制定一套严谨而科学的发展战略，并持续立体地推广企业品牌。在规划发展战略时，必须全面剖析市场的外部条件和内部资源，深入理解消费者的核心需求与利益点，明确品牌建设的长远目标，构建合理的品牌架构，优化内部资源配置，进而设定适合企业发展的品牌策略。企业还需要关注市场动态和消费者需求的变化，不断调整和完善品牌策略，以确保品牌效应的持续性和有效性。

良好的企业形象能够带动一定的品牌效应。一个拥有良好品牌效应的企业，往往能够在消费者心中建立起积极、正面的形象，这对于企业的长期发展至关重要。企业需要通过持续的品牌建设、产品质量提升、客户服务优化等手段来积累品牌资产，逐步建立起强大的品牌效应。

2．产品展示与销售

与线下销售相比，网站销售缺乏实体体验。所以大多会展门户网站都会遵循"使用者优先"的原则对产品进行详情介绍，使得用户即使在线上也如临现场。

第一种为"图文并茂型"。通过图片进行视觉展现吸引用户注意力，加以文字对产品功能进行补充讲解，让用户了解产品，产生情感共鸣。

图 3-1　网站产品销售示意图

第二种为"数据型"。展示会展产品的相关数据以凸显其规模、社会和市场影响力。一般来说，对于展览项目，企业通常选择发布展示面积和展示时间、展品种类和数量、参展商数量、专业和普通观众，以及上述数据的增长率等数据。对于会议项目，企业通常会发布其参会单位和人员的数量，展现特邀嘉宾社会地位和影响力的相关信息等。对于活动类项目,企业会发布活动参加人数、场地规模、活动时间等数据。

第三种为"链接型"。企业只在网页上列出了产品名称或图标，通过图标或链接跳转会展产品项目的主页。这些主页具备清晰的结构流程以介绍会展产品相关的、各个方面的内容。

3. 客户服务

企业可以通过提供优质的客户服务，树立良好的品牌口碑。确保在客户联系你时能够迅速做出回应。采用自动回复或实时在线聊天系统，就能够在任意时段内为客户提供即时的服务支持。我们提供多样化的联系方式，涵盖在线聊天、电子邮件以及电话等，使客户能够根据自己的需求选择最合适的沟通方式与我们取得联系。除此之外，还可以将客户由互联网网站引流至移动互联网客户端，利用手机应用（APP）、微信公众号等实现信息快速获取、在线预订、在线支付、在线反馈、在线报名、在线调查等功能，在方便了客户与企业的沟通互动和业务往来的同时，更有利于会展企业进行精准营销。

（三）会展企业门户网站的基本要求

1. 内容高要求与实时更新

网站发布内容的质量水平具体表现在文字的准确性，内容的真实性和完整性，以及信息表述的简洁性和易读性。门户网站对内容有着极高的要求，要求信息资源和新闻资讯都是实时更新的，确保其时效性。大多数门户网站都拥有收集各个行业信息、对时事新闻进行报道的强大团队，以实时传递资讯。

2. 使用的便捷性

门户网站是提供给用户使用的网站，要考虑用户的使用习惯和体验，能够满足用户需求，为用户提供便利，吸引用户使用，使其能够很快找到所需要的信息。要想做到这一点，就必须从用户的角度出发，了解他们的需求，并设计出能够满足他们需求的门户网站。

3. 网站的稳定性

门户网站还要注重安全性和稳定性，确保网站能够稳定运行。网站运行不流畅、反应速度慢、不兼容，以及网站结构规划的不合理会直接增加会展企业客户通过企业网站获取信息的时间成本，也较大程度地影响了客户的实际体验和对企业的印象。

4. 信息的保护性

随着互联网技术的飞速发展，个性化服务已成为提升用户体验的关键。在这个信息爆炸的时代，赢得用户的尊重与信任变得尤为重要。许多网站要求用户注册成为会员，并在此过程中收集用户资料，以便为他们提供更贴心、更符合需求的个性化服务。对用户信息的保护是我们必须严肃对待的问题。我们深知，用户的个人信息是他们隐私的重要组成部分，一旦泄露，不仅可能给用户带来麻烦，还可能损害网站的声誉和信誉。通过提供优质的服务、保障客户信息安全、维护良好的客户关系等方式，可以不断提升客户对我们的信任度和满意度。我们相信，只有真正尊重用户、保护用户的切身利益，才能在激烈的市场竞争中立于不败之地。

二、会展企业互联网网页技术应用

互联网网页技术不仅应用于会展企业建立企业官网和会展项目官网，也应用于会展企业制作互联网广告。

（一）H5 广告

HTML5 是定义和构建 Web 内容的一种标记语言标准。它作为互联网的新时代标杆，被广泛视为互联网内容创建和呈现的关键技术之一。HTML 的起源可追溯至 1990 年，而到了 1997 年，HTML4 正式成为互联网的标准，且被大量应用于网络应用的开发中。该技术已经被大范围地应用于互联网广告制作，且因其制作出的广告脱离了二维平面的限制，在视觉上和听觉上为观看者带来更强的冲击和新鲜感从而受到消费者的青睐。又因其便于在社交平台上被观看、转发和分享，致使其可以在短期内实现病毒传播似的宣传效果，进而带来井喷式的流量和关注度增长。常用的 H5 广告形式有电子海报、电子邀请函和广告网页。

图 3-2　电子邀请函示意图

图 3-3　元宵节电子海报示意图

（二）H5 广告营销特点

H5 广告由于出色的营销成效备受会展企业的青睐，H5 广告营销的特点主要表现在以下几方面：

1. 互动性强

H5 能够针对不同的互动环节，设计有趣且富有创意的活动，如抽奖、答题等，以激发用户的参与热情。H5 广告通常具有较强的互动性，包括滑动、点击、拖动等操作，可以吸引用户的注意力和参与度。分析用户在 H5 广告页面上的互动行为，如点击率、停留时长、分享转发等，评估广告的吸引力和用户参与度。

2. 体验感强

H5 广告不仅能够利用视觉和听觉对用户进行美感和新奇感的冲击，而且还能与其他虚拟技术结合。用户可以在此基础上与广告进行互动、交流，使得广告从单向传播转变为双向互动，形成交互式的信息传递，从而与用户实现情感认同、达到情感共鸣的效果。

3. 传播辐射面广

H5 作为一种多媒体交互格式，其发布渠道与传播阵地主要聚焦于移动互联网的社交平台，尤其是微信朋友圈和微博。这些平台凭借其庞大的用户基数和强大的社交属性，为 H5 内容的传播创造了得天独厚的环境。

微信朋友圈，作为用户日常分享生活点滴、交流内心情感的主要场所，为 H5 内容的传播提供了便利的平台。而微博作为信息快速流通的社交平台，其用户活跃度高、互动性强，为 H5 内容的迅速扩散提供了有力支持。因此，H5 内容在移动互联网社交平台上的传播具有显著的优势和潜力。当品牌深入了解并把握了用户的需求与传播偏好后，H5 广告便能巧妙地激发用户的主动传播意愿，促使他们自发地分享品牌信息。

与 APP 相比，H5 广告凭借其轻巧便捷的特性，更能轻松融入社交网络，成为社交平台上的"分享"热点。这种社群化的分享行为不仅加强了品牌的精准营销效果，还极大地提升了广告的互动性和影响力，使得广告传播的数量呈现出几何级数的增长态势。

微课

H5 广告视频展示

案例分析

"穿上我的军装照"：沉浸式传播引领红色文化新风尚

《人民日报》客户端精心策划推出的H5应用"穿上我的军装照"，在建军90周年时走红社交媒体。这款产品凭借独特的创意，成为传播红色军旅文化的新媒介，也是爱国题材成功融入热门媒体产品的范例。

"军装照"之所以风靡一时，背后蕴含着多重因素。一是发布时间巧妙，紧扣"建军90周年"的历史节点，符合国家强军战略的背景；二是创意新颖，满足了人们当军人的梦想；三是先进技术的运用，让用户的照片塑造得庄严帅气，给人全新的视觉感受。然而从传播学角度分析，"军装照"能迅速吸引数亿用户，主要是因为它通过社交平台短时间实现了内容的沉浸式传播。

一、新媒介时代：媒介与人的一体化

沉浸式传播是建立在大数据和智能网络基础上的信息传播模式，它以人为核心，通过连接各种人类环境，实现了无处不在、无时不有的广泛传播。与单向传播和双向互动传播相比，沉浸式传播的核心特征在于人与媒介的深度整合，使得人本身成为媒介的一部分。在这一传播过程中，作为媒介的人同时扮演着信息创作者、传播者和接收者的角色，通过亲身体验和深度参与，进行多维度的交流互动，共享由此产生的归属感、参与感、认同感和审美愉悦，进而实现网络传播的核裂变效应。

二、全民参与：裂变式传播的强大引擎

沉浸式传播从根本上重塑了传播关系。在新媒介时代，用户既是信息接收者，也是内容创作与传播的活跃参与者。在特定场景中，用户有空间去选择信息、深入参与和传播，结合个人感受，获得身心满足。

于是，每个用户都成为信息源头。信息初次触达第一层用户后，真正的传播才开始。用户与信息源相互依存、促进，推动信息深入传播。比如，"军装照"在社交媒体走红，就因符合沉浸式传播模式。国民对强国强军梦的期待，在阅兵中展现，通过"军装照"，人们穿上不同时代的军装分享到社交媒体，这种感官与情感体验通过网络传递，构建出超越现实的虚拟真实。在这个虚拟世界，人们的沉浸体验与情感共鸣，成为裂变传播的强大驱动力，实现了传播关系的根本变化。

相比之下，无论是"你说我听"的传统模式，还是"交流互动"的现代模式，都不及"亲身体验、沉浸其中"的沉浸式模式深入人心。过去，革命历史和红色文化的宣传主要依赖于报纸、电视和网站等传统媒体。在传统传播模式下，信息一旦到达受众，即视为传播结束。尽管受众具有一定的主动性，但总体而言，无论单向传播的力量多么强大，如果没有用户的广泛参与，其传播效果也难以与沉浸式传播相提并论。

三、创意升级：深化个人沉浸体验

"军装照"的爆红再次验证了"内容为王"的铁律。实现沉浸式传播的关键在于提供适应其传播模式的内容产品。虽然新技术的运用对于信息传播至关重要，但内容的质量才是决定性因素。

面对新技术的冲击，媒体从业者一度感到迷茫，甚至质疑内容创意的价值。然而，优质的创意始终是内容产业的核心竞争力。技术确实在改变用户参与和分享的方式，但缺乏创意的内容，即使技术再先进，也难以吸引用户沉浸其中。

同时，"军装照"的成功也启示我们，在新媒体传播格局中，应重视用户的情感体验。媒介融合不仅意味着内容产品的融合，更意味着用户关系的重构。传统的单向信息传播模式无法反映现实社会中复杂的人际关系，是一种封闭式的传播关系。而新的传播模式则重视和利用人们在分享互动中建立的情感联系，通过融入个人情感因素的内容产品，构建起广泛而开放的关系网络。新闻不再是冷冰冰的"客观报道"，而是融入了人们情感认同的"有温度"的故事。用户利用新媒体技术自主创作内容、表达观点和情感，在直接的参与过程中进行沟通交流，从而深化了彼此的情感体验。

正如麦克卢汉所言，媒介是人的延伸。媒介在拓展人们感官的同时，也使人们更容易沉浸于自身的体验之中。在当今时代，媒介正逐渐成为人们生活的一部分，每个人都难以置身于媒介市场之外。

资料来源：王志锋．从沉浸式传播看"军装照"刷屏［N］．人民日报，2017-08-17（有改动）．

第二节　微博营销和微信营销

在网络经济飞速发展的当下，微博营销已成为企业市场战略中不可或缺的一环。微博这一新媒体以其惊人的传播速度、高黏性的用户群体、无与伦比的互动性和易于激发口碑效应的特点，为市场营销理论注入了新的活力。微博为企业开展营销创新活动提供了前所未有的机遇，成为企业竞相追捧的焦点。

微信营销行业的发展历程充满了创新与发展。自 2011 年微信问世至今，该行业已发生了翻天覆地的变化。微信从原本单一的即时通信功能，逐步发展为一个多元化的营销平台。众多企业与品牌通过微信公众号、小程序以及广告投放等手段，成功地拓宽了市场推广渠道，并增强了与用户的交互体验。微信营销行业发展迅速，已经成为企业和个人营销的重要渠道。随着微信用户数量的不断增加，微信市场规模不断扩大。同时，微信营销的技术和手段也在不断创新，为微信营销带来了更多的可能性。

一、微博营销

微博营销，作为前沿的营销策略，为商家和个人带来了商业价值。微博是洞察和响应用户多样化需求的重要平台，也是企业展现品牌风采和产品优势的关键平台。以平台为基础，打造了一个广阔的营销网络，在这个网络中，每一位粉丝都有可能成为我们的营销合作者。企业借助微博，持续更新内容，向广大网友传递企业信息、产品亮点，从而塑造出卓越的企业形象和产品形象。

通过每日精心策划的内容更新，与粉丝进行深入的交流互动，探讨他们感兴趣的话题，激发共鸣，进而实现营销目标。微博营销以其即时性、互动性和广泛传播性，为企业带来前所未有的营销机遇。

（一）微博营销的种类

微博营销的策略多样，大致可分为三大类别：个人微博营销、企业微博营销以及行业资讯微博营销。每种类型都有其独特的市场定位和目标受众，旨在通过精准的内容策划和互动策略，实现品牌价值的最大化传播，进而提升品牌影响力和市场竞争力。

1. 个人微博营销

诸多个人在微博营销上，往往依赖其独特的人气和影响力来获得公众的视线和关注。以知名艺人、杰出的行业领袖或社会中成就斐然的人士为例，他们利用微博平台，不仅旨在让粉丝更全面地认识自己，更是为了深化与粉丝之间的情感纽带。这种营销方式的功利性并不显著，更多的是出于与粉丝分享生活、交流心得的目的。

这些知名人士在微博上发布的内容，往往能够迅速引起粉丝的共鸣和关注，他们的粉丝会积极跟踪、转发和评论，从而帮助这些个人实现更广泛的传播和影响力。这种由粉丝自发驱动的营销效果，不仅效果显著，而且具有长期性和可持续性，为这些个人带来了更多的曝光机会和商业价值。

2. 企业微博营销

企业作为以盈利为核心目标的组织，经常利用微博平台来扩大知名度，并最终促进销售增长。然而，相较于其他营销手段，企业微博营销面临的挑战尤为严峻。由于企业的知名度有限，微博的简短性和信息碎片化的特点使得用户难以直观地理解商品。同时，微博平台的更新速度极快，信息量庞大，企业想在其中脱颖而出并非易事。

为了成功实施微博营销，企业应当构建并维护一个固定的消费群体。这要求企业不仅要在内容上不断创新，还要积极与粉丝互动，回应他们的关切和需求，提升用户的参与感和忠诚度。此外，企业还应加大宣传力度，通过多样化的营销策略和手段，提高品牌的知名度和影响力，进而吸引更多的潜在客户。企业微博营销需要耐心、创意和持续的努力。只有建立起稳固的消费群体，并与粉丝建立深厚的情感联系，企业才能在微博平台上实现营销目标。

3. 行业资讯微博营销

以发布行业资讯为核心内容的微博，具有吸引广大行业用户关注的天然优势。这类微博通过分享具有实用价值的行业信息，实质上成了用户主动订阅的电子版行业刊物，从而巧妙地将内容转化为高效的营销工具。订阅用户数量的多少，直观地展现了行业资讯微博在网络营销中的分量，更是衡量其市场影响力和商业价值的关键指标。

与运营一个行业资讯网站相似，微博的内容策划和传播同样需要投入大量的精力和智慧。内容必须精准、及时，能够满足行业用户的需求和兴趣，同时又要具备独特性和创新性，以吸引用户的持续关注和转发。此外，传播策略也至关重要，需要通过多种渠道和手段，将内容推送给更广泛的受众，提高微博的曝光度和影响力。

图 3-4　社交媒体营销示意图

（二）微博营销的特点

1. 传播速度快

微博的独特魅力之一在于其无与伦比的传播速度。一旦某条微博触及了引爆点，其互动和转发量便能在极短的时间内呈现爆炸式增长，迅速蔓延至微博世界的每个角落，

拓展阅读

企业微博营销的启示与策略

实现短时间内点击人数的最大化。广大用户都能借助微博这一平台即时分享生活中的点滴新鲜事、关注的焦点话题，并毫无保留地表达个人的情感和对社会事件的独特观点。

如今，微博已经融入了众多人的日常生活，人们随时随地关注着微博的动态，分享着自己的点滴。这种简单直接的交流形式，在微博上得以迅速转化为一种快速、高效的传播模式，极大地拓宽了信息传播的广度和深度。

2. 影响范围广

微博拥有庞大的注册用户群体，涵盖了各行各业、各地域、各社会阶层和民族背景的人们。这里不仅会聚了众多社会名人，还吸引了大众媒体和政府机构等权威机构入驻。新浪微博的开放性使得信息能够支持多种平台，无论是手机、电脑还是其他传统媒体，都能无缝对接，实现信息的快速传播。

微博通过粉丝关注机制和名人效应，实现了"病毒式"的信息传播。每一条微博都可能成为热点话题，引发广大用户的关注和讨论。这种基于庞大用户群体和多样化传播渠道的传播模式，使得新浪微博的影响力极为广泛，成了信息传播的重要阵地。

3. 形式多样化

微博支持多种内容形式，包括文字、图片、视频、直播等。通过视觉、听觉等多种感官来感受产品，营销能够充分利用各种媒体形式来展示产品，使得用户更形象、更直接地了解产品信息，吸引用户的注意力。

4. 操作简单方便

企业在新浪微博平台上享有直接发布信息的权利，无须经历冗长的行政审核流程，这极大地节省了时间与成本，同时也显著提升了宣传的效率和便捷性。微博的短小精悍，每条最多140个字，让企业能够迅速构思并发布信息，这种简洁高效的传播方式相较于博客等平台，更方便快捷，为企业提供了极为便利的宣传渠道。

（三）微博营销的目的

1. 提高品牌知名度与增强品牌影响力

微博通过发布品牌相关内容、与消费者互动以及合作推广等方式，能够有效提升品牌的知名度和影响力。企业可以利用微博发布优质内容、参与热门话题、进行广告投放，将品牌与热门话题相结合，吸引更多用户的关注和讨论，增加品牌在用户心目中的曝光度和认知度，吸引更多用户关注品牌微博，建立稳定的粉丝基础和活跃的社群，提高品牌的社交影响力和传播效果。

2. 吸引目标客户并精准营销

利用用户画像和数据分析工具，企业能够精确锁定目标客户群体，并制定具有针对性的营销策略。基于目标客户的兴趣偏好和具体需求，企业可以发布高度相关的产品或服务推广内容，以激发他们的关注度和购买欲望，从而实现精准有效的市场营销。

3. 加强与用户之间的互动交流

微博营销注重与用户的互动和沟通，通过发布有趣、有价值的内容，引导用户参与讨论、分享和转发，从而增强与用户的互动。企业还能借助微博平台上的私信交流、评论互动等机制，迅速响应用户的反馈和疑问，从而提升用户的满意度和忠诚度。

4. 传播品牌形象与企业价值观

微博营销是一种有效的品牌传播方式，企业可以通过发布品牌故事、企业文化等内容，向消费者传递品牌的形象和价值观。这有助于树立企业的良好形象，提升消费者对品牌的认同感和信任度。

5. 实时监测与危机公关

微博营销还具备实时监测消费者对企业及产品的看法的能力，帮助企业及时发现并处理负面信息，确保危机公关的及时性和有效性。企业可以通过微博平台上的搜索、舆情监测等功能，收集和分析用户对品牌的评价和反馈，以便及时调整营销策略和应对潜在的危机。通过观察竞争对手的活动和用户反馈，了解行业动态和用户需求，及时调整营销策略和产品服务，保持竞争优势。

（四）微博营销的优势

1. 互动性强

企业能够深入洞察用户在新浪微博上发布的内容及评论，从而精准地把握消费者对自身产品和服务的看法与建议。这种实时的反馈机制使企业能够迅速做出回应，包括及时回复、解释和发布声明，以展现企业的责任感和沟通效率。同时，企业还能根据用户的反馈及时调整产品和服务，以确保满足市场需求，进一步推动品牌形象朝着更加健康、积极的方向发展。

2. 降低营销成本

微博的信息发布门槛极低，其成本远低于传统广告，但效果却毫不逊色。与博客相比，微博的投入成本同样更为低廉。而与传统的大众媒体（如报纸、杂志、电视、广播等）相较，微博的受众范围更为广泛，且后期的维护成本相对较低。

3. 效益回报率高

微博营销以其低投入、高回报的特性，成为众多企业竞相追捧的焦点。

其独特的运营模式能够在极短的时间内显著提升品牌曝光度，为企业带来可观的收益，展现出强大的市场潜力和商业价值。

4. 开放性

品牌官方微博无疑能够突破传统束缚，通过积极的互动和对话，与用户建立起深厚的关系纽带。利用微博向用户展现独特的品牌个性，有效缩短了与消费者之间的距离，从而构建了一种更为紧密的品牌—消费者联结。在微博上几乎可以讨论任何正向话题，没有过多的约束，微博向用户提供了一个开放有序的平台。

二、微信营销

作为网络经济时代崭露头角的主导营销方式，微信营销如今已跃升为众多企业和个人首选的核心营销策略。随着微信的广泛普及，其营销力量迅速崛起。微信打破了地域的界限，使用户能够便捷地注册账号，进而与身边的"朋友"建立起紧密的联系，构建了一个互动频繁的社交圈层。用户可以根据个人需求定制相关信息，而商家则通过精准的信息推送，巧妙地将产品推广给用户，实现精准且高效的一对一营销。微信营销以其便捷、精准、互动性强的特点，为企业和个人提供了一个全新的营销渠道，引领着网络营销的新潮流。

（一）微信营销的常见的运行模式

1. 互动式营销：微信公众平台

微信公众平台的社交共享功能凭借其开放性，使得微信在移动互联网营销领域中占据了举足轻重的地位。这一营销渠道不仅基于公众号，而且其营销方式更为详细、直接，为企业和个人提供了更为精准、高效的推广手段。

2. 直观式营销：微信商城

商家成功申请微信支付权限后，即可登录微信商店平台，进而获取微信高级界面权限。这一权限的解锁，使商家能够充分利用微信丰富的开放资源，搭建专属的微信商店，以实施更加精准、高效的营销策略。通过微信商店，商家能够拓宽销售渠道，增加品牌曝光度，并与消费者建立更紧密的互动关系。

3. 简单式营销：查看附近的人

当用户点击"查看附近的人"功能时，他们便能够基于地理位置发现周边的微信用户。除了展示用户的姓名等基本信息，还会显示他们的个性化签名内容。因此，这些签名区域成了一个免费的广告位，企业可以利用其来推广自己的产品或服务。

4. 主动式营销：漂流瓶和摇一摇

商家可以利用"漂流瓶"和"摇一摇"等独特功能，发送各种文字内容、语音甚至互动游戏，以吸引用户的关注和参与。然而，值得注意的是，每位用户每天仅拥有20次的使用机会，这使得商家在运用这些功能时需要精心策划，确保每一次发送都能精准触达目标用户，并引发他们的兴趣和互动。

(二)微信营销的特点

微信营销以其点对点的特性,实现了精准营销的新高度。用户注册微信后，能够迅速与周边同样注册的用户建立联系，形成一个紧密的社交网络。在这个网络中，用户可以订阅自己感兴趣的信息，从而满足个性化需求。商家则通过深入分析用户的订阅行为和需求信息，能够精准地推送与之匹配的产品或服务信息，实现点对点的精准营销，让营销信息直达目标用户，提高营销效果。利用微信的社交属性，让品牌有机会将营销嵌入用户的社交网络，通过利用用户的社交关系链实现裂变传播和交易转化。

1. 以人为中心

根据马斯洛需求层次理论，在基本的生理需求得到满足后，用户在品牌的追求中逐渐由物质需求转向精神需求。一味地压低价格已经不能满足用户的需求，运用人性化的理念进行营销才是品牌应该考虑的问题。

人永远是市场的核心主体。微信作为人们日常沟通的重要工具，能够帮助用户进行长期的沟通、联系，提高使用频率。将品牌信息融入用户的日常生活中，使得用户对该企业或者品牌有一定的认知度和信赖感，加以人性化的服务，还能增加用户的好感度。对于用户而言，人性化的沟通与服务才能真正体现企业的魅力，用户更有成为回头客的可能。

2. 封闭性导致的精准营销

微信是一种相对封闭的社交平台，用户之间的互动主要基于好友关系，信息传播相对私密。微信营销因此具有私密性和封闭性的特点。用户之间可以进行分享、转发、评论等互动，形成口碑传播效应，品牌可通过建立良好的友好关系进行精准的营销推广。

3. 推广形式多样化

微信采用了多种形式进行推广，如漂流瓶、位置签名、二维码、公众平台等形式，多种营销形式体现在多个方面，它们共同构成了微信营销策略的丰富性和有效性。

（三）微信营销的优势

1. 性价比高

对于任何企业而言，都希望用低成本换取高回报。成本自然成了一个不容忽视的关键因素。在这方面，微信营销展现出了显著的优势。相较于传统媒体高昂的广告营销费用，微信营销为企业提供了一个更具性价比的交流平台。

微信这个软件本身的下载和使用是免费的，基础功能的使用也是免费的，除了部分载体的功能需要投入一定的费用，整体而言，微信的营销成本还是相对较低的。

除此之外，微信作为现在最大的社交平台，其庞大的用户基数决定了它在社交软件领域的地位。对于微信营销来说，用户数量越多，能够接触的目标用户就可能越多，未来可能转化变现的可能性就越大。较于其他营销平台，微信更加人性化，充满人情味。它不仅能够深入连接企业与广大微受众，还有效地促进了微客户关系的建立。商家通过微信平台，能够以微乎其微的营销费用，实现出色的营销效果，进一步拉近与消费者之间的距离，塑造更加亲切、值得信赖的品牌形象。

2. 营销策略丰富多样

（1）满足多样化的用户需求。不同的用户有不同的需求和偏好，因此单一的营销形式很难覆盖所有用户。有些用户喜欢通过朋友圈了解身边朋友的生活和动态，有些用户则更喜欢通过小程序购物或服务，有些用户则喜欢通过公众号获取有价值的信息和内容。多样化的营销形式，如公众号推送、朋友圈广告、小程序等，可以满足不同用户群体的需求，提高营销活动的针对性和有效性。

（2）增加品牌曝光度和认知度。企业可以在微信平台上形成多维度的品牌展示，增加品牌的曝光度和认知度。无论是通过公众号的文章推送，还是通过朋友圈的口碑传播，都可以让更多的人了解和记住品牌。朋友圈的分享和推荐可以展现品牌的人情味和社交性，小程序的便捷和实用可以展现品牌的专业性和服务水平，公众号的内容和活动可以展现品牌的品牌文化和价值观。

（3）拓宽营销渠道和增加销售机会。多种营销形式可以相互补充和配合，形成协同效应，拓宽企业的营销渠道。同时，通过不同形式的营销活动，企业可以吸引更多的潜在客户，增加销售机会和市场份额。

3. 便捷性高

微信营销，依托于移动手机和微信等微介质，利用微动作——如简单的鼠标点击，将微内容——如一句话、一张图片，精准传递给微受众，实现小众化的精准传播。相较于传统媒体发布广告的营销渠道,微信营销展现出了其独特的营销魅力。

4. 高效的信息接收率

数以亿计的用户通过订阅公众号来获取信息,由于用户是主动订阅的,其信息的接收也是主动的。与群发短信或者电子邮箱不同,公众号所发的信息不必担心被用户当作垃圾信息而处理。

(四)微信营销的痛点分析

1. 缺乏双向沟通互动

微信营销之所以能取得成功,离不开其庞大的社交关系网络。然而,如果忽视用户的感受,过度推送枯燥无味的广告信息,必将引发用户的反感和抵触情绪。遗憾的是,许多企业错误地将微信视为移动微博的翻版,忽视了客户的反馈,仅单向传递信息,缺乏人性化的互动与交流,从而极大地损害了用户体验。

为了真正发挥微信这一流行互动工具的价值,理性而为,善用微信这一时下最流行的互动工具。倾听客户的声音,关注他们的需求,通过有温度、有深度的对话,建立起深厚的信任关系。只有这样,我们才能在微信营销中取得长远的成功。

2. 传播能力有限

微信的数量限制了用户及信息的传播。单个微信用户的通讯录最多只能有五百个用户,而单个微信群的最大人数容量是五百人,有效抑制过度营销,但也限制了用户个人对其他用户的传播面与影响范围,较难进行大规模的传播。

此外,公众号的推文数量也遭到了限制。微信公众平台分为订阅号与服务号,一般而言,除了具备媒体性质的企业单位的公众号,例如央视新闻可以推送多次,其他订阅号每日只能推送一次,服务号每个月最多只能推送四次信息,会使得公众号的影响力受到影响。但促使公众号精选和优化推送内容。推送内容的"减法式"挑选模式,让信息传播突出亮点,体现的是与互联网信息"溢出"时代的反向思维。

3. 用户隐私容易泄露

通常而言,用户在朋友圈中公开分享的内容,可视作自愿展露,不涵盖隐私范畴的非敏感信息。然而若有好友未经原主的同意转发该内容,该好友的行为可能会涉及侵犯隐私权。此外,微信的定位服务也有可能造成用户的隐私泄露,例如微信"附近的人""摇一摇"功能会透露用户的地理位置。在网络化时代，个人的隐私死角几乎不存在，如何在微信中在分享个人信息的同时做到保护自身隐私，是微信与企业必须思考的问题。

三、微博营销与微信营销的区别

随着微博的崛起，众多企业纷纷借助微博营销来赢得客户，将其视为重要的营销法宝。然而，微信的出现犹如一股清流，迅速打破了这一热潮，微信营销在一夜之间崭露头角，引领营销界进入了一个全新的巅峰时代。

（一）平台不同

微博营销的核心在于利用微博平台为商家和个人创造经济价值。通过深度挖掘微博平台上的用户行为，精准洞察并满足用户的多样化需求，从而有效地达成商业目标。而微信营销则主要依托于微信公众平台，特别是基于安卓和苹果等移动操作系统的手机或平板设备，借助地理位置定位技术，实现更为精确的市场营销，为商家和个人打造更为高效、便捷的营销路径。

（二）信息传播方式不同

微博营销聚焦于价值的深度传递和内容的互动反馈。微博特有的信息发布体系使得公开分享变得轻松自如，用户还可选择单向关注模式，从而让信息从关注者迅速流向被关注者，形成迅猛的扩散态势。微博的信息传播特点在于其单向裂变的方式，经过被关注者的转发，信息进一步实现裂变式传播，触及更广泛的受众群体。既保证了信息的即时更新与高速传递，又确保了其能够覆盖广大的范围。

相比之下，微信的信息传播则更侧重于点对点的即时互动。尽管其传播范围相对有限，但微信作为一款即时通信工具，主要侧重于用户间的实时、多种形式的互动沟通。微信营销正是凭借这一特性，结合转介率微信会员管理系统，实现了商家的微官网展示、微会员管理、微推送服务、微支付功能以及微活动策划等多功能集成，进而形成了一种主流的线上线下互动营销方式，为用户与商家之间搭建起了一座便捷的沟通桥梁。

（三）营销模式

微博营销凭借每日内容的更新，既与大众维持了互动与交流，又通过发布引人入胜的话题来吸引关注，进而实现营销目标。而微信则凭借其庞大的用户群、便捷的移动设备支持、固有的社交特性以及精准的定位能力，能够确保每条信息都精确传达到目标受众,实现点对点的精准营销,帮助商家高效触及潜在消费者。

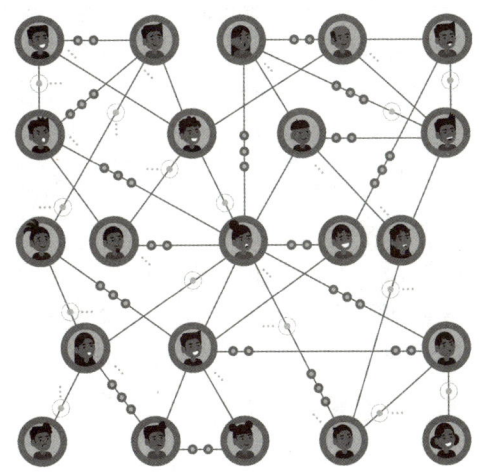

图 3-5 裂变式传播示意图

(四)用户关系链差异

在信息的获取和人际关系的构建上,微博和微信展现出了迥异的特性。微博用户间的联系往往较为松散,而微信则形成了紧密的用户关系网络。微博为用户提供了自由获取信息的平台,同时支持单向或双向的社交方式,这种灵活性使得用户能够广泛地拓展人脉,尽管大量单向关注可能削弱了关系的紧密性,但无疑拓宽了用户社交的广度。相较之下,微信在建立好友关系时设置了更高的门槛,双方需经过相互确认才能形成连接,这种双向认证机制确保了用户间关系的稳固性和深入互动,从而显著提升了关系的紧密程度。

 案例分析

微信社群营销新视角:从个体到群体的裂变探究

在移动互联网迅猛发展的时代背景下,我国社交媒体领域迎来了前所未有的繁荣,微信凭借其庞大的用户基础和强大的社交功能,迅速崛起为社交媒体领域的领军者。基于微信平台的各类营销模式也随之蓬勃发展,尤其是微信社群营销,凭借其用户活跃度高、目标群体定位精准、互动性强等独特优势,展现出了传统社会化媒体营销难以比拟的效果。

微信社群作为线下消费场景在线上的延伸与重构，成功地将企业、用户、产品紧密地联系在一起，形成了一个完整的消费生态链，实现了企业与用户之间的互利共赢。那么，如何有效促使用户为社群进行分享传播，进而实现用户规模的裂变式增长，便成了企业关注的焦点。

（一）用户分享：从个体到群体的裂变历程

用户分享裂变，是指在微信社群环境下，用户通过分享行为所引发的用户数量快速增长的现象，也被称为社群裂变。它既是社群建构的延续，也是社群共创与变现的起点，是社群用户从少数向多数转变的关键阶段。社群中的用户是社群营销活动的基石，缺乏用户，营销活动将失去意义，商品无法销售，品牌难以建立知名度，更无法实现更大规模的社群营销效应。

（二）用户分享的心理动因

在微信社群营销中，用户分享行为是裂变活动得以持续进行的核心动力。因此，深入分析用户分享行为的动机，对于制定有效的裂变策略至关重要。

1. 自我认同的驱动

美国社会学家查尔斯·霍顿·库利的"镜中我"理论指出，人的行为在很大程度上受到对自我认知的影响，而这种自我认知是通过与他人的社会互动形成的。在微信这一线上虚拟社群中，用户通过分享行为来实现自我表达和自我形象塑造，以此建构自我认同。例如，使用"微信阅读"的用户为了获取30天无限读书卡，会将读书卡链接分享给微信好友，这既满足了用户的利益需求，又在他人眼中塑造了自己热爱阅读、追求知识的良好形象。

2. 利益驱动的分享

社会交换理论认为，人们在互动过程中会付出代价并寻求回报。在微信社群中，用户与运营人员、其他社群用户通过讨论、分享等形式进行线上人际互动。当运营人员推送裂变海报时，一些用户会因为利益驱动而选择分享，如获得课程优惠券等，也有一些用户会基于对社群的信任和对社群中其他成员的信任而选择分享。例如，《三节课》的受众因分享可获得运营课程优惠券，而《罗辑思维》的受众则因信服罗振宇的人格魅力和语言魅力，而乐于付费成为其知识社群的会员，并自发分享社群中的活动。

3. 互联网时代的分享文化

互联网技术的发展催生了一个人人分享、人人享受分享的时代，"参与和分享"成为这个时代的关键词。微信社群营销中的用户分享裂变之所以能够成功,在很大程度上得益于这种参与和分享精神的推动。用户身处这样的时代,会自发地参与分享群体,通过浏览、评论、分享等行为来表达自己的态度和观点。同时,当群体中的大多数人选择分享时,少数人也会受到群体压力的影响而采取同样的行为。

(三)驱动用户分享:打破裂变临界点

1. 内外合力:突破数量裂变临界点

内部发力方面,运营人员需要持续输出高质量的内容和价值,以满足具有共同认知、属性和目标群体的需求。在这个内容为王的时代,微信社群能够持续吸引和留住用户的关键在于其内容和价值。例如,"十点读书"始终致力于打磨产品、琢磨用户,持续推出有深度、有价值的内容,从而迅速吸引了大量用户入群。

外部发力方面,需要多渠道媒体推广联合驱动,包括自身平台推广、用户资源互换、付费引流等协同发展。例如,"十点读书"在扩张粉丝基础时,常用的推广方式包括微信广点通、大号帮推、线下涨粉等相互协作,其中最为推荐的方式是爆文涨粉,通过激励用户自发传播,形成在朋友圈刷屏的热点话题。

2. 基于用户属性:突破价值裂变临界点

用户能够聚集到一个社群中,说明他们有着共同的社会身份、兴趣爱好或价值追求。企业正是利用消费者之间的这种强纽带关系,通过促使用户分享传播来获得所需的价值。例如,"十点读书"着力于构建线上线下联动的活动矩阵,线上的微社区以强内容的情感输出及深度的运营服务,保持社群用户的强黏性和互动性,线下的会员读书交流会则使具备相同价值观的社群用户聚集在一起,加深了用户之间的联系和归属感。每一次裂变分享活动都通过与用户的双向互动,触发用户对于"十点读书"的价值认同感,促使其自发分享传播。

3. 利用社交货币:突破利益裂变临界点

当社群价值不再具备使用户自发分享的能力时,就需要借助直接利益的裂变驱动力。直接利益会驱动用户更乐意进行多维度的互动,这是激活裂变的主要方式。例如,当用户在社群中认为直接利益是有价值的时,他们会更愿意为了获得更多的社交货币而参与裂变活动。这种基于利益的驱动机制能够更有效地激活用户的裂变行为。

资料来源:赵大川. 微信社群用户分享裂变研究[J]. 新闻传播,2021(9):3(有改动).

第三节　公众号营销

微信公众平台，即公众号，为企业和个人构建了一个崭新的自媒体平台。借助这一平台，用户能够便捷地实施一对多的信息扩散。商家在成功申请微信服务号后，通过个性化的功能定制和深度开发，能够全面展示商家的微官网、微会员系统以及微推送服务等多元化功能。这种创新的营销策略不仅丰富了用户的互动体验，还促进了线上线下服务的紧密融合，为企业和个人带来了更广阔的发展空间。

一、公众号营销的重要性

（一）企业品牌塑造与形象展示的重要窗口

公众号不仅是向用户宣传产品和提供服务的重要渠道，更是一个展现企业文化魅力的重要平台。通过发布高质量的推文，公众号可塑造独特而富有吸引力的品牌形象，吸引潜在客户的关注。

（二）架起企业与用户的桥梁

公众号作为企业与用户的桥梁，不仅促进了双方的互动与沟通，还使企业能够实时洞察用户的需求和反馈。这种双向的交流机制不仅提升了用户的满意度和忠诚度，还有助于企业更精准地把握市场趋势和用户需求，进而深化了企业与用户之间的情感。

（三）信息传播的重要渠道

公众号以其独特的传播方式和广泛的用户基础，在信息爆炸的时代，成为信息传播的重要载体。无论是新闻、行业资讯还是生活小常识，公众号都能迅速地进行信息传播，满足用户的需求多样化。除此之外，公众号还可以通过朋友圈转发、分享等方式进行传播，扩大其影响力。

（四）较高的商业价值

企业可以通过微信公众号开展线上销售、门店小程序等商业活动。同时，公众号提供数据分析能力，为企业提供宝贵的用户信息，通过用户信息分析，预测未来市场发展，制定更加精准的营销策略。此外，还可与其他平台展开多维度合作，形成多渠道、互联互通的营销网络关系网，进一步提升商业价值。

二、公众号营销的主要组成部分

公众号主要以微信订阅号、微信服务号、企业微信、小程序四个部分构成。

（一）微信订阅号

微信订阅号是微信平台上的一种特殊账号，是微信公众号中最常见的一种类型。它主要面向普通用户，提供资讯、娱乐、教育等各类内容。订阅号为媒体、个人、企业、政府以及其他组织等多元化群体提供了全新的内容发布与分享平台。允许用户订阅并接收账号发布的内容。用于分享各种类型的信息，如新闻、资讯、教育、娱乐等。订阅号的内容通常以原创为主，主要是向用户传达有价值的信息和观点，因为订阅号做的是传播资讯，所以它需要推送更多信息，每天推送一条信息，有利于增加曝光度。

（二）微信服务号

微信服务号专为企业组织及商业主体量身打造，其功能之全面远胜于微信订阅号。服务号在设计上特别注重用户体验，因此有意降低了信息推送的频率，每月仅推送四条精选消息，旨在为用户提供更为精准、高效的服务与交互体验。虽然服务号的信息推送次数降低，但也说明服务号推送的消息更为重要，且每条消息携带了更多的功能，如在线支付等。更多运用于产品的推广、客户服务、活动营销等情况，可以提供给用户更为精准的个性化服务体验。

（三）企业微信

企业号专注于企业内部员工及合作伙伴的需求，旨在实现内部管理、高效沟通协作和资源整合。它提供了多样化的办公应用，包括任务追踪、日程规划、联系人管理等，从而助力企业构建顺畅的工作流程。此外，企业号还承担着员工学习与培训的重要角色，其目标在于促进员工专业技能和综合素质的提升。这一平台不仅简化了企业内部的管理流程，还极大地提升了信息的流通效率和团队协作。

（四）小程序

小程序是一种新兴的公众号形态，可以直接嵌入公众号，为用户提供更为丰富的互动体验。它不仅继承了公众号的内容传播优势，还兼具便捷性和实用性等优点。用户无须下载或安装，就能通过小程序享受各种应用服务，这极大地方便了用户。

三、公众号营销的四大基础营销模式

（一）电商营销

企业不仅可在公众号中构建独立的电商直销平台，比如微商城，同时也可依托第三方电商平台设立网上商铺，让用户无须下载应用软件即可使用。

（二）软文营销

软文营销，以其低成本、高效能的特点成为当今时代最具性价比的营销手段之一。它通过精心撰写的、富含价值的文章内容，巧妙地融入品牌或产品的推广信息，采用一种更为贴近用户心理、易于接受的方式进行广告宣传。这种方式不仅能在无形中影响用户的认知，更能在潜移默化中塑造品牌形象，提升产品认知度。通过精心策划、巧妙执行，软文营销能够为品牌带来意想不到的价值和回报。

（三）视频营销

在当今数字媒体时代，视频网站、短视频和直播等已成为公众号视频营销的重要渠道。若企业或产品的视频内容独具魅力、引人入胜，那么视频营销无疑是一个明智且高效的选择。公众号视频营销可以利用订阅号、服务号以推文的形式对用户进行多渠道的预热，借鉴电商平台的直播带货功能，与小程序进行联动，用户无须跳转其他购物平台，从而减少客户流失。

（四）裂变营销

裂变营销，它侧重于通过精心设计和提供高价值的信息与服务，巧妙地利用用户之间的自然传播动力，以实现网络推广信息在短时间内快速且广泛地传播。公众号裂变工具是一种用于增加公众号粉丝数的营销工具。其核心在于借助现有粉丝的传播力量，策划吸引人的活动，激发他们的分享欲望，从而吸引更多新粉丝关注公众号。该工具涵盖了活动设计、推广实施以及粉丝交流数据分析等多个方面，是公众号运营中不可或缺的得力助手。

四、公众号营销的未来发展趋势

（一）深度且有价值的内容更受青睐

公众号的内容大致可以划分为两大类：一类追求"快餐式"体验，侧重于即时新闻或情感煽动性强的文章，迅速吸引读者的眼球；另一类则深耕"深

度思考式"内容,如深入对话、独家访谈及专业干货分享等,旨在提供更为丰富和深入的阅读体验。

对于热衷于"快餐式"内容的读者而言,一旦有新的平台能更快满足他们的信息需求,他们可能会毫不犹豫地转向他处。然而,对于那些寻求深度阅读的读者来说,公众号中那些独特、有价值的内容正是他们持续驻留的理由。随着公众号的发展,我们不难发现其正逐渐迈向精英化。读者的选择越来越理性,对深度、有内涵的内容展现出更高的青睐,他们渴望从中汲取智慧,不断拓宽视野。因此,对于公众号运营者来说,应当回归到"内容为王"的本质上来。

我们要敏锐捕捉那些可能成为爆款的文章,并善于连接各方资源,以扩大影响力。同时,更要注重长期稳定的优质内容输出,这样才能真正赢得读者的心,实现粉丝的持续增长。从"粉丝为王"到"内容为王",这是公众号发展的必然趋势,也是我们每个运营者应当遵循的原则。

(二)与视频融合是不可避免的一战

公众号天生便具备引人深思和沉浸式阅读的优势,这也是其逐渐精英化的原因所在。文字,作为其核心元素,拥有无与伦比的感染力和传播力。然而,随着时代的进步,视频形态的内容以其直观性、生动性赢得了用户的青睐。视频的出现,使得销售转化的过程更具信任力和冲击力。在直播间中,销售者能够实时解答消费者的疑惑,消费者无须再依靠图文去猜测和想象。这种即时互动的体验,大大增强了用户的参与感和购买欲望。

公众号与视频的融合将是大势所趋。从公众号目前的一系列改版动作中,我们不难看出这一趋势。公众号文章中支持插入视频号内容、直播预约、视频作品等,这一变革使得视频号与公众号相互补充、相得益彰。

(三)优化运营模式

随着短视频热潮的掀起,公众号在一些方面受到了较为强烈的冲击。用户对内容的需求永远在发展,即使不是短视频的出现,也会有更为丰富的传播媒介来代替公众号。因此为了公众号的生命力蓬勃发展,应该与时俱进,对以往的模式做出调整。

当今公众号运营模式已悄然发生变化:从追求阅读量到关注转化率,转化的方式不仅有广告,还有电商及其他盈利手段;从追求爆款到打造IP,通过IP生产开发延长其产业链;从注重单一传播到跨界连接,充分发挥公众号在社交平台上的主阵地作用,进一步提升公众号的核心竞争力。

尽管公众号营销相较于以往的影响力有所衰减,但微信持续增长的庞大流量仍然不容忽视。公众号作为内容生产的重量级平台，其在众多内容生产者的发展策略中仍然占据着不可或缺的地位。更为重要的是，此刻或许正是我们反思并更新营销策略的关键时刻。在这个转折点，我们需要探寻新的玩法，以应对市场的变化，确保公众号营销持续保持活力与吸引力。

拓展阅读

品牌社群营销的核心策略

第四节 短视频平台营销

人们的时间观念越发强烈，对碎片化时间的利用需求急剧增长。为了顺应这种快节奏的生活潮流，满足消费者对即时、高效消费体验的渴望，短视频应运而生。随着大众对短视频关注度的不断提升，短视频营销也逐渐崭露锋芒，成为营销领域的新宠。

一、短视频平台营销的概念

短视频营销，是以短视频为载体进行产品、品牌或服务的推广与宣传。短视频营销内容通常在几秒到几分钟之间，通过精心设计的情节、创意的画面以及生动有趣的表达方式，吸引并留住观众的眼球，从而实现信息的有效传递。

短视频营销是一种新型的营销形态，结合了视觉艺术、内容创新和技术驱动。它不仅革新了传统营销模式，也为商家提供了连接消费者、塑造品牌的新路径。在数字化浪潮席卷全球的今天，短视频营销无疑已成为各大企业和品牌抢占市场的高地。

二、短视频平台营销的特点

随着移动互联网的飞速发展和社交媒体的普及，一种全新的营销模式——短视频营销正在全球崭露头角，并以其独特的魅力和高效的传播效果，成为现代商业推广的重要手段。

（一）情感化：具有更强的表达力

相较于传统的品牌营销手段，短视频营销在激发用户情感共鸣方面展现出了更显著的竞争力。相较于传统的图片和文字内容，短视频以其独特的优势脱颖而出。它融合了动作、声音和表情等多种元素，使得内容呈现更为立体和生动，为用户带来了更为真实且沉浸式的感受。

（二）年轻化：新生代群体的社交名片

对于现代品牌而言，年轻化战略已成为其持续繁荣的核心课题。随着"90后"一代逐渐成为消费市场的中坚力量，他们独特的消费习惯和互联网依赖性为品牌营销带来了新的挑战与机遇。在这一背景下，短视频营销凭借其生动直观、互动性强的特点，正逐步崛起为品牌营销的新高地。

抖音、小红书等短视频社交软件以其庞大的用户群体和精准的算法推荐，成为品牌连接年轻消费者的关键桥梁。品牌应充分利用这些平台，通过创意独特的短视频内容，展示品牌魅力，与年轻用户建立深度互动，共同书写品牌年轻化的新篇章。

（三）可视化：大脑更喜欢的语言

相较于纯文字，大脑处理可视化内容的速度远超前者，达6万多倍。从生理层面看，短视频更易被接受。其可视化优势远超图片、文字和音频，具备强大的视觉冲击力，通过动态的影像和声音，能够更生动、更直观地传递信息，迅速吸引用户注意。

在营销领域，短视频的优势尤为显著。它不仅能带给用户轻松愉悦的体验，还能灵活多变地传递品牌形象和商品实际效果。这种直观、生动的展现方式，让品牌与消费者之间建立了更紧密的联系，成为现代营销不可或缺的重要手段。

（四）独特性：复杂步骤导致内容独特性

视频制作是一项高度专业化的工作，它涵盖了编辑、细致规划、精准拍摄、精细后期制作等多个环节，每一步都需要严谨的操作和专业的技能。尽管这些步骤的复杂性对团队和创作过程提出了高标准的专业要求，但这也正是视频营销能够展现出与传统营销截然不同的独特魅力的关键所在。这种专业性和独特性，确保了视频营销在传播品牌形象、吸引目标受众方面具有不可替代的优势。

三、短视频营销运营

近年来，互联网的普及化进程加速，短视频以其独特的魅力逐步融入人们的日常生活。短视频在争夺手机用户的碎片时间方面，展现出显著的优势，能够在短短几十秒内吸引并留住用户的注意力。短视频营销将成为营销创新领域的新蓝海，爆发出巨大的市场潜力。品牌和企业应紧跟时代潮流，积极探索短视频营销的新模式。

（一）明确目标受众

在启动短视频营销活动之前，首要任务是深入理解并研究目标受众。通过市场调研和数据分析，收集关于目标受众的详细信息，包括他们的兴趣、需求、喜好以及他们活跃的社交媒体平台等。这些信息将为我们提供宝贵的洞察，有助于我们更加精准地制作和推广与目标受众高度契合的短视频内容，从而提高营销活动的成功率。

（二）内容取胜，创意为王

短视频营销的成功在很大程度上取决于内容的高质量及创意的独特性。吸引用户的注意力并引发情感共鸣的高质量内容成为制胜的关键。此外，内容的简洁明了同样至关重要，它能够在短时间内迅速传达出营销的核心信息，确保信息的有效传达。

（三）注重视听效果

短视频凭借其丰富的内容，融合了文字、图片、声音等多元媒介的优势，精准满足了现代受众在注意力分散、时间碎片化背景下对媒介使用的需求。在制作过程中，要注重提升视频的画面质量和音频效果，让用户在享受中沉浸。

（四）多渠道推广

制作好短视频之后，要进行推广和发布。将视频分享到各大短视频平台，如抖音、快手等，利用平台的流量和用户基数，提升视频的曝光度和观看量。同时，还可以通过社交媒体平台和网络广告等渠道进行推广，吸引更多的用户关注和观看。

（五）监测和优化

要定期监测视频的观看量、分享量和用户反馈等指标，了解视频的表现情况。根据监测结果，及时调整和优化视频内容和推广策略，提升短视频的营销效果。

四、企业如何把握短视频营销机遇

（一）重视内容创意

当企业选择短视频平台作为营销手段时，其核心目标是通过短小精悍、富有创意的视频内容，显著提升产品的曝光度和品牌知名度。在这个过程中，内容创意的重要性不言而喻，它直接决定了短视频营销的效果。

在涉足短视频营销领域之前，公司应对短视频中各个垂直细分市场的商业潜力进行全面的剖析和评估。这些细分市场极为广泛，从展示企业形象、推动教育行业的革新、宣传旅游胜地，到分享母婴产品的使用体验等，几乎覆盖了所有行业的市场推广需求。

如何将企业所处行业的内容类型以独特、创意的形式展现，是开展短视频营销的首要任务。企业需要结合自身的品牌特色和产品优势，精心策划、制作富有吸引力的短视频内容，以吸引目标受众的关注和兴趣，进而实现营销目标。

（二）账号定位精准

企业应秉持长远的战略视角，将品牌的核心价值和理念融入短视频的创作过程中，确保内容风格保持一致性，从而进一步增强品牌的辨识度和独特性。入驻平台前，需全面分析品牌理念、受众画像、账号定位，并精心策划创意内容。同时，注重团队配置和协作，确保短视频营销活动的顺利推进。

（三）注重人设打造

在短视频创作日益同质化的当下，企业若想脱颖而出并持续赢得用户的青睐，首要任务是聚焦于构建和维护账号的垂直度。这意味着要确立一个清晰的内容创作方向，并通过塑造短视频中的人设来为作品贴上独特的标签。这样的策略不仅有助于创作者在海量内容中脱颖而出，还能确保持续稳定地输出高质量内容，从而赢得用户的长期关注与喜爱。

（四）融入场景营销

社交需求的演变正引领着一场深刻的变革，人们正从传统的界面浏览逐步迈向短视频的视觉盛宴。众多企业敏锐地捕捉到这一趋势，纷纷将生动多样的场景打造与短视频相结合。企业需将产品展示与植入巧妙地融入用户的视觉偏好。这种营销方式相较于传统直接的植入营销，实现了形式上的显著革新，为用户带来了更加引人入胜的视觉盛宴。

（五）打造直播体系

随着短视频平台电商体系的日益完善，企业正通过发布短视频来精心构建并持续更新品牌形象，在这一过程中，直播体系的打造也显得尤为重要。

直播不仅具有强大的广告效应，其内容的新闻效应和引爆能力更是无与伦比。在直播的各个环节中，平台的选择、直播间的精心布置、产品的精准选择、直播脚本的巧妙设计、主播的优选以及直播数据的深入分析，每一个环节都至关重要。这些精细化的运营策略将直接影响直播的效果，从而对企业的品牌传播和产品销售产生深远影响。

 案例分析

会展业转型："云会展"与直播将引领新潮流

在疫情冲击全球产业链的情况下，会展业面临转型的挑战。智能技术推动会展服务模式变革，"云会展"概念应运而生，预示着发展的新方向。疫情加速了会展运营和服务创新的变革。会展直播迅速成为行业焦点，并有可能引领行业的新潮流。

会展直播发展迅猛，疫情是催化剂。会展直播，作为疫情时期的特殊产物，互联网技术和新基建的完善为其带来机遇。但由于主播资源有限、时间安排紧张、费用高昂等问题限制了其服务范围。中小企业和中小品牌对直播和短视频推广需求迫切，传统展会服务难以满足其日益增长的营销需求。因此，主办方需紧跟市场趋势，为参展商提供更加专业和高效的服务。

目前，国家和地方政府已出台多项针对直播产业扶持政策，包括资金补贴和会展场馆入驻政策。然而，会展直播人才短缺，已成为制约会展行业发展的重要因素。

展望未来，会展主办方和组织方为参展商提供的直播服务，有望成为新的盈利增长点。疫情加速了数字化贸易和销售的发展趋势。在技术层面，传统会展模式向会展直播模式的转型并不构成太大障碍。然而，会展行业当前面临的真正挑战，在于如何在商业模式、数字能力和营销运营等方面实现创新，这是会展企业、主办方和组织者必须解决的问题。

会展直播模式的兴起，是时代发展的必然结果，其发展前景广阔。尽管互联网大厂已涉足会展业，但其运营模式与会展主办方存在显著差异。

会展企业拥有巨大的发展空间和机遇，但亟须提升数字化能力。无论是线上直播还是线下展会，都需要运用先进技术来吸引和留住观众，因为参展商更加关注最终的营销效果。多数业界专家认为，未来的会展业将呈现线上线下并存的格局，其中会展直播模式或将成为常态。然而，现阶段会展业面临的一大难题是，直播需要较大的资金投入，而当前的直播模式尚未形成稳定的盈利模式。因此，业界呼吁政府在提供会展政策扶持的同时，也应在会展扶持资金上给予会展直播更多的支持。

可以预见的是，未来会展直播将成为会展行业的常态，而线下展会则更多地满足高端产品的展示需求。随着时代的不断变迁，会展直播将更符合参展商的需求和期望。

分析线上会展直播中的互动环节，并讨论这些环节如何增强观众的参与感和忠诚度。这些互动策略在吸引观众和提升直播效果中起到了哪些作用？

本章小结

1. 会展企业门户网站的页面布局要注重美观大方，可以从八个部分进行网站的页面布局，对导航栏进行合理的设置。

2. 微博营销分为个人微博营销、企业微博营销及行业资讯微博营销三类。微博作为一个具有广泛影响力、多样化内容形式、操作简单方便且能提升品牌知名度的平台，对于企业进行营销宣传具有重要的作用。

3. 微信营销提供了多样化的营销策略，以满足不同用户的需求和偏好。多种营销形式，能够覆盖各类用户群体，提高营销活动的针对性和有效性。

4. 公众号营销主要由微信订阅号、微信服务号、企业微信、小程序四个部分组成，四个部分各自具有不同的功能和特点。企业应根据自身需求，合理选择和运用这些工具，以实现最佳的营销效果。

5. 短视频营销利用抖音、小红书等短视频社交软件推广品牌，以吸引中青年用户群体。在运营过程中，需明确目标受众，注重内容质量和创意，通过多渠道推广提升曝光度，快速获得新一代消费群体的青睐。

课内实训

1. 选择一个会展公司的网站，试着分析它的网页设计有哪些优势和不足。
2. 假设你是一家会展公司的市场部经理，请基于本章内容，制订一份线上会展直播的策划方案。

思考题

1. 会展企业如何进行营销传播来提高品牌知名度和客户转化率？
2. 探讨会展企业在建立互联网营销体系时，如何平衡线上与线下营销渠道的关系？
3. 讨论软营销如何激发消费者对营销内容的兴趣，并举例说明其具体应用。
4. 分析短视频营销在会展企业中发挥的作用，并讨论如何利用短视频营销增强用户体验和吸引力？
5. 线上会展直播在品牌推广方面有哪些新的策略和手段？这些策略对品牌有哪些潜在影响？
6. 线上会展直播是否存在局限性或挑战？请结合案例分析内容和你的理解进行论述。

第四章

新技术与会展客户关系管理

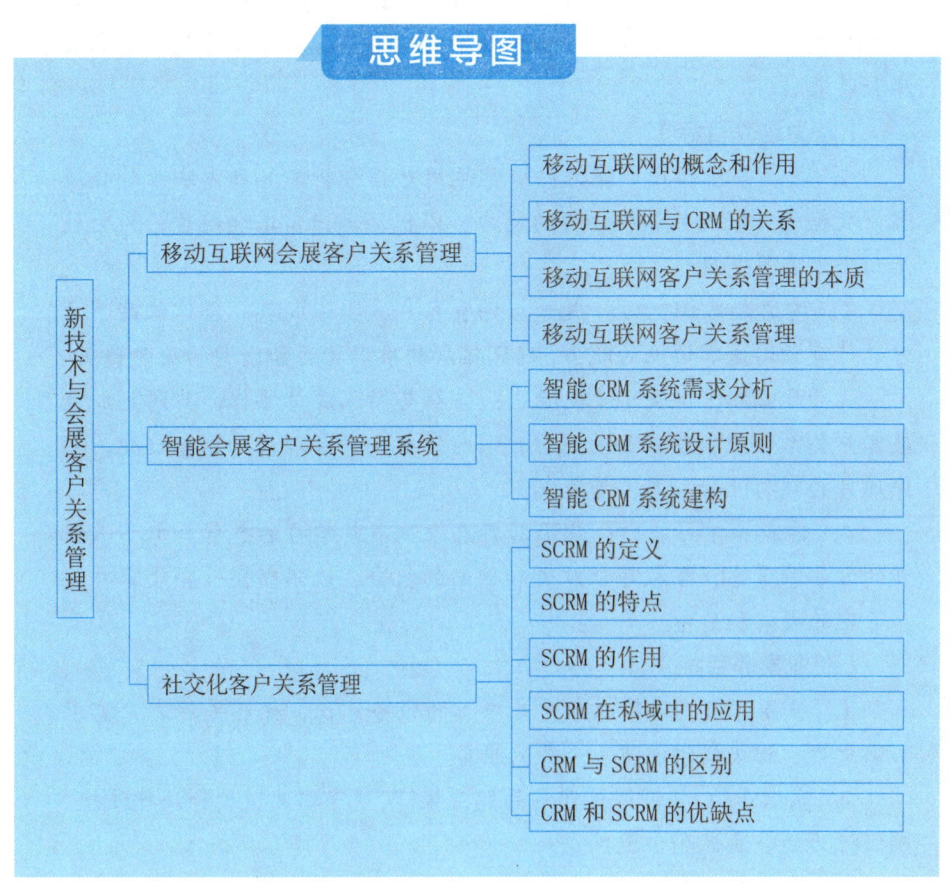

🎯 学习目标

【知识学习目标】

1. 掌握会展客户关系管理的基本理论框架：包括了解会展客户关系管理的定义、发展历程、理论基础以及其在会展业中的核心地位和作用。

2. 深入理解会展客户的特点和需求：学习如何识别和分析不同类型的会展客户，如参展商、观众、媒体等，并理解他们的具体需求和期望。

3. 掌握会展客户关系管理的关键环节和策略：包括客户信息的收集、整理和分析，客户分类与定位，客户关系的建立、维护和优化等，以及相应的策略和技巧。

4. 紧跟行业发展趋势，了解最新技术和应用：学习如何利用大数据、人工智能、社交媒体等新技术和工具来优化会展客户关系管理，提高效率和效果。

【能力培养目标】

1. 数据分析和决策能力：培养运用数据分析工具和方法，对会展客户数据进行深入挖掘和分析的能力，以识别客户需求和趋势，为会展活动提供决策支持。

2. 沟通和协调能力：提升与会展客户、团队成员、合作伙伴等各方进行有效沟通和协调的能力，确保信息的准确传递和问题的及时解决。

3. 团队协作和项目管理能力：培养与团队成员协作，共同完成会展客户关系管理各项任务的能力，同时掌握项目管理的知识和技能，确保项目的顺利进行和高质量完成。

4. 创新和学习能力：鼓励创新思维和不断学习的态度，勇于尝试新的方法和策略，积极寻求改进和创新的机会，以不断提升会展客户关系管理的效果和质量。

【职业素养目标】

1. 服务意识：培养以客户为中心的服务意识，始终关注客户需求和满意度，积极提供优质、专业的服务。

2. 诚信守约：强调诚信守约的职业操守，遵守职业道德和法律法规，确保行为的合法性和合规性。

3. 责任感和敬业精神：培养对会展客户关系管理工作的责任感和敬业精神，以高度的责任感和敬业精神来对待工作，确保工作质量和效果。

4. 持续学习和自我提升：鼓励持续学习和自我提升的态度，不断学习和掌握新的知识和技能，以适应会展行业的发展变化和挑战。

开篇引例

华为会展业务：新技术驱动客户关系管理全面升级

华为作为全球知名的信息与通信技术解决方案供应商，其会展业务也一直是业界瞩目的焦点。近年来，华为会展业务积极引入新技术，对客户关系管理进行了全面升级，取得了显著成效。

一、背景介绍

华为会展业务长期致力于为全球客户提供高品质的会展体验，包括展台设计、展览策划、参展支持等一系列服务。然而，随着会展行业的快速发展和客户需求的不断变化，传统的客户关系管理方式已经难以满足现代会展的需求。因此，华为会展业务决定引入新技术，以优化其客户关系管理。

二、技术应用

1. 大数据与人工智能

华为会展业务充分利用大数据和人工智能技术，对客户的行为偏好、参展历史、反馈意见等数据进行深入分析。通过构建客户画像，华为能够更准确地把握客户的需求和期望，为客户提供个性化的参展方案和服务。

2. 云计算与物联网

华为会展业务借助物联网技术和云计算，实现了客户信息的实时更新和共享。通过云计算平台，华为能够实时处理、收集和分析客户数据，还能为客户提供更加及时、准确的服务。同时，物联网技术的应用也使得会展现场的设备和设施实现了智能化管理，提升了客户的参展体验感。

3. 移动互联网技术

华为会展业务开发了一款会展专用的移动应用，客户可以通过手机或平板电脑随时随地与参展商互动、获取会展信息、参与线上活动等。同时，移动应用还提供了实时定位、智能导览等功能，为客户提供了更加便捷、高效的参展体验。

三、实施效果

1. 客户满意度大幅提升

新技术的引入使得华为会展业务的客户关系管理更加智能化、个性化。客户对会展的满意度大幅提升，反馈意见普遍积极。

2. 业务规模持续扩大

通过优化客户关系管理，华为会展业务成功吸引了更多的客户参与其举办的会展活动。业务规模持续扩大，市场份额不断提升。

3. 运营效率显著提高

新技术的运用使得华为会展业务的客户关系管理更加高效、精准。企业内部各部门之间的信息共享和协同工作得到了加强，提高了整体运营效率。

第一节 移动互联网会展客户关系管理

在当今快速发展的数字化时代，移动互联网技术正以前所未有的速度渗透各个行业，其中会展行业的客户关系管理（CRM）领域尤为显著。移动互联网技术的广泛应用不仅极大地提升了 CRM 的效率和便捷性，还为企业提供了全新的服务模式和市场洞察手段。

会展 CRM 的核心在于建立和维护与客户的长期、稳定关系，而移动互联网技术的引入，使得这一过程变得更加高效和精准。通过移动端的 CRM 系统，企业可以随时随地访问客户信息，实时更新客户数据，并通过个性化的推送和互动，加强与客户的联系。这不仅提升了客户体验，也增强了客户忠诚度，为企业的持续发展奠定了坚实基础。

同时，移动互联网技术还为会展 CRM 带来了数据分析的强大能力。通过收集和分析客户在移动端的行为数据，企业可以深入了解客户的偏好、需求和行为模式，从而制定更加精准的市场策略和产品推广计划。这种基于大数据的决策方式，不仅提高了企业的运营效率，还使得企业的市场策略更加科学、有效。

一、移动互联网的概念和作用

移动互联网，作为 PC 互联网发展的必然产物，移动通信和互联网技术被它巧妙地结合在一起，形成了一个全新的领域。它不仅继承了移动通信随时、随地、随身的优势，而且融合了互联网的开放、分享、互动特性，为我们提供了一个全国性的、以宽带 IP 为技术核心的电信基础网络。在这个网络中，我们可以随时随地享受到高品质的语音、传真、数据、图像、多媒体等电信服务。

移动互联网的出现，我们的生活方式和工作模式被极大地改变了。沟通与资讯的获取因为它变得更加便捷和高效，无论是商务出差还是休闲娱乐，我们都可以随时随地通过手机或其他移动设备连接到互联网，获取所需的信息和服务。同时，移动互联网的高隐私性和安全性也为我们提供了一个更加安全、可靠的在线环境。

（一）移动互联网的概念

移动互联网的简称是移动互联，是个人电脑互联网发展的必然产物，移动通信通过与互联网结合在一起，成为一体。互联网技术、平台、商业模式和应用与移动通信技术和实践相结合的总称是它。

通过移动互联网，人们能够通过手机、平板电脑等移动终端设备浏览新闻，也能够通过各种移动互联网应用，如在线搜索、在线聊天、移动网络游戏、移动电视、在线阅读、网络社区、听音乐和下载音乐等获取资讯。其中，网页浏览、文件下载、位置服务、网络游戏、移动环境下的视频浏览下载是其主流应用。与此同时，绝大多数市场咨询机构和专家认为，移动互联网是未来十年最具创新性和潜力的新市场，该行业也受到了包括各类天使投资在内的全球基金的强烈关注。

目前，移动互联网正逐渐渗透到人们生活和工作的各个领域。微信、支付宝、位置服务等各种移动互联网应用快速发展，深刻改变着信息时代的社会生活。近年来，3G技术主要实现了高速数据传输和多媒体应用，为移动互联网的普及奠定了基础，而4G技术则在3G技术的基础上进一步提升了数据传输速度和稳定性，支持了更多的应用和服务，到了5G时代，移动通信技术再次实现了质的飞跃，不仅数据传输速度更快，延迟更低，而且支持更多的设备连接和更广泛的应用场景。覆盖全球的网络信号，使海洋和沙漠中的用户随时随地与世界保持联系。作为会展人，必须以更加开放和包容的心态迎接这个新时代，并前瞻性地思考这些新技术如何与会展相结合。

（二）移动互联网的作用

移动互联网可以很好地推进客户与会展企业的联系。尽管在效率或成本方面，完全网络化的人机交互操作是最快和最便宜的，但当客户衡量诸如信任、消费习惯、运输、支付和售后服务等因素时，纯网络交易仍然很薄弱。总体上讲，移动互联网在企业中的作用主要表现在以下几个方面。

1. 优化企业商业流程

移动互联网统一完成了语音与数据的传输，用户可以通过语音提示方便地获取数据库中有关服务的信息,缩短每次通信服务的时间;而坐席人员可以从客户频繁而机械的问题中脱身出来,重点为客户解答疑难问题,这样不但可以减少坐席人员的数量,而且很大程度上大大提升了电话处理的效率和通信系统的应用率。此外,企业可以利用移动互联网统一完成市场调研、产品订货、付款、交货等工作环节,缩减库存,筛去中间环节,剔除不必要的人员,减少企业成本,提升企业反应速度。

2. 辅助企业决策

会展企业收集客户信息、了解客户需求的重要渠道是移动互联网。企业通过移动互联网系统可以获得非常准确的信息并形成报表,报表反映客户需求与要求。坐席人员的业务量,既反映服务水平,又可以反映很多其他营销管理的数据。通过对这些数据的分析,企业的决策者就能够发现现行营销管理存在什么问题,比如服务质量问题、产品设计不足等问题,并做出相应的应对决策。

3. 提供个性化的服务

这主要是通过路由技术来完成。比如通过路由技术,可以判断客户咨询电话的目的是咨询产品信息,是产品配送状态查询,是产品维修查询,还是投诉。不同的咨询目的可以转接到不同的管理和技术背景的坐席人员那里,这样能够提供非常快速的服务。企业通过推广个性化的客户服务让其在激烈的市场竞争中更显竞争力。

4. 使企业从成本中心变成利润中心

移动互联网作为企业为客户提供优质服务的有效手段,需要企业投入大量的成本。但是,如果真正挖掘移动互联网的潜力,从被动接受快速而广泛的信息发展到主动攻击,就能积极地为企业创造丰厚的利润。

 案例分析

阿里巴巴对移动互联网的运用

阿里巴巴,作为全球领先的综合性电商平台,是互联网作用的生动体现。其通过互联网技术和创新模式,深刻改变了传统商业模式,促进了全球贸易的发展。

首先,阿里巴巴通过构建B2C、B2B、C2C等多种电商模式,打破了传统贸易的地域限制,使得全球范围内的买家和卖家能够轻松地进行交易。这种模式的创新,极大地促进了商品的流通和交易效率的提升。

其次，阿里巴巴借助大数据、云计算等互联网技术，对平台上的海量数据进行深度挖掘和分析，为商家提供精准的市场洞察和营销策略。这不仅可帮助商家更好地了解消费者需求，优化产品和服务，而且提升了整个供应链的灵活性和效率。

再次，阿里巴巴还通过互联网金融、物流等业务的拓展，进一步完善了其电商生态系统。例如，支付宝作为阿里巴巴旗下的支付平台，为消费者提供了便捷、安全的支付体验；而菜鸟网络则通过网络化、智能化的物流体系，提升了商品配送的速度和准确性。

最后，阿里巴巴还积极承担社会责任，利用互联网技术创新公益模式。例如，通过"公益宝贝"等项目，阿里巴巴鼓励商家和消费者参与公益事业，将部分销售收入捐赠给需要帮助的人群。这种模式的创新，使得公益事业更加透明、高效和可持续。

图 4-1　电商模式类别

二、移动互联网与 CRM 的关系

随着移动设备的普及和移动互联网技术的飞速发展，人们已经习惯了通过手机、平板等移动设备进行信息获取、社交互动和商业交易。在这样的背景下，企业如何更好地利用移动互联网技术来优化客户关系管理，已经成为一个不可忽视的课题。CRM 系统（会展客户关系管理系统）作为企业管理客户关系的重要工具，也在不断地与移动互联网技术进行融合，以适应市场的新变化。

移动互联网为 CRM 带来了更多的可能性，让企业能够更加便捷地与客户进行互动，收集和分析客户数据，制定更加精准的营销策略。同时，CRM 系统也通过移动互联网技术实现了数据的实时更新和共享，让企业能够更快速地响应客户需求，提升客户满意度和忠诚度。

（一）CRM 的定义

CRM，全称 Customer Relationship Management，即客户关系管理，是指一种以客户数据管理为核心，运用信息科学技术，实现市场营销、销售、服务等活动自动化，从而改善企业与客户之间关系的新型管理机制。其总体目标是缩减销售周期和销售成本、增加收入、寻找扩展业务所需的新的市场和渠道以及提高客户的价值、满意度、盈利性和忠实度。CRM 利用信息技术实现市场营销、销售、服务等活动自动化，使企业能更高效地为客户提供满意、周到的服务，以提高客户满意度、忠诚度为目的的一种管理经营方式。

CRM 既是一种崭新的、国际领先的、以客户为中心的企业管理理论、商业理念和商业运作模式，又是一种以信息技术为手段、有效提高企业收益、客户满意度、雇员生产力的具体软件和实现方法。

CRM 的实施目标是通过全面提升企业业务流程的管理来降低企业成本，通过提供更快速和周到的优质服务来吸引和保持更多的客户。作为一种新型管理机制，CRM 极大地改善了企业与客户之间的关系，实施于企业的市场营销、销售、服务与技术支持等与客户相关的领域。

图 4-2　CRM（客户关系管理）系统

（二）会展 CRM 中的客户数据仓库

1. CRM 数据仓库的功能

在会展客户关系管理中数据仓库起着举足轻重的作用。首先，将客户行为数据和其他相关的客户数据集成为数据仓库，为市场分析提供参照。其次，使用数据仓库对客户的行为进行分析并以联机分析处理（OLAP）、报表等形式传递给市场专家。市场专家利用分析结果制定精准、有效的市场策略。同时，利用数据仓库数据挖掘技术，发掘提升销售、保持客户和发展潜在客户的方法，并将这些分析结果转化为市场机会。最后，数据仓库将客户市场机会的反应行为集中到数据仓库中，作为评价市场策略的依据。

在客户关系管理中，数据仓库主要有以下几方面功能：

（1）维护客户。由于当下公司均面临着客户流失的问题，维护客户也就成为市场竞争的一项重要内容。而在众多客户中，不是每个客户都有保留价值，因此要通过数据仓库中的数据分析得出最具价值的客户，并因地制宜地针对这些客户制定相应的客户保留政策。

（2）降低管理成本。对于会展企业而言，一项工作量庞大的工作便是管理大量的客户数据。而数据仓库的应用使数据的统一、规范的管理皆成为可能，同时提供了快速、准确的查询工具，这便能大幅降低企业的管理成本。

（3）分析利润涨势。数据仓库不但记录当前数据，而且记载了众多历史数据。可通过历史趋势探明产品销售与客户关系管理的关系以及利润增长同客户关系管理的关系，而分析利润涨势最终的目的依然落脚于促进利润的增长。

（4）扩大竞争优势。对于会展企业，具有更强的市场适应性数据仓库的应用至关重要。通过历史数据分析市场的变化趋势，特别是客户需求的变化趋势，可以及时改变产品性能，满足客户的需求，有助于抓住机遇，巩固和增强企业的竞争优势。

（5）性能评估。根据客户行为分析，会展企业可以准确制定市场策略和市场活动，然而，这些市场活动能否达到预定的目标，是评估和改进市场战略的重要依据。同时，关键客户发现的过程也需要分析其性能，并在此基础上对重点客户发现过程进行修改。这些性能评估都是基于客户对市场的反馈。

案例分析

数据仓库在商旅订票模型的分析及预测

1997年初,大洋洲航空公司(QANTAS)的市场分析人员通过数据仓库分析发现,当年3、4月悉尼—首尔航线的预订量与历史同期相比出现了明显的下降趋势。经过进一步分析,该公司的决策者决定将这条航线卖给其他航空公司,并将飞机改道飞往欧洲和美国。事实证明,这一决定使该公司在随后的亚洲金融危机中避免了损失。如果没有数据仓库,澳洲航空公司几个月前就不可能做出这个决定;几个月后再做同样的决定,其他航空公司不太可能接手。1998年3月,澳洲航空公司通过在其预订模式之前增加北京—悉尼航线的航班获得了巨大的利益,该模式预测乘客数量将在年中增加。该公司利用其数据仓库分析和预测亚洲的客流,并对其航线进行早期调整。该航空公司也是唯一一家在亚洲金融危机期间实现销售和利润增长的航空公司。

在实施数据仓库后,大陆航空公司的收益管理部门使用数据仓库来跟踪乘客的出行路线,而不是在原有系统下按段跟踪。例如,如果一名乘客从纽约飞往洛杉矶,而必须在休斯敦转机,最初的系统会考虑两个航班:一个从纽约飞往休斯敦,另一个从休斯敦飞往洛杉矶。而在Teradata(天睿公司)数据仓库中建立两个区段之间的关系,借以帮助Continental(大陆)更好地理解每个区段的实际旅行模式。

资料来源:Teradata数据仓库在航空运输业的解决方案[J].中国民用航空,2001(9).

2. CRM客户数据仓库的系统结构

CRM系统成功的关键之一是数据仓库系统在CRM项目中的实现。客户信息、客户行为、生产系统和其他相关数据是数据主要的四个来源。这些数据被提取、转换和加载以形成数据仓库,并通过OLAP和报告将客户的总体行为分析和企业运营分析传递给数据仓库用户。

在数据仓库中,使用数据仓库的ETL(数据仓库技术)工具生成相应的数据集市(DM),以满足行为分组和查找关键客户的需求。最后,将分析结果与数据仓库相结合,向CRM用户提供分析和性能评价。监控与调度系统负责调度行为分组系统和关键客户发现系统的运行更新。

虽然数据仓库与 CRM 密不可分，但 CRM 除了市场分析之外，还具备销售和服务等功能。不同的会展企业应根据自身的实际情况，选择实现销售、服务和市场的策略。而对于客户数量大、市场战略影响大的会展企业来说，CRM 应该以数据仓库为核心。

（三）移动互联网与 CRM 的关系

CRM 与移动互联网关系极为密切，移动互联网可以将网络技术与移动通信技术相结合，无线通信技术也可以借由客户端的智能实现对各种网络信息的获取，这也是一种新的商业模式，涉及应用、软件和终端的各种内容。在结合现代移动通信技术发展特点的前提下，可以实现与移动互联网多维度内容的融合，实现平台与运营模式的整合应用，从而为会展客户关系的管理更细致地护航。而良好的客户关系也是移动互联网成功发展的助推剂。

CRM 技术通过建立客户数据库，对会展信息的统计采集、提炼、分析、处理，使工作人员可以得到每一位客户的过去交易、兴趣利益等详细信息，使他们了解到客户，从而为客户提供个性化的服务，保持现有客户，获取新客户，进行有效的产品营销等。

在应用移动互联网时，应首先确定它可使用的功能对客户关系的要求，同时考虑建设与之相适应的小型 CRM 系统。在取得一定经验之后，可根据企业营销策略对 CRM 提出新的要求，再根据 CRM 新增的内容决定移动互联网可以新增的板块。同样地，也可以根据企业对客户服务的新要求而增加移动互联网的功能，从而对 CRM 提出新的要求。

CRM 是连接移动互联网和会展企业后端数据库的纽带。移动互联网对外面向客户，对内连接整个企业，与企业的管理、服务、调度、生产、维护融为一体。它还可以将从客户处获得的各种信息存储在企业的数据仓库中，供企业领导进行分析和决策。移动互联网要想发挥作用，就必须与 CRM 有机结合。

在移动互联网的应用中，首先要确定其可用功能对客户关系的要求，同时考虑构建与之相对应的小型 CRM 系统。在积累了一些经验之后，可以根据企业的营销策略对 CRM 提出新的要求。然后根据 CRM 的新内容，加入移动互联网。同样，可以依据企业对客户服务的新要求增设移动互联网板块，从而对 CRM 提出新的需求。总之，移动互联网的应用与 CRM 的建设相互映衬、共同进步，达到共同进步的目标。

案例分析

星巴克移动互联网技术与 CRM 深度融合：
创新提升客户体验与忠诚度

星巴克作为全球知名的咖啡连锁品牌，一直致力于提升客户体验和忠诚度。近年来，星巴克充分利用移动互联网技术，与 CRM 系统进行深度融合，实现了个性化服务和精准营销。

首先，星巴克推出了自家的移动应用，客户可以通过手机随时随地点餐、支付，享受优惠、积分等福利。这一举措不仅提升了客户的购物体验，而且使得星巴克能够收集到更多的客户数据，如口味偏好、消费习惯等。

其次，星巴克利用 CRM 系统对这些数据进行分析，了解客户的个性化需求。基于这些分析，星巴克能够为客户提供更加精准的服务和推荐。例如，根据客户的购买记录，星巴克可以在移动应用中推送个性化的新品推荐和优惠信息；当客户走进门店时，店员也可以通过 CRM 系统识别客户的喜好和身份，提供更加贴心的服务。

最后，星巴克还通过移动互联网技术实现了与客户的实时互动。客户可以通过移动应用分享心得体验、参与星巴克的线上活动，与其他咖啡爱好者交流互动。这种互动不仅增强了客户对品牌的归属感和认同感，也为星巴克带来了更多的口碑传播和业务机会。

1. 移动互联网是会展企业与客户对接的重要窗口

企业为客户提供的一个清晰、单一的对话窗口，解决客户在与客户接触过程中遇到的各种问题，同时避免对企业内部运作的干扰的是移动互联网。不同性质的客户遇到问题，在没有移动互联网的情况下，必须直接寻求企业不同部门的协助，或者涉及多个部门出差。但是，如果企业过度允许客户在内部打电话，往往会干扰内部人员的工作，人们可能会忙于自己的日常工作，对客户的态度不友好或答复不一致。通过移动互联网，企业可以为客户提供产品之外的更多附加价值，比如个性化的咨询服务，帮助客户解决问题。

案例分析

阿里巴巴会展：移动互联网技术驱动的高效会展服务平台

阿里巴巴会展作为国内领先的会展企业之一，近年来充分利用移动互联网技术，成功打造了一个高效、便捷的会展服务平台，实现了与客户的紧密对接。

阿里巴巴会展通过开发移动应用，为客户提供了全面的会展服务。客户可以通过该应用随时随地浏览最新的展会信息、查询参展商名单、了解展品详情等。同时，应用还提供了购票、在线报名、支付等功能，极大地方便了客户的参会流程。

阿里巴巴会展利用移动互联网实现了与客户的实时互动。通过应用内的消息推送、在线客服等功能，阿里巴巴会展能够收集客户的反馈、及时解答客户的疑问，并根据客户的需求提供个性化的服务。这种实时的互动不仅提升了客户满意度，而且增强了客户对品牌的忠诚度。

阿里巴巴会展还通过大数据分析，对客户的兴趣偏好、参展行为等进行了深入研究。基于这些数据，阿里巴巴会展能够为客户推荐更符合其需求的展会、展品和参展商，提高会展的效果和匹配度。

阿里巴巴会展通过移动互联网技术的应用，成功搭建了一个与客户对接的重要窗口。这一窗口不仅提升了会展服务的效率和便捷性，也增强了与客户的连接和互动，为企业的长期发展奠定了坚实的基础。

2. 移动互联网是会展企业的信息中心

通过移动互联网，企业可以充分了解市场和客户需求。收集客户的基本信息、偏好和关注的问题，帮助企业建立客户数据库，分析市场消费趋势。收集到的客户建议可以作为提高产品和服务质量的重要依据；企业也可以通过移动互联网了解市场动态，协调后台活动单位提前调整营销活动。

拓展阅读

腾讯会展：移动互联网技术赋能的信息中心构建与会展服务创新

3. 移动互联网注重以消费者为中心

进入竞争激烈的电子商务时代，会展企业应更加注重创造客户附加值，尤其是客户服务。凭借呼叫中心，企业可以为客户提供产品以外的附加价值，如个性化咨询服务、24小时电话服务等。这些附加价值可以帮助客户在最需要的时候解决问题，提高客户满意度。

案例分析

美团：移动互联网时代下的消费者中心战略与服务创新

美团作为中国领先的本地生活服务平台，深知移动互联网时代消费者需求的多样化和个性化。因此，美团在其业务运营中始终注重以消费者为中心，通过移动互联网技术为消费者提供更加高效、便捷的服务体验。

首先，美团通过其移动应用，为消费者提供了一站式的本地生活服务解决方案。无论是酒店预订、旅游出行、餐饮外卖还是电影购票，消费者都可以在美团应用上找到所需的服务，享受优惠价格。这种一站式的服务模式极大地节省了消费者的时间和精力，提升了消费体验。

其次，美团注重消费者的个性化需求。通过人工智能技术和大数据分析，美团能够精准地了解消费者的口味偏好、消费习惯和预算范围等信息。基于这些数据，美团能够为消费者提供个性化的推荐和服务，如定制化的餐饮推荐、精准的酒店推荐等。这种个性化的服务模式使得消费者能够更加方便地找到符合自己需求的服务和产品。

最后，美团还通过移动互联网技术实现了与消费者的实时互动。消费者可以通过美团应用进行分享、评价和反馈，与其他用户交流消费心得。美团也会及时回应消费者的投诉和反馈，积极改进服务质量。这种实时互动不仅增强了消费者与美团之间的信任关系，而且帮助美团更好地了解消费者的期望和需求，进一步优化服务质量和内容。

综上所述，美团通过移动互联网技术的应用，注重以消费者为中心，提供个性化的服务，并实现了与消费者的实时互动。这些举措不仅提升了消费者的满意度和忠诚度，也帮助美团在激烈的市场竞争中保持领先地位。

4. 移动互联网可以更好地保持客户忠诚度

移动互联网可以更好地保持客户忠诚度，进一步扩大销售，使客户服务部门从"成本中心"转变为"利润中心"。优质的服务可以提高顾客的满意度和忠诚度，促使顾客购买更多的产品或服务。良好的服务取决于一个组织倾听和回应客户需求的能力。要有选择地为客户提供个性化服务，企业必须利用移动互联网来完成。移动互联网收集和使用相关的个性化客户信息，帮助企业了解客户需求。CRM 的移动互联网应用是指应用技术，将与客户的沟通从简单的互动转变为对双方都有用的体验。同时，

拓展阅读

京东：移动互联网时代下的消费者中心战略与个性化购物体验

这种转变将使业务代表能够继续为客户提供优质的服务，从而为企业建立战略竞争优势。客户忠诚度往往与服务质量呈正相关，移动互联网在快速处理客户投诉、帮助解决困扰客户的问题、让客户感受到周到的服务方面承担着重要的责任。

亚马逊移动应用：个性化推荐与卓越服务构筑客户忠诚度

 案例分析

奈雪的茶：移动应用驱动的客户忠诚度提升策略

奈雪的茶，作为新兴的茶饮品牌，在移动互联网的应用上下了不少功夫。其移动应用不仅提供了支付、在线点单和取餐的功能，还结合了会员特权、积分和个性化推荐等策略，有效地提升了客户忠诚度。

奈雪的茶通过移动应用实现了会员制度的数字化管理。消费者在店内消费时，可以通过移动应用积累积分，并享受会员专享的折扣和优惠。这种数字化的积分和会员特权系统不仅方便了消费者的使用，还使得积分和优惠易于管理、更加透明，从而增强了消费者的忠诚度。

奈雪的茶利用移动应用收集用户的消费数据和偏好信息，通过数据分析为消费者提供个性化的推荐服务。例如，根据消费者的口味偏好和购买历史，应用会提出搭配建议或新推荐茶饮产品，使得消费者能够更加方便地找到符合自己喜好的饮品。

奈雪的茶还通过移动应用与消费者进行互动和沟通。应用内设有社区功能，消费者可以在其中交流心得、分享自己的茶饮体验，并参与品牌举办的各种线上活动。这种互动不仅增强了消费者与奈雪的茶之间的情感联系，而且还使得品牌能够及时了解消费者的反馈和需求，进一步优化产品和服务。

奈雪的茶通过移动应用的会员制度、互动沟通和个性化推荐等策略，有效地提升了客户忠诚度。这些举措不仅使得消费者能够更加便捷地享受茶饮服务，还增强了消费者与品牌之间的信任度和情感联系，为品牌的长期发展奠定了坚实的基础。

三、移动互联网客户关系管理的本质

在移动互联网时代，会展活动正从传统孤立的现场活动逐渐演变为虚拟

媒体生态系统的实体中心。从实体到虚拟，从单纯线下开始着眼线上，从单一孤立到系统互联，这是一次重大的历史尝试。

（一）从内容产业的角度理解会展项目

1997年，美国用"北美产业分类标准（NAICS）"取代了沿用多年的"标准产业分类标准（SIC）"，在新的分类体系中有了重要的变化，就是建立了一个新的第二产业——信息产业。这个产业集群，代码51便是内容产业。它不包括我们通常所说的PC领域，而是出版（包括软件出版）、电影和录音、广播和通信、信息服务和数据处理服务。

1999年，欧盟的"信息2000计划"也被定义为内容产业：生产、开发、包装和销售信息产品和服务企业，包括各类媒体印刷（报纸、书籍、杂志等）、音像和电子出版物、在线数据库、音像产品、服务、传真和电话服务、视频游戏、音频和视频传输（电视、视频、广播和电影）以及消费软件。

有学者表明，对于会展业而言，内容产业是会展活动内容所依赖的相关产业，如产业类别中的农业和工业，以及汽车工业、食品工业、装备制造业、文化旅游、教育、餐饮业和娱乐业的细分行业。事实上，对于会展从业者来说，从内容产业的性质和运作的角度去了解会展项目的性质和发展趋势更为重要。

（二）内容产业的数字化对会展业发展提出了新要求

现代内容产业与传统内容产业相比，具有突出的"数字化"特征。正是由于"数字化"的影响，信息内容对载体的依赖程度降低，更加重视利用信息资源和其他相关资源，促进信息产品和服务的设计、创造、开发、销售和消费。在此背景下，要从内容产业的角度来了解会展业，除了传统的出版行业外，还关注传播、信息服务和数据处理服务。在会展领域，TED（环球会议）为所有会议公司的内容运营树立了一个典范，尽管它将自己定位为致力于传播新思想的非营利组织，但它以TED会议和TEDx（TED于2009年推出的一个演讲项目）而闻名。

2015年，世界各地有超过18 000人在TEDx上发表了演讲，活动在各种场合举行，既有正式的礼堂，也有公路桥下的临时舞台。所有的TED和TEDx活动之所以在品牌参与和全球推广方面如此成功，是因为TED开发了有效的内容和"社区"策略（包括在线社区）。TED和TEDx的成功似乎表明，互联网时代会议的性质和范式发生了转变——从传统上孤立的现场活动转变为虚拟媒体生态系统的物理中心。

这与会展的发展脉络趋势不谋而合。近年来，国外会展界大力倡导的会展2.0的实质就是O2O（线上到线下），而线上线下的关键在于优质内容的不断生产和传播。例如，在被英富曼（Informa）收购之前，Penton在其理念中有三个关键词：资讯（Inform）、联系（Engage）和进步（Advance），分别对应于商业工具、见解和数据、线下活动和学习以及营销。在数据服务方面，Penton拥有2000多万决策者的数据，其中包括200多万农民，帮助客户获取易于使用的信息。在线下活动板块，Penton每年举办近60场会议、会展和活动，涵盖农业、设计与制造、基础设施、天然产品与食品、交通运输5个领域。

四、移动互联网客户关系管理

工业变革的引擎是技术的发展。在现代技术的帮助下，传统的会展实现了华丽的转变，智能会展的时代已经到来。作为一个模范，应用现代科技，基于移动互联网技术，让一个明智的方法来提供实时社会开放的平台，让最新的技术变化应用于会展参与者信息交互，提高商务谈判的明确性，高效、灵活、快速响应，实现会展资源的高效利用和会展服务的优化配置是会展的智慧。随着移动互联、大数据与云计算、物联网、三维全景技术、虚拟现实技术、增强现实等现代科技的快速发展，传统会展向现代会展转型，会展机构通过这些技术进行更高效的会展服务，并呈现出更美丽的会展，获得更有价值的会展数据，促进更广泛的贸易谈判，以达到更好的会展效果。在"大众创业、万众创新"的社会背景下，智能会展不仅变革了传统的会展运作方式，也陶染了我们对会展的理解和思考习惯，并在会展产业链的各个环节为创新创业提供了无限可能。

（一）智能会展的基础技术解构

智能会展的基础技术平台是移动互联网。它是移动通信与互联网相结合的一种新型商业形式。用户可以通过智能手机、平板电脑、移动互联网等智能移动终端获取无线通信服务。在应用层面，移动互联网可以多元化、多用途地发展，可以涉及人们生活、工作和投资的方方面面。相关应用往往颠覆传统的商业模式和盈利模式，模糊行业边界，为各行各业的创新和发展带来无限可能。移动互联网作为智能会展的基础技术平台，可以理解为传统会展业借助互联网平台开创新发展的生态形式和实践收获。

智能会展除了移动互联网的基础技术平台外，还包括三个核心模块：智能信息连接、智能会展环境、智能技术应用。

A. 智能信息连接涉及云计算、大数据、可视化等核心技术。此部分基于可行的数据采集机制和大型数据库，主要用于会展数据的采集、管理、分析和筛选。

B. 智能会展环境是指会展运营活动的整体智慧，包括会展招商、场馆管理、会展运营、会展服务的全过程。

C. 智能技术的应用包括与会展投资、场馆管理相关的应用平台、可应用于会展展示效果的技术应用集成、服务于会展管理决策的资源分析和会展效果的反馈评价的技术应用，以及会展联动效应带来的商机的技术应用。

（二）智能会展外部环境的智能化

时代发展和现代科技在会展运作中的应用的代表是智能会展。智能会展需要依靠外部环境的智能，包括场馆的智能、城市的智能、资源交易的智能。当然，一切智能都是人类智能的结晶，都离不开人作为主体对技术的主观运用。

1. 智能城市是智能会展的基石

一个成功的会展活动必须选择基础设施先进、技术应用先进、会展资源丰富的城市。智能城市的建设，是城市间竞争的一种手段。谁能在这方面走在前面，便能为城市各行各业的发展提供一个智能的环境，从而提升城市经济发展的竞争力。对城市管理的一项大投入，运用信息技术，包括传感器的操作、分析，整合城市民生、环保、治安、城市服务、工商业活动、关键信息，对其中的各种需求做出智能响应，实现智能化管理、服务和运营，实现城市让生活更美好，实现城市的和谐和可持续发展是智能城市建设。可以说，为智能会展城市提供了良好的外部环境的是智能城市的建设。智能会展的建设需要依靠智能城市的建设，智能会展借助智能城市，可以满足客户在会展过程中对专业设施和服务资源的需求，充分实现客户在餐饮、住宿、旅游、购物、娱乐等方面的需求。智能城市建设的推进和成熟，也极大地影响了智能会展的实现。

2. 会展场馆是智能会展运营的直接载体

会展组织者选择会展场地的重要考虑依据，客户决定是否参加会展的主要考虑因素，是场馆智能化程度。如果说智能会展是"灵魂"，那么智能场馆可以理解为"身体"，而上述的智能城市可以理解为帮助人们呼吸的"皮肤"。没有身体的支撑，灵魂就无法依附。智能会场不仅要建立一个局限于内部使用的运营管理系统，而且要建立一个内外都可以参与的开放的信息管理系统。该系统的任务是与会展过程中涉及的各方进行在线沟通和互动，最大限度地方便会展客户的参观、洽谈和交易，从而使客户满意和惊喜。智能会场需要借助计算机网络技术、现代通信技术、数据库技术和自动控制技术，构建集高新技术于一体的现代化管理信息系统，实现以计算机为核心，以网络为支撑的场馆管理运行。充分实现免费 Wi-Fi 无线网络服务,支持同步信息服务内容。只有智能会展的场馆支持,智能会展才能及时满足客户参与过程中的个性化服务需求,实现会展客户参与过程的电子化、自动化、网络化跟踪,数据收集与分析的高效对接,满足客户的各种服务需求,更好地优化参与者体验,把握行业发展机遇。

智能会展发展面临的重大挑战是建设基于"互联网+"的会展资源交易平台,促进资源交易智能。各行各业都有会展活动。会展业很丰富,会展产业链也非常长。对于形式、规范、品种繁多的大型会展市场,会展资源建设的交易平台充满挑战,需要创新运用互联网、移动互联网等技术,紧密呼应会展市场资源环节、智能的交易需求,提升资源环节质量,为客户提供全流程的一站式解决方案。同时,该平台还需要具备营销自动化的功能,构建各种在线会展市场资源的营销管理解决方案,帮助市场部构建流水线式的会展资源营销流程,在量化的基础上,以资源和转化率提升线上交易环节的孵化效果。

案例分析

中国国际工业博览会:智能化外部环境创新实践

在这个博览会上,为了实现外部环境的智能化,主办方采取了多项创新措施。博览会引入了智能导航系统。通过搜索关键词或扫描二维码,参展商和观众可以方便地定位到具体的展馆和展品位置,极大提高了参观效率。这种系统不仅减少了迷路的可能性,而且提升了参观体验。

无人机巡展技术的运用也是智能化的重要体现。主办方将摄像头安装在无人机上,对展馆内外进行实时传输和全景拍摄。不仅为观众提供了更直观的展馆信息,而且还为参展商提供了全面的市场调研数据,帮助他们更好地了解市场需求和竞争态势。

博览会还注重智能化设施的建设。例如,在展馆周围设置智能停车系统,通过车牌识别等技术实现快速停车和取车,有效缓解了停车难的问题。同时,智能安防系统也得到了广泛应用,通过人脸识别、视频监控等技术,确保展会期间的安全和秩序。

通过这些智能化的措施,中国国际工业博览会不仅提升了观众和参展商的满意度和体验,还提高了展会的安全性和管理效率。这些实践对于其他企业在实现智能会展外部环境智能化方面具有重要的借鉴意义。

需要注意的是，智能会展外部环境的智慧化是一个不断发展的过程，随着技术的不断进步和应用场景的不断拓展，未来还会有更多的创新实践涌现出来。因此，企业需要密切关注技术发展趋势和行业动态，不断探索和实践适合自己的智慧化方案。

（三）会展数据成为最宝贵的资源

现代会展基于云计算、物联网、移动互联网、3D打印技术和大数据应用，大大简化了会展过程中的信息采集和整理流程，带来了宝贵的数据资产。数据运营已成为智能会展的核心内容。会展运营中的行业、产品、注册、沟通等均以数据为导向，并有鲜明的数据标签。在智能会展中，参展商将产品与无线采集器关联实现信息，买家将个人信息与RFID（射频识别技术）证书关联，从而实现买卖双方的有效连接、互联和及时跟踪；各类宣传资料和个人名片实现了电子交互，节能环保，方便查阅。同样地，智能会展不仅使会展的注册、预约、匹配更加便捷、高效，精准的内容推送和感应定位大大提高了参展商的贸易机会，而且更重要的是，基于移动互联网收集的大数据，会展机构可以为参展商提供行业发展趋势分析、潜在客户利益需求分析、产品分析等，帮助参展商进行精准营销服务，为参展商、参展各方提供更高效便捷的体验，提高营销效果。

现代会展与当代科学技术突破了传统的会展时间和空间的限制，大大扩大了会展的市场空间和利润空间，从而实现传统会展到网络会展的转型，紧密整合线上线下资源，高效实现线上线下互动，推动了会展服务质量和运营水平上升到一个新的台阶。

 案例分析

深圳会展大数据管理平台：数据驱动会展创新与优化

深圳会展大数据管理平台是一个集数据处理、收集、分析和应用于一体的综合性平台。该平台通过收集会展期间的各种数据，包括参展商信息、观众行为、交易数据等，进行深度挖掘和分析，为会展主办方、参展商和观众提供精准、有价值的信息。

以某大型电子产品展会为例，深圳会展大数据管理平台通过分析观众的浏览记录、购买行为和兴趣偏好等数据，为参展商提供了精准的观众画像和市场需求预测。参展商可以根据这些数据制定营销策略、调整展品展示，提高展会的销售效果。同时，平台还为观众提供了个性化的推荐服务，根据观众的喜好推荐相关的参展商和展品，提高了观众的参观体验。

此外，深圳会展大数据管理平台还通过与其他行业的数据进行交叉分析，为会展主办方提供了行业趋势分析和市场洞察。这有助于主办方更好地规划未来的展会主题、规模和参展商结构，提高展会的影响力和整体质量。

通过深圳会展大数据管理平台的应用，会展数据成为企业获取商业价值、提升竞争力的宝贵资源。企业可以通过数据驱动的方式提高销售效果、优化会展运营、改善观众体验，从而实现更好的商业回报和社会效益。

需要注意的是，会展数据的收集和使用需要遵守相关法律法规和伦理规范，确保数据的隐私保护和合法性。同时，企业还需要加强数据风险和安全管理，防止数据滥用和泄露的情况发生。

（四）内容是会展企业向复合价值创造者转变的关键

2020 年，由于新冠疫情的影响，数字化转型再次成为中国会展业关注的焦点，"数字化"一词的范围更广。其核心含义是利用数字思维、技术和工具重塑企业管理、项目运营和客户服务。商业媒体需要整合内容/数据、新技术和咨询服务，为客户提供一个多维度的解决方案，会展活动就是一种有效的方式。这也就是一众商业媒体集团在过去几年一直推行"活动优先"或"会展优先"战略的重要缘由。

另外，对于会展组织者来说，需要注意的是，数字化、技术创新等都是工具，有价值的内容才是灵魂。因此，会展企业需要扩大现有商业模式的范围。一个重要的想法是将传统的垂直价值链视角转变为平台视角，增加横向价值环节的分解与连接，从而构建更好的企业生态系统。在可预见的未来，会展企业 2.0 的主流模式是产业复合价值的创造者。他们的核心业务是优质内容的生产和传播，而线下活动旨在加速流量的实现，从而实现 O2O 的闭环。举个例子，2016 年 11 月 2 日，Penton（潘顿）被英富曼以 11.8 亿英镑（包括 11.05 亿英镑现金和 7600 万英镑股票）收购。今天，Penton 网站的开通将直接通向 Informa 网站。会展活动已在英富曼市场（Informa Markets）战略业务单元内被划分。

（五）运用高质量的内容来产生收入

Digitell（华为在 Instagram、Facebook 和 YouTube 等海外社交媒体平台上推出的科普专题内容系列）被视为虚拟活动领域的全球领导者，其表示，如果可能的话，除了拥有专门的团队来制作和运营内容外，活动公司应该将获取和制作内容的成本视为投资，而不是简单地将其视为成本。制作内容是活动公司或协会与社区保持365天联系并增加收益和参与度的强大工具。对于那些无法登录网站的人来说，这不再仅仅是"参与"时机。更是关于利用这些内容来创建实时在线活动，甚至是一个产生收入并持续增长的数字教育图书馆，包括商业信息、教育和培训等。实际上这是类似Penton这样的公司多年来一直遵循的商业模式。

拓展阅读

知乎：高质量内容驱动下的内容变现之路

总而言之，创建虚拟会议是最常见的内容盈利方式，与非与会者互动以获取和处理内容，并向无法出席的人出售按需内容访问权；在吸引更多有兴趣的人来参观展位并与观众建立长期关系的参展商中寻找免费访问赞助商；为直播的具体内容和现场事件创建"最佳"片段，以促进与现场观众的互动；为定制、按需内容提供折扣和促销，以

微课

移动互联网、CRM及其关系

增加收入和曝光度；还包括设计包、销售特殊内容的访问等。虽然这些方法并不都适用于所有活动，但只要有一两个方法就可以提高会员和非会员的收入、曝光度和参与度。

第二节　智能会展客户关系管理系统

智能会展客户关系管理系统（CRM）是一种先进的会展管理软件，它集成了数据存储、分类、分配、常规操作、会后数据分析以及进展随时记录等多项功能。该系统不仅为会展与展览服务提供了高效的办公工具，而且还通过智能化手段，极大地提升了会展管理的效率和质量。

在当前，随着科技的不断进步和会展行业的快速发展，智能会展CRM系统已经逐渐成为行业标配。该系统通过引入人工智能、大数据等先进技术，不仅实现了对客户信息的深入挖掘和分析，为会展主办方提供了更为精准的市场预测和决策支持，而且智能会展CRM系统还具备高度的灵活性和可扩展性，可以根据不同会展的需求进行定制和优化，满足各种复杂的业务场景。

使用智能会展CRM系统对会展行业具有深远的意义。该系统不仅可以大大提高会展管理的效率，减少人工操作的时间和成本，使主办方能够更加专注于会展的核心业务，而且智能会展 CRM 系统可以帮助主办方更好地了解客户需求和潜在商机，通过精准的数据分析和营销策略，提升会展的参与度和影响力。最后，该系统还可以为参展商和观众提供更加便捷、高效的服务体验，增强他们的满意度和忠诚度。

对于社会而言，智能会展 CRM 系统的应用也具有积极的意义。它不仅促进了会展行业的数字化转型和升级，推动了会展经济的繁荣发展，而且，该系统通过智能化手段提升了会展服务的品质和效率，满足了人们对于高质量会展体验的需求。最后，智能会展 CRM 系统的应用还促进了信息技术的普及和应用，推动了社会信息化水平的提升。

一、智能 CRM 系统需求分析

随着市场竞争的加剧和客户需求的日益多样化，企业对于客户关系管理（CRM）系统的需求也日益迫切。智能 CRM 系统以其强大的数据分析能力、自动化的工作流程和个性化的服务体验，成为企业提升客户满意度、优化业务流程、增强市场竞争力的关键工具。因此，对智能 CRM 系统进行深入的需求分析，明确系统应具备的功能和特性，对于企业的长期发展具有重要意义。

（一）会展中心管理需求

1. 提高业务工作效率

会展主办方是指组织各种会议和会展的公司或企业，有的拥有自己的展馆，但由于会展业的市场化趋势较强，目前我国多数会展开办企业没有自己固定的会展场馆，大多数会展的开办要依靠租赁场馆来进行，那么在公共环境下的选择使主办方会趋于对具有时代特征、高端、舒适、现代化建筑的选择，就是由于会展主办方这种对会馆的高标准选择需要，促使各个会展中心加大对会馆智能化的建设。另外，智能化的信息管理系统可以减轻会展主办企业对各种烦琐手续、证件、协调、联系展商、场馆展位分配、广告宣传等的工作量。

具备智能化系统的会展中心是更多会展主办方的最佳选择。如果场地租赁还处于这些任务的手工管理阶段，主办单位将很难及时跟踪并了解会展的筹备、组织、过程和结果。

2. 提高综合管理水平

会展中心作为投资贸易基地，具有超大、多功能、高标准、综合性的特点，有各种会议厅、会展厅，可满足各类商品会展、会议及商务洽谈的需要，还可承接各种展示、表演、宴会、新闻发布以及庆典等大型集会活动。从会展中心场馆管理者的角度看，对于客流量大的场馆的各方面管理需求，更需要智能化的信息管理系统作为辅助管理手段。根据会展中心展厅分散和广泛分布的特点，智能系统采用集中与分散相结合的资源管理方式，针对每一个展区，可以设置展厅的副中心，根据部门和地区进行划分，从而实现分控中心可以独立控制分控区域的功能。如配置客流统计系统，以控制会展中心的客流量，同时也能解决客流量大、展位多的人员安全问题，为管理者的工作减负，并提升管理效率。

（二）参展商需求

随着信息技术的飞速发展和日益激烈的商业竞争，参展商对各类会展的要求也越发严苛。他们已不再满足于独立而又零散的小型会展，大多数参展商倾向于参加一个大型、广泛的会展。同时他们也对会展场馆有更高的要求，大多数参展商更喜欢在舒适、高效、方便、健康、有序的环境中与观众交流。如综合布线系统的设计应灵活，根据每个展台的分布情况获取配置信息端口，还要求每个展台配置有线电视终端；再如配置网上会展系统，满足会展中心进行大型会展、会议、通信及办公、信息交流、商务谈判等多功能需求。从硬件设施上说，参展商更希望在具备对各种信息进行查询、咨询、宣传、公布等的智能化设备的展馆中进行业务咨询，并能从其功能上体现出设备的先进性，以达到视觉宣传的效果。另外，参展商对展馆中照明设备、电气设备、防火设备、安全防范设备等的智能化需求也很明显。

（三）参观者需求

会展中心应利用智能化管理为参展者提供优质畅通的服务。有关资料显示，目前国内的会展业利润率在30%～50%，但其连带效应就不止于此了，具有约1∶9的带动效应。一个较为成功的会展往往会带动整个产业的发展，同时由于其观众人数的增加还会带动当地酒店、餐饮、旅游、交通以及广告等服务行业的发展。从观众的角度看，积极参与会展是因为会展不仅能开阔自己的视野，为自己带来收获，而且也能为自身发展带来信息资源，因而多数观众对会展场馆的需求体现在展馆的交通、配套设施、会展环境、安全防范以及各种服务措施上，如在场所不同位置设置公共信息广播系统，使参观者以及其他相关者更方便地获取场馆信息。另外，扬声器的类型是根据展厅广播系统的面积和高度来选择的，并合理配备功率，以满足参展商对最佳扩声效果的要求，参观者的这种需要也是促进会展中心走向智能化建设的重要因素。

二、智能 CRM 系统设计原则

在进行智能综合 CRM 客户端系统总体设计时，应把握以下原则：

（一）实用性

软件设计与实现的最基本原则。综合信息客户端系统涉及的用户包括观展商、参展商和搭建商等，涉及的用户范围较大，使用人员众多，如何让用户方便、快捷地使用该系统是系统设计时必须要考虑的问题。系统功能必须按客户的实际需求来进行设计。

（二）简单的设计语言

因综合信息客户端系统涉及的用户范围十分广泛，不同的用户之间操作水平相差较大，如何让这些用户在初次使用系统时能够很快适应是十分重要的，客户端在界面设计上必须简洁明了，不要出现过多层次的菜单栏，不同类型的操作按钮应尽量突出、明显。

（三）兼容性

能兼容数据、图像的传输，并可与外部网络连接，满足智能会展中心的网络通信系统、办公自动化等系统对特定应用场景的需求。

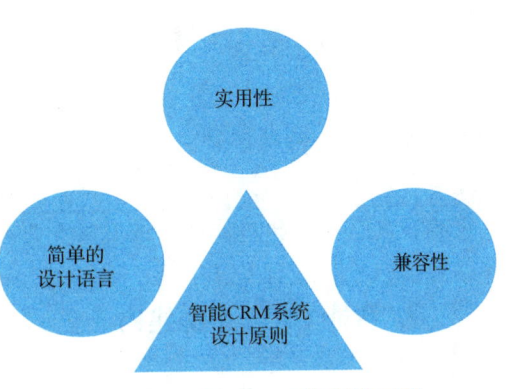

图 4-3 智能 CRM 系统设计原则

 案例分析

腾讯企业微信：以客户为中心的智能化 CRM 解决方案

腾讯企业微信作为一款面向企业的通信与协作工具，其 CRM 解决方案紧密围绕以客户为中心、个性化、全面性和一体化等设计原则展开，为企业提供了一套高效、智能的客户关系管理方案。

首先，腾讯企业微信的 CRM 解决方案以客户为中心，强调企业与客户之间的紧密互动和沟通。通过企业微信平台，企业可以轻松地与客户建立联系，进行实时沟通，并及时获取客户的需求和反馈。这种客户至上的设计理念，使得企业能够更好地理解和服务客户，提高客户忠诚度和满意度。

其次，腾讯企业微信的 CRM 解决方案注重个性化服务。利用大数据和人工智能技术，企业微信能够分析客户的购买习惯、行为模式和偏好，为企业提供个性化的服务方案和营销策略。比如，根据客户的兴趣和需求，推送定制化的优惠活动和产品信息，提高营销转化率和效果。

再次，腾讯企业微信 CRM 解决方案强调数据的全面性和准确性。通过整合企业内部和外部的数据资源，企业微信能够为企业提供全面的客户信息视图，包括客户的基本信息、交易记录、沟通记录等。这有助于企业全面了解客户的需求和状况，为决策提供支持。同时，企业微信还注重数据的实时性和准确性，确保企业能够基于最新的数据制定营销策略。

最后，腾讯企业微信的 CRM 解决方案实现了一体化管理。企业微信将客户管理、销售管理、客户服务等多个功能模块整合到一个平台上，使得企业能够在一个界面内完成所有的客户关系管理操作。这种一体化的设计不仅提高了工作效率，而且使得企业能够更好地协调内部资源，为客户提供更优质的服务。

综上所述，腾讯企业微信的 CRM 解决方案充分体现了以客户为中心、个性化、全面性和一体化等设计原则，为企业提供了一种智能、高效的客户关系管理方式。通过运用这种解决方案，企业可以更好地理解和服务客户，提高客户满意度和忠诚度，进而实现商业价值的最大化。

智能 CRM 系统需求分析与设计原则

三、智能 CRM 系统建构

智能 CRM 系统由会展业务平台系统、会议管理系统、会展管理系统和虚拟现实会展系统平台组成。系统结构分为会议局域网和因特网两部分，这两部分的底层数据存储是共享的，这样就可以实现信息同步，但表现形式不同。互联网使用标准的浏览器界面，局域网使用定制软件和插件，用户可以通过互联网访问。整个系统根据用户角色划分使用权限，如普通互联网用户、记者、当地的展团用户等，每个用户都被赋予了不同的功能，使系统安全有效地运行。

（一）虚拟现实会展系统

运用图片、文字、声音、图像等丰富的多媒体表达方式来展示会展项目的内容。参观这个会展的人就像走进了一个真正的会展中心。他们可以在各个专业展馆的展厅随意徜徉，也可以由导游按照特定的路线引导，甚至可以根据自己的专业兴趣组织个性化的智能展馆。该系统提供了数据打印、电子名片提交、电子邮件收发等功能，为供需双方的沟通提供了多种互动方式。

 案例分析

奥迪引领创新：虚拟现实汽车展厅重塑购车体验

奥迪作为知名的汽车制造商，积极实施创新战略，推出了虚拟现实汽车展厅。这个系统允许潜在买家通过虚拟现实技术，从数百种可用选项中选择并定制他们未来的汽车。消费者可以在虚拟环境中更改汽车的样式、颜色、添加配件，甚至选择坐在车内的特定位置，从而获得一种极其逼真的体验。

奥迪的虚拟现实汽车展厅不仅展示了产品的特性和细节，而且为消费者提供了一个互动的平台，使其能够更深入地了解并体验产品。这种体验方式不仅增强了消费者的购买信心，还提高了他们对品牌的忠诚度和满意度。

此外，奥迪的虚拟现实汽车展厅已经集成到其IT系统中，作为数字创新综合计划的一部分，进一步提升了品牌的数字化形象和用户体验。这一举措不仅展示了奥迪在技术创新方面的领先地位，而且为整个汽车行业树立了一个成功的虚拟现实应用案例。

我们可以看到虚拟现实会展系统在提升用户体验、增强品牌形象和促进销售方面的巨大潜力。随着技术的不断进步和普及，相信未来会有更多的企业采用虚拟现实技术来优化其会展系统，为消费者带来更加丰富的体验。

（二）会展信息管理系统

会展信息管理系统在会展组委会与参展商之间提供有效的信息交流，并将会展上的各种新闻和信息立即向外界发布，让参展商了解会展日程、相关新闻趋势、需求信息及重点推荐项目介绍。负责为互联网和局域网发布信息的是信息中心，多数信息同时在互联网和局域网发布，对那些和实地密切相关而不必对互联网发布的信息才标明为本地信息，不对外发布。这些信息的内容范围很广，如项目信息、会展新闻、会展指南、展位派发、交易跟踪、交易双方洽谈安排、在线洽谈、当前会展参观人数、网上在线洽谈人数以及在线直播等。

1. 会场内局域网系统

会场内局域网系统是将服务器设在组委会信息中心，由终端电脑遍布展馆的局域网系统和本软件平台相结合，将会场的所有组成部分连接为一个会展系统整体，使参展商在自己的展位上就可以看到整个会展每天的活动安排及新闻动态，还能够在场内任何一个角落通过终端电脑参观会展，了解会展的各种动态信息，组委会可随时向各代表团派发通知，并可以及时收到各代表团反馈的信息，从而使会展管理做到快捷、准确、智能化和更加高效。

2. 城域网系统

城域网系统是在城市安装大通量光缆，建立高速城域网系统，在市领导及组委会领导的办公室、各代表团驻地和市内重要公共场所设置前述局域网的终端电脑，使领导和各地代表可以从办公室或驻地了解和反馈组委会发布的各项动态信息，让参观的人们在市内即可便捷地了解会展情况和参看各参展商的展出项目，进而扩大会展的覆盖面，减轻会场压力。

3. 视频直播系统

视频直播系统是运用上述高速网络建设视频直播系统，使各地代表能够在自己的驻地实时观看组委会组织举办的各类高新技术论坛、讲座，参加各种研讨会和组委会组织召开的其他会议，让会议不受会场容量的限制，并减轻代表们的跋涉之苦。

4. 会展动态信息统计和发布

会展动态信息统计与发布是利用上述局域网和虚拟会展平台，能够及时、准确地进行各项会展数据统计、分析业务，各代表团和参展商都可以按照组委会规定的时间和内容报送有关数据和活动开展情况资料，经过汇总、分析和上报，让组委会和各级领导能更加快捷、准确地掌握整个会展的动态情况和数据资料，使指导会展的组织工作更加科学、有序。

5. 现场智能导览系统

现场智能导览系统是指根据报名企业、供需项目以及展位分布等数据，生成大会导览系统。现场智能导览系统提供项目展位查询、项目简介、产品模型预览，根据用户的兴趣进行会展项目推荐，实现会展最优路径分析等功能，还可以利用视频直播的功能，查看各展馆现场情况。

6. 线上技术论坛

线上技术论坛是指会展期间提供交流场所，邀请专家在线进行技术讨论，让观众在不受场地限制的情况下，可以同时参加多个研讨会。

7. 专家咨询

专家咨询是指为会员提供项目可行性分析、寻找和推荐技术等服务；为客户提供技术、经济方面的咨询服务；承接有关项目评估、企业资信、技术评价等业务。

（三）会务管理系统及功能

利用网络信息管理技术，维护所有的信息发布和管理。在会展前提供会员注册认证，在线预订展位，项目信息注册。在会展开展后提供会务管理、会展信息管理等服务，在会展结束后统计会展相关资料、制作会展信息光盘，使会展组委会的管理更富有效率。会务管理系统功能如下：

1. 参展报名与展位预订

参展报名与展位预订是指来自世界各地的参展商可直接在线注册并预订展位。系统可以按照行业、规模、展商知名度划分展位面积。组委会通过后台系统根据网上订单进行审核，经审批确认后，参展企业可直接在网上公布参展项目分布情况和展位预订情况，达成网上报名、预订展位与后台流程处理的自动化。同时，注册参展商可实时查询最新注册企业及供需项目以及动态的展位预订和分布情况。

2. 智能化交通线路引导

智能化交通线路引导是指通过利用电子地图的方式建立与各展团及参会者的联系，每个参会者都可以通过设在驻地或市内公共场所的联网电脑和电子地图，迅速获得从当前所在地到会展中心、大会安排的其他活动场所、城市主要公共场所和旅游点的最佳线路和公交车搭乘方案，从而提高时间利用率。

3. 智能日程安排

智能日程安排根据不同对象的用户模型（特征模型和兴趣模型）和会展会务中心提供的会务日程总表（会展日期、商业配对、新闻发布、招商会议、专家论坛、企业参观等）自动安排用户在会展期间的日程安排，它利用智能代理技术预安排固定时间的日程（如商业配对、新闻发布、招商会议、专家论坛），使用者可以自主调整非固定时间的日程（如会展参观、企业参观、观光旅游等）。由于智能日程安排功能，用户可以通过互联网在会展前充分地考虑日程安排，会展可以超越集中式场馆的限制，结合整个城市体系，延伸会展的应用场所（如新闻发布、招商会议、专家论坛可以利用城市原有的会议场所举行），充分发挥城市各项资源优势（如企业参观、观光旅游、休闲购物等资源效益的发挥）。

4. 票务及会展出入证件管理

票务及会展出入证件管理包括各类会议和会展的订票、购票（与网上银行的业务相匹配）、申办有关证件（包括传送证件所需的照片以及现场即时数码拍照、计算机打印办理证件等服务），以及预订返程票等，均可通过网上进行互动式协商和确定。

5. 会展服务设施资源管理

利用计算机系统对展板、桌椅、地毯、电力负荷、网络线路、电话线等会展设施进行组织管理，实现资源的最佳应用。

6. 网上参展项目申报

通过会员系统，项目在线直接申报，并提供参与项目的实时动态查询。

7. 网上服务支持中心

在整个会展过程中（包括展前和展后），通过系统管理员或网络值班工作人员，给参展商及会展工作人员提供快速反应的技术和服务支持。

8. 会展资料发布

会展结束后，通过网站整理会展资料和信息，并制作电脑光盘及时提供给参展商。

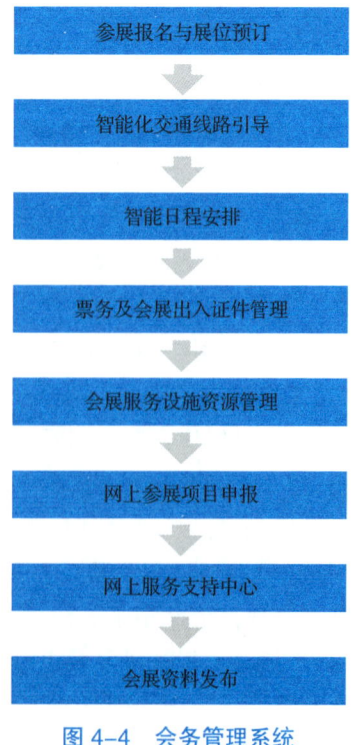

图 4-4　会务管理系统

（四）会展商务平台系统及功能

凭借会展上供需项目和投资者聚集的优势，实现项目在线交易。投资商填写投资意向进行项目预约，系统根据预约内容，筛选符合要求的项目提交给投资商（动态提供，投资商会员每次登录后给出当前所有符合要求的项目），投资商选择欲投资项目提交给系统。项目供方登录到系统，可以查阅当前项目预约情况，也可以填写招商意向表，及时获取符合条件的投资商信息。反馈信息也可以按用户要求发送电子邮件，而不必登录网站系统。会展商务平台系统的功能有以下七个方面。

1. 签订协议和达成交易

虚拟会展系统在互联网上的应用，除了帮助参会人员和其他互联网用户从互联网上参观会展，通过观看多媒体数据和 3D 样本充分了解会展项目和产品的情况，而且还能通过电子邮件和网上商家交互传递信息并与参展商签订协议，网上虚拟的会展组织团队也可以帮助承办者达成场外交易。

2. 开展网上拍卖业务

与网上虚拟会展系统相结合，建设网上竞拍系统平台，使参加会展拍卖的技术和产品在网上充分展示，进而与网上银行相结合开展网上拍卖业务。

3. 虚拟展示和宣传

通过组委会向参展单位和其他厂商承接广告和网上项目、产品新闻发布业务，利用虚拟会展系统为其进行虚拟现实的、详细的展示和宣传，以吸引更多的人来参加会展。

4. 开展网上招商业务

可以协助各地各单位，在会展现场的局域网、城市的城域网和国际互联网上举办虚拟招商会和项目虚拟招商展，包括用虚拟展展示招商厂商可提供的条件及招商项目的多媒体内容，展示与招商内容相关的当地环境、资源状况及政策、交通通信等信息，并可实现互动式信息交流，真正展现网上招商的魅力。

5. 有效组织商业配对活动

按照供需方的配对条件，结合个人情况自主调整，生成多对多商务谈判日程表，还提供临时的商业洽谈预约功能。

6. 智能项目

匹配使用智能搜索软件，通过客户对项目概况的简述，利用用户的兴趣，自动分析并优化匹配项目的排列组合。

7. 网上商务洽谈

根据用户兴趣进行分组，给会员制用户提供网上商务洽谈区，实现商业洽谈空间的无限扩展。

图 4-5　会展商务平台系统

第三节　社交化客户关系管理

一、SCRM 的定义

SCRM 的全称是 Social Customer Relationship Management，即社交化客户关系管理。区别于传统的营销 CRM，SCRM 的管理对象只是针对消费者，它是根据消费者的历史交易数据，进行自动化分析，将消费者进行标签化分组，对不同组别的消费者推送不同的营销内容，从而实现自动化和精细化运营。

SCRM 的核心在消费者，消费者是顾客也是销售人员，让每一位消费者都能够参与进来，计算出每一位消费者的社交价值、营销价值等数据，从而实现全员社群化移动化营销。

二、SCRM 的特点

在当今数字化时代，企业与客户之间的互动方式正在经历着翻天覆地的变化。传统的客户关系管理（CRM）系统虽然为企业提供了宝贵的客户数据分析和业务流程管理工具，但随着社交媒体和在线渠道的迅速崛起，企业需要一种更加灵活、互动性强且能够充分利用社交媒体平台的新型客户关系管理策略。这就是社交客户关系管理（SCRM）的出现，它以其独特的优势为企业带来了全新的机遇和挑战。

SCRM 的特点不仅体现在其社交化的交互方式上，更在于其能够深度整合社交媒体数据、提供智能化的客户洞察、强化品牌与客户之间的互动以及促进团队协作与沟通等多个方面。

（一）交互性

1. 实时互动

SCRM 系统支持企业与客户进行实时互动，无论是在社交媒体平台上还是在其他在线渠道上。这种实时性确保了企业能够快速响应客户的需求和问题，提高客户满意度。

2. 跨部门协作

SCRM 系统不仅限于销售或客户服务部门，它可以连接企业的多个部门，确保各个部门之间在与客户交互时能够保持一致性和连贯性。

（二）综合性

1. 全渠道管理

SCRM 系统能够整合各种渠道（如社交媒体、电子邮件、电话、在线聊天等）的客户数据，提供一个统一的视图来管理和跟踪客户。

2. 业务流程整合

SCRM 系统不仅关注客户关系的维护，还可以整合企业内部的业务流程，如销售、营销、客户服务等，从而优化整个业务过程。

（三）可交易性

1. 订单管理

SCRM 系统通常包含订单管理模块，允许企业跟踪和管理客户的订单，包括订单状态、发货、退货等。

2. 支付和发票

SCRM 系统还可以与支付系统集成，处理客户的支付和发票事务，提供全面的交易管理功能。

(四)营销性

1. 营销活动管理

SCRM 系统支持企业策划和执行各种营销活动,如社交媒体广告、电子邮件营销、短信营销等,并跟踪和分析这些活动的效果。

2. 营销策略优化

通过分析客户数据和市场趋势,SCRM 系统可以帮助企业制定更有效的营销策略,提高营销效果和投资回报率。

(五)集成性

1. 与其他系统的集成

SCRM 系统可以与企业资源规划(ERP)、供应链管理(SCM)、计算机集成制造(CIM)等其他企业系统集成,实现数据的无缝流动和业务流程的自动化。

2. 第三方应用集成

SCRM 系统还支持与各种第三方应用的集成,如社交媒体平台、在线支付平台等,为企业提供更多的功能和灵活性。

(六)自动化性

1. 工作流程自动化

SCRM 系统可以自动化许多日常任务和工作流程,如数据输入、任务分配、通知提醒等,减少人工干预,提高工作效率。

2. 数据分析自动化

SCRM 系统还可以自动收集和分析客户数据,为企业提供有价值的洞察和建议,支持决策制定。

(七)客户信息的统一管理

1. 全面的客户画像

SCRM 系统可以整合来自不同渠道的客户数据,形成一个全面的客户画像,包括基本信息、购买历史、偏好等。

2. 数据安全性和隐私保护

SCRM 系统通常具有严格的数据安全性和隐私保护措施,确保客户数据的安全性和合规性。

（八）团队协作与沟通

1．实时沟通

SCRM 系统提供实时沟通工具，如在线聊天、消息通知等，支持团队成员之间的实时协作和沟通。

2．任务分配和跟踪

SCRM 系统还可以分配任务并跟踪任务的进度和完成情况，确保团队成员能够高效地完成工作。

（九）数据分析与洞察

1．客户行为分析

SCRM 系统可以分析客户的行为和偏好，帮助企业了解客户的需求和期望，优化产品和服务。

2．市场趋势预测

通过分析客户数据和市场数据，SCRM 系统还可以预测市场趋势和变化，为企业制定战略提供有力支持。

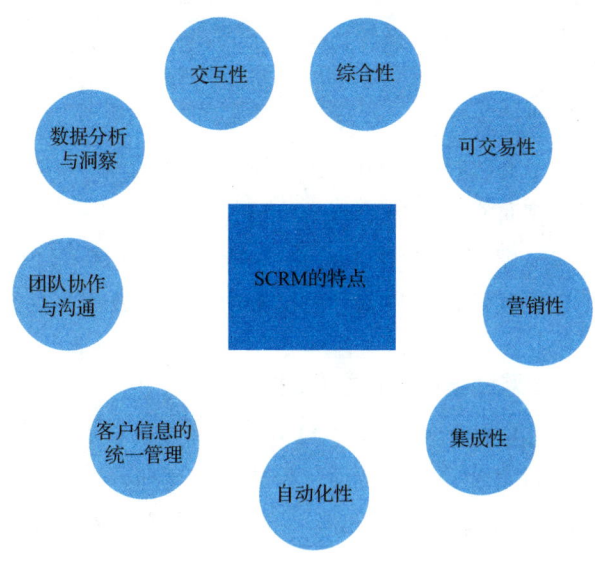

图 4-6　SCRM 的特点

三、SCRM 的作用

在当今社交媒体蓬勃发展的背景下，企业与消费者之间的互动变得日益频繁且多样化。为了有效管理这些复杂的客户关系，企业开始转向社交化客户关系管理（SCRM）系统。SCRM 不仅为企业提供了一个整合社交媒体数据、分析客户行为的平台，更在增强品牌与客户互动、优化营销策略以及提升客户体验等方面发挥着重要作用。通过深入了解 SCRM 的作用，企业可以更加精准地把握市场动态，提升品牌竞争力，从而实现业务增长和可持续发展。接下来，我们将详细探讨 SCRM 在客户关系管理中的具体作用。

（一）客户数据的全面集成与分析

SCRM 系统可以集成来自各种渠道的客户数据，如社交媒体、电子邮件、在线聊天、电话等。这使得企业能够全面了解客户的行为、偏好和需求。

通过高级数据分析工具，企业可以深入挖掘客户数据，识别潜在的市场趋势、客户需求和购买模式。这种洞察有助于企业制定更精确的营销策略。

（二）个性化营销和精准推广

SCRM 系统允许企业根据客户的个人信息、购买历史和在线行为，为每个客户创建个性化的营销信息。这可以极大地提高营销活动的相关性和效果。

系统可以自动触发个性化的营销活动，如生日优惠、产品推荐或忠诚度奖励，从而增强客户体验并提高转化率。

（三）客户互动与关怀

SCRM 系统使企业能够实时响应客户的咨询、投诉和反馈，通过社交媒体、在线客服或电话等多种渠道与客户保持沟通。

企业可以利用 SCRM 系统来主动关怀客户，如发送节日祝福、提醒服务更新或提供定制化的建议。这种关怀有助于建立长期的客户关系。

（四）社交媒体监测与品牌声誉管理

SCRM 系统能够监测社交媒体平台上的品牌提及、客户反馈和舆论趋势。这使得企业能够及时发现并应对负面评价或危机情况。

通过积极的社交媒体参与和回应，企业可以提升品牌形象、增强客户信任并促进正面的口碑传播。

（五）销售流程优化与自动化

SCRM 系统可以与企业的 ERP（企业资源规划）或 CRM（客户关系管理）系统集成，实现销售流程的自动化和优化。

通过自动化工具，企业可以更有效地管理销售线索、跟踪销售机会并优化销售预测。这有助于提高销售效率并降低运营成本。

（六）客户细分与定位

利用 SCRM 系统收集的数据和分析结果，企业可以将客户细分为不同的群体或细分市场。这有助于企业为不同客户群体提供定制化的产品和服务。

通过准确定位目标客户群体，企业可以更有效地投放广告、开展营销活动并优化资源配置。

（七）团队协作与知识共享

SCRM 系统通常具有团队协作和知识共享的功能，允许销售团队、客户服务团队和市场营销团队之间共享客户数据和经验。

这种团队协作和知识共享有助于提高团队效率和客户满意度，并促进企业内部的学习和成长。

（八）持续改进与创新

通过 SCRM 系统收集的数据和分析结果，企业可以识别业务中的瓶颈和机会，并据此制定改进计划和创新策略。

 案例分析

Zara 利用 SCRM 系统实现销售业绩与客户满意度双提升

背景

Zara（飒拉），作为 Inditex 集团旗下的主要品牌，拥有数千家门店和庞大的线上用户群体。为了在竞争激烈的市场中持续增长，Zara 决定引入 SCRM 系统来优化其客户关系管理和营销策略。

实施过程

数据整合与分析：Zara 通过 SCRM 系统整合了来自全球门店、线上商城和社交媒体平台的客户数据。系统对超过 5000 万客户的浏览行为、购买历史和社交媒体互动进行了深入分析。数据显示，有 30% 的客户是忠实会员，他们平均每月购物一次，并且愿意为新品支付溢价。

精准营销：基于数据分析的结果，Zara 开始实施精准营销策略。例如，系统识别出对某一新品系列感兴趣的客户群体，该群体约占总客户数的

20%。Zara 通过社交媒体平台向这些客户推送了定制化的信息和广告，广告点击率达到了 5%，转化率高达 3%。此外，Zara 还向忠实会员发送了个性化的会员专享活动信息和优惠券，结果显示这些会员的复购率提升了 15%。

客户关系管理：SCRM 系统不仅用于营销活动，还帮助 Zara 实现了客户关系的有效管理。通过系统，Zara 能够快速响应客户的投诉和咨询，平均响应时间缩短了 30%。同时，系统还收集了客户反馈，并根据反馈进行了产品和服务的改进。结果显示，客户满意度从 80% 提升至 88%。

成效

销售业绩提升：由于精准营销策略的实施，Zara 的销售业绩得到了显著提升。新品系列的销售额增长了 20%，而会员的销售额增长了 30%。

客户满意度提高：通过提供快速响应和专业的售后服务支持，Zara 的客户满意度得到了提高。客户对产品和服务的满意度从 80% 提升至 88%，进一步增强了客户的忠诚度和口碑传播。

品牌形象塑造：通过客户关系管理和精准营销的实施，Zara 在市场上树立了更加贴心和专业的品牌形象。客户对 Zara 的信任度和认知度得到了提升，为品牌的长期发展奠定了坚实基础。

四、SCRM 在私域中的应用

随着数字化时代的飞速发展，私域流量已经成为企业营销和客户关系管理的重要阵地。在这个背景下，SCRM 系统的引入和应用变得尤为重要。SCRM 以其独特的优势，不但可以帮助企业在私域中精准获客、提升客户留存率，还可以利用深入的数据分析和个性化服务，构建更加紧密的客户关系，推动企业的持续发展。

（一）获客吸粉

1. 主动加粉

智能订单加粉，企业可以把订单信息制作成表格批量导入，并设置添加 SOP 流程，从管理端查看添加效果，对添加失败的好友可设置在 N 天后执行第二次加粉。

2. 被动加粉

渠道活码，把企业多个员工集合成一条活码，以便各种渠道的用户分流增加不同的企业员工，同时可分不同渠道设置触发对应渠道的欢迎语。

3. 门店加粉

区域活码，在线下门店添加员工微信或者门店客群可以自动分配最近的二维码进行添加，添加成功后，自动推送欢迎语或福利信息。

4. 裂变加粉

在后台设置裂变任务领取奖励，并利用各个渠道（欢迎语、侧边栏快捷回复、客户群发、客户群群发、公众号群发）分发给好友或者其他潜在用户进行拉新。

（二）私域留存

客户画像。整合抓取多平台数据，积累全面用户画像。通过给客户打标签、画像以及吸粉群组后，能够进一步实现对高价值客户深挖的效果，进而针对其圈子特点进行更准确的客户个性化建模，实现个性化服务甚至1V1互动。

（三）客户运营

1. 新客欢迎语

用户扫码添加员工后自动发送新客欢迎语，可以根据企业需要进行个性化配置全局欢迎语、部门欢迎语、个性化欢迎语。

2. 标签建群

实现针对某个标签所有客户快速拉群从而准确有效建群。

3. 客户SOP、群SOP、朋友圈SOP

标准化全流程可以帮助企业实现自动化运营，解放双手，提高运营效率。

（四）转化复购

1. 转化

可以利用私域解决方案搭建社群、公众号、会员中心、积分系统间的相互流转，通过互动的玩法带动销量转化同时沉淀出新的高价值客户，SCRM积分系统可以协助企业有效增加用户黏性。

2. 复购

通过品牌会员中心，形成统一的品牌会员中心，拓展与用户的触点，强化会员心智，提升会员终身价值。

（五）数据风控

SCRM能够及时控制添加人数，监控客服与粉丝沟通、聊天相应等情况来判断其服务维度绩效，同时了解客户流失情况，帮助企业及时调整运营策略。

> **案例分析**

瑞幸咖啡利用 SCRM 系统实现私域流量高效转化与客户关系深度管理

瑞幸咖啡，作为国内知名的咖啡连锁品牌，通过引入 SCRM 系统，实现了私域流量的高效转化和客户关系的深度管理。

瑞幸咖啡通过 SCRM 系统，将线上商城用户、门店顾客以及社交媒体粉丝等多个渠道的客户数据进行分析和整合，构建了全面的客户画像。基于这些客户画像，瑞幸咖啡能够精准地识别出客户的偏好和需求，为后续的营销活动提供有力支持。

在私域运营中，瑞幸咖啡利用 SCRM 系统开展了一系列的精准营销活动。例如，通过 SCRM 系统的智能推送功能，瑞幸咖啡能够根据客户的口味偏好和购买历史，向他们推送个性化的促销活动信息和优惠券。这不仅提高了营销活动的转化率，也增强了客户对品牌的忠诚度和黏性。

此外，瑞幸咖啡还通过 SCRM 系统实现了与客户的实时互动。当客户在瑞幸咖啡的社交媒体平台上反馈意见或提出问题时，瑞幸咖啡的客服团队能够迅速响应并提供专业的服务和解答。这种即时的互动不仅提高了客户满意度，而且加强了客户与品牌之间的联系。

通过引入 SCRM 系统，瑞幸咖啡在私域运营中取得了显著的成效。客户转化率得到了大幅提升，客户满意度和忠诚度也得到了增强。

五、CRM 与 SCRM 的区别

CRM（Customer Relationship Management）和 SCRM（Social Customer Relationship Management）在客户关系管理方面虽然有着共同的目标，但它们在策略、功能和应用上存在一些显著的区别。以下是它们之间的主要差异。

（一）定义与策略

1. CRM

传统的客户关系管理，主要关注企业与客户之间的商业交互过程，旨在提高客户满意度和忠诚度，增加企业收入。

2. SCRM

社交化客户关系管理，是基于社交媒体的客户关系管理策略。它更加侧

重于利用社交媒体和其他在线渠道与客户进行交互，以实现品牌推广、客户服务和销售增长。

（二）交互渠道

1. CRM

传统的客户关系管理主要依赖于传统的交互渠道，如电话、电子邮件、面对面会议等。

2. SCRM

社交化客户关系管理则更加关注社交媒体、在线论坛、博客等新兴的交互渠道，这些渠道使得企业能够更直接、更广泛地与客户进行互动。

（三）功能差异

1. CRM

传统的客户关系管理主要功能包括客户信息管理、销售流程管理、市场营销自动化、客户服务与支持等。它侧重于企业内部资源的整合和业务流程的优化。

2. SCRM

社交化客户关系管理除了具备 CRM 的基本功能外，还增加了社交媒体监控、分析、互动和社区管理等功能。它更加注重企业与客户之间的双向互动和沟通，以及通过社交媒体平台来增强品牌影响力。

（四）数据收集与分析

1. CRM

传统的客户关系管理主要收集和分析客户的交易数据、行为数据等，以了解客户的需求和偏好。

2. SCRM

社交化客户关系管理除了收集和分析 CRM 中的数据外，还从社交媒体等在线渠道收集大量的客户声音和反馈，以更全面地了解客户的需求和期望。

（五）应用场景

1. CRM

传统的客户关系管理适用于各种规模的企业，特别是那些需要优化内部业务流程、提高客户满意度和忠诚度的企业。

2. SCRM

社交化客户关系管理则更适用于那些希望通过社交媒体平台来扩大品牌

影响力、提高客户参与度和忠诚度的企业。

（六）技术实现

1. CRM

传统的客户关系管理通常需要集成企业内部的多个系统，如 ERP、SCM 等，以实现数据的共享和业务流程的自动化。

2. SCRM

社交化客户关系管理则更加依赖于云计算、大数据和人工智能等先进技术，以实现数据的实时收集、分析和处理。

（七）未来趋势

随着社交媒体的普及和消费者行为的变化，SCRM 在客户关系管理领域的重要性日益凸显。未来，SCRM 将更加注重客户体验、社交化协作和智能化营销等方面的发展。

六、CRM 和 SCRM 的优缺点

在现今的商业环境中，客户关系管理（CRM）和社交化客户关系管理（SCRM）无疑是提升客户满意度、增强品牌竞争力的重要工具。然而，每一种管理工具都有其独特的优势和潜在的挑战。CRM 系统以其全面的客户数据整合和强大的营销功能，为企业提供了坚实的客户关系管理基础；而 SCRM 系统则凭借其社交属性强、客户互动性好等特点，在私域流量运营中发挥着越来越重要的作用。接下来，我们将分别探讨 CRM 和 SCRM 的优缺点，以帮助企业根据自身需求选择合适的客户关系管理工具。

（一）CRM 的优点

1. 提高客户满意度

CRM 系统可以集中管理客户信息，使得企业能够更全面地了解客户需求，从而提供更为个性化的服务，提高客户满意度。

2. 增加销售额

CRM 系统可以帮助企业制定更为精准的营销策略，通过细分客户群、分析客户行为等，提高销售转化率和销售额。

3. 提高工作效率

CRM 系统可以自动化处理烦琐的重复操作，如客户信息的录入、查询等，

减轻员工工作负担，提高工作效率。

（二）CRM 的缺点

1．成本较高

CRM 系统需要购买软件、硬件等设备，并进行员工培训，因此成本相对较高。

2．数据安全风险

CRM 系统中存储的是客户等重要信息，一旦泄露会带来极大的财务和信誉损失。

3．实施困难

CRM 系统实施过程中需要进行系统集成、数据迁移、员工培训等多项工作，难度较大。

4．难以完全满足个性化需求

虽然 CRM 系统可以提供个性化的服务，但由于客户需求的多样性和变化性，系统难以完全满足每个客户的个性化需求。

（三）SCRM 的优点

1．社交属性强

SCRM 系统具有强烈的社交属性，能够帮助企业与客户建立更紧密的联系，提高客户参与度和忠诚度。

2．客户互动性好

SCRM 系统通过社交媒体等在线渠道与客户进行实时互动，能够更快速地响应客户需求和问题，提高客户满意度。

3．数据分析能力强

SCRM 系统能够收集和分析社交媒体等在线渠道上的客户数据，为企业制定更为精准的营销策略提供有力支持。

4．智能化程度高

SCRM 系统具有更高的智能化程度，能够自动处理大量客户数据，并提供各种分析报告，帮助企业更好地了解市场趋势和客户需求。

（四）SCRM 的缺点

1．需要专业技能

由于 SCRM 系统具有强烈的社交属性，因此需要运营人员具备一定的社交媒体操作技能，这增加了企业的培训成本。

2. 数据隐私问题

SCRM系统需要收集大量客户数据，如果这些数据泄露，可能会对企业造成不利影响。

3. 系统稳定性问题

SCRM系统需要依赖社交媒体平台，因此其系统稳定性可能会受到社交媒体平台的影响，存在一定的风险。

SCRM系统与会展行业

 案例分析

中国（寿光）国际蔬菜科技博览会：
新技术驱动下的客户关系管理创新

中国（寿光）国际蔬菜科技博览会是一个集科技交流、展览、商贸洽谈于一体的综合性展会，每年吸引着来自世界各地的观众和参展商。随着新技术的不断发展，中国（寿光）国际蔬菜科技博览会也开始积极探索新技术在客户关系管理中的应用，以提升服务质量和客户体验。

新技术应用

大数据分析：中国（寿光）国际蔬菜科技博览会利用大数据技术，对参展商和观众的行为数据进行深入分析。通过收集和分析客户的参观记录、交易数据等信息，主办方能够更准确地了解客户的偏好和需求，为参展商提供更有针对性的匹配和推广服务。

移动应用：为了方便参展商和观众进行互动交流、获取展会信进，中国（寿光）国际蔬菜科技博览会推出了官方移动应用。该应用提供了展会导航、活动预约、展品查询等功能，用户可以通过手机随时随地获取所需信息，提高了参展的便捷性和效率。

人工智能客服：为了提高客户服务的效率和质量，中国（寿光）国际蔬菜科技博览会引入了人工智能客服系统。该系统能够自动识别用户的需求和问题，并提供解决方案和准确的回答。同时，人工智能客服系统还能够根据用户的行为数据和反馈，不断优化自身的效率和服务质量。

效果分析

通过应用新技术进行客户关系管理，中国（寿光）国际蔬菜科技博览会取得了显著的效果。首先，客户满意度得到了大幅提升，参展商和观众对展会的服务和体验给予了高度评价。其次，展会的业务规模和影响力也得到了进一步扩大，吸引了更多的参展商和观众参与。最后，通过人工智能的应用和数据分析，主办方能够更精准地制定推广计划和营销策略，提高了投资回报率和营销效果。

结论与展望

中国（寿光）国际蔬菜科技博览会通过应用新技术进行客户关系管理，实现了服务质量的提升和业务规模的扩大。这充分说明了新技术在会展客户关系管理中的重要性和优势。随着应用场景的不断拓展和技术的不断进步，未来会展客户关系管理将更加智能化、个性化和高效化。会展企业应积极拥抱新技术，不断创新和改进客户关系管理方式，以提升服务质量和客户体验，赢得更多的市场份额和竞争优势。

需要注意的是，每个企业的具体情况和需求可能会有所不同，因此在应用新技术进行客户关系管理时，企业应结合自身特点进行调整和选择。同时，企业还应注重隐私保护和数据安全，确保客户信息的合规性和安全性。

在引入新技术进行客户关系管理时，中国（寿光）国际蔬菜科技博览会面临了哪些挑战？这些挑战是如何被克服的？

本章小结

1. 移动互联是移动互联网的简称，是个人电脑互联网发展的必然产物，移动通信通过与互联网结合在一起，成为一体。它是互联网技术、平台、商业模式和应用与移动通信技术和实践相结合的总称。

2. 移动互联网可以很好地推进客户与会展企业的联系。尽管在效率或成本方面，完全网络化的人机交互操作是最快和最便宜的，但当客户衡量诸如信任、消费习惯、运输、支付和售后服务等因素时，纯网络交易仍然很薄弱。

3. 移动互联网在企业中的作用主要表现在以下四个方面：优化企业商业流程；辅助企业决策；提供个性化的服务；使企业从成本中心变成利润中心。

4. 移动互联网的应用与CRM的建设相互映衬、共同进步，达到共同进步的目标。（1）移动互联网是会展企业与客户对接的重要窗口。（2）移动互联网是会展企业的信息中心。（3）移动互联网注重以消费者为中心。（4）移动互联网可以更好地保持客户忠诚度。

5. 移动互联网是智能会展的基础技术平台，它是移动通信与互联网相结合的一种新型商业形式。

6. 智能会展需要依靠外部环境的智能，包括城市的智能、场馆的智能、资源交易的智能。

7. 现代会展基于云计算、物联网、移动互联网、3D打印技术和大数据应用，大大简化了会展过程中的信息采集和整理流程，带来了宝贵的数据资产。数据运营已成为智能会展的核心内容。会展运营中的行业、产品、注册、沟通等均以数据为导向，并有鲜明的数据标签。

8. 智能 CRM 系统设计原则包括实用性、简单的设计语言、兼容性。

9. SCRM 的定义、特点、作用以及在私域中的应用。

10. SCRM 与 CRM 的区别以及各自的优缺点。

课内实训

1. 尝试利用新技术（如大数据、人工智能、移动应用等）对会展客户数据进行收集、整理和分析，提取出有价值的客户信息，为会展客户关系管理提供数据支持。

2. 利用新技术手段，策划并执行一次会展活动，重点关注客户关系管理环节，如客户邀请、客户互动、客户反馈收集等，以提升客户满意度和忠诚度。

3. 设计一个包含基本功能模块（如客户管理、销售管理、数据分析等）的智能 CRM 系统架构图，并解释各模块之间的交互关系。

思考题

1. SCRM 与传统 CRM 的区别与联系是什么？
2. SCRM 如何帮助企业实现精准营销？
3. SCRM 在数据安全和隐私保护方面面临哪些挑战？
4. 智能 CRM 系统应包含哪些核心功能模块，以满足企业日常运营和客户关系管理的需求？
5. 如何制订智能 CRM 系统的实施计划和时间表，确保项目按时交付？
6. 如何确保智能 CRM 系统的界面设计简洁直观，使用户能够快速上手并高效操作？

第五章

人工智能与数字展示

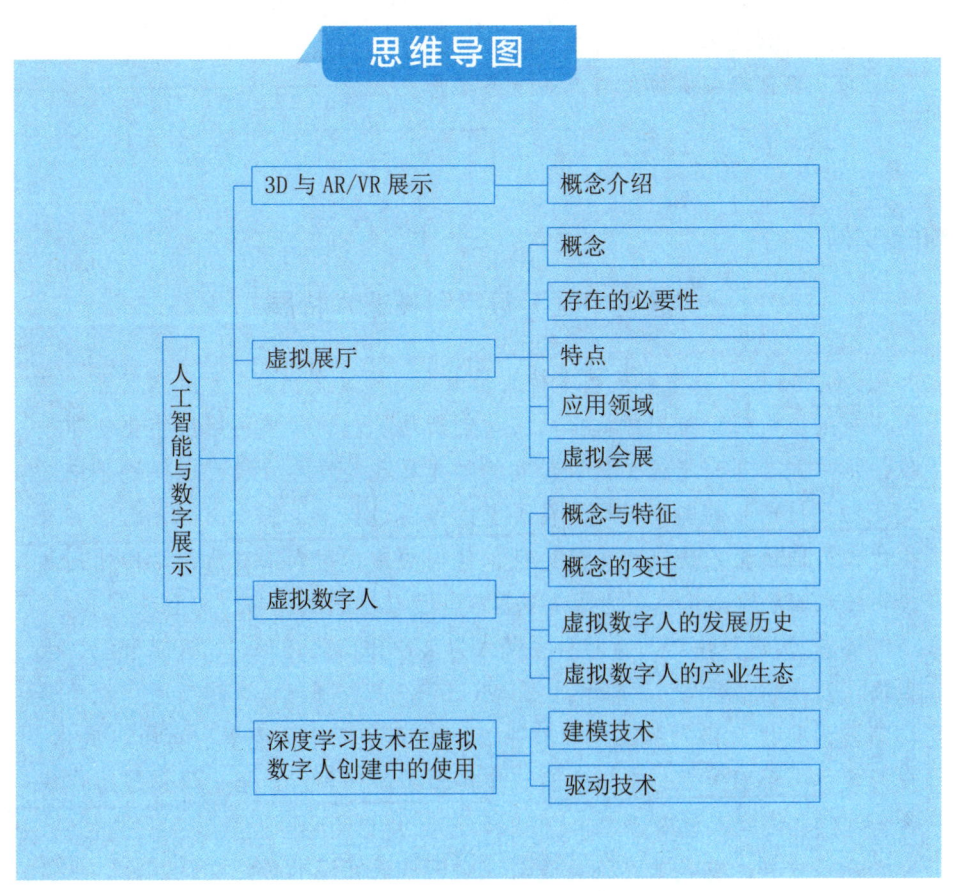

 **学习目标**

【知识学习目标】

1. 了解数字展示的基础知识。
2. 理解人工智能如何与数字展示技术相结合来提升展示效果。
3. 掌握将不同的人工智能技术与数字展示工具集成，构建完整的展示系统。

【能力培养目标】

1. 能够将人工智能技术与数字展示技术相结合来提升展示效果。
2. 能够操作基本的数字展示技术。

【职业素养目标】

1. 培育技术深耕与科学创新精神。
2. 强化跨领域协作与产业服务理念。

 开篇引例

"遇见中国"数字科技艺术特展

"遇见中国"数字科技艺术特展是由上海国际文化装备产业园管理（集团）有限公司精心策划并执行的一项创新展览。该特展利用数字化创新手段，将中国丰富的传统文化以新颖的形式展现给世界，极大地促进了中国文化和科技产品的国际传播。在展览的筹备过程中，制作团队面临了种种挑战，但通过深入研究和反复论证，他们决定运用人工智能、动作捕捉和投影技术等手段，将中国的传统瓷器转化为数字艺术作品，向全球展示。

目前，"遇见中国"数字科技艺术特展制作团队已形成以人工智能、大数据、创意数据编码、3Dmapping、VR、AR、动作捕捉、体感交互、红外感应等前沿科技为代表的数字科技平台，建立了以中国瓷器、剪纸、武术、皮影戏、二十四节气、十二生肖、中国服装、书画、乐器、风景等为代表的传统文化内容素材库。

展望未来，特展项目将持续深挖中国博大精深的传统文化，致力于将这些文化精髓转化为引人入胜的数字化内容。要让中国的文化艺术在数字时代焕发新生，通过创新的数字化手段，如虚拟现实、增强现实和3D交互体验，让传统文化"活"起来。我们期望通过这些前沿技术，为海外民众提供一个更加生动、直观且富有趣味性的窗口，让他们能够深入体验中国

的历史传承、人文变迁和技术革新。特展项目不仅是一次视觉和感官的盛宴，更是一次心灵和思想的交流，让世界各地的人们都能亲身感受到中国文化的独特魅力和时代活力。

通过精心策划的数字化展览和互动体验，特展项目将成为连接中国与世界的桥梁，展示中国在文化传承和技术创新方面的卓越成就，促进全球范围内的文化理解和交流。

第一节　3D 与 AR/VR 展示

概念介绍

（一）3D 技术

3D 技术，即三维立体技术，其核心原理是利用人眼的双目视觉差异来营造立体效果。在正常情况下，人的眼睛间距大约为 8 厘米，这使得当双眼同时观察同一物体时，由于视角的微小差异，两眼视网膜上的成像会有所不同，这种差异最终在大脑中合成为立体的视觉体验。3D 技术正是利用这一原理，通过向左右眼分别展示不同视角的影像，使大脑合成一种三维立体感。在会展行业中，3D 技术的应用主要体现在通过三维建模和可视化技术，构建出虚拟的展览空间和展品。这种技术允许参观者跨越地理界限，享受到一种仿佛置身现场的展览体验，增强了展览的互动性和沉浸感。通过 3D 技术，参观者可以更加直观地探索展品细节，体验到前所未有的展览效果。

（二）增强现实（AR）技术

增强现实（AR）技术是一种革命性的创新，它通过在现实世界的基础上融入数字信息，极大地扩展了用户的感知边界。这种技术利用先进的计算机视觉和图形处理技术，将虚拟的物体、信息或场景无缝地融入用户的现实视野中。用户不仅能直观地看到这些虚拟元素，还能与之进行自然而直观的互动。

AR 技术的核心优势在于其能够提供更为丰富和立体的信息，极大地增强用户的认知体验。它不仅仅是简单地展示数据，而是通过与现实世界的深度融合，使用户能够以全新的视角理解和感知周围的环境。这种技术的应用范围非常广泛，从教育、娱乐到零售和工业设计，AR 技术都在不断地推动着用户体验的革新和升级。

通过 AR 技术，用户可以享受到一种全新的互动方式，它超越了传统的屏幕限制，将信息和体验直接带入用户的现实生活。

（三）虚拟现实（VR）技术

虚拟现实（VR）技术是一种先进的计算机仿真系统，它通过模拟现实世界的感知环境，经过不同传感器，为用户提供视觉、听觉、触觉等不同直观感受且进行实时交互的手段。借助头戴式显示器和其他交互设备，用户能够完全沉浸在一个由计算机生成的三维空间中，与虚拟世界进行直观的互动。虚拟现实技术具有沉浸性、交互性、想象性三个特征。

VR 技术以其高度逼真的视听效果，为用户带来了一种仿佛身临其境的体验。这种技术不仅能够模拟视觉和听觉，还能够通过触觉、运动感知等多种感官反馈，增强用户的沉浸感。通过 VR 技术，用户可以探索一个完全虚拟的环境，体验到前所未有的自由度和互动性。从会展行业的角度来说，它不仅改变了传统的展示方式，还为参观者提供了一种全新的感知世界的方式，极大地拓展了会展内容的表现力和吸引力。

目前，已有相当数量的展馆配备了虚拟现实体验项目，这种体验项目不同于传统类型中的平面图片以及文字，而是通过自身的技术优势以及新奇体验来充分吸引观众的注意。虚拟现实技术改变了传统类型的传播方式，创建了新型的视觉传输机制，创新了会展服务模式和盈利模式，组建全新的产业链延长会展时间，对于现代数字化会展的发展具有重大意义，在会展业中利用虚拟现实技术也会成为会展业未来发展的主要方向。

（四）三者区别

表5-1　三者技术实现方式与交互方式的区别

	技术实现方式	交互方式
3D 技术	主要通过向左右眼分别展示不同视角的影像来产生立体感	提供了一种直观的交互体验，它依赖于立体视觉来吸引用户与内容进行互动。这种技术通过创造深度感，使用户在观看时能够感受到空间的三维效果，从而与内容产生一种基础的互动
AR 技术	将虚拟信息与真实世界相结合	AR 技术则引入了更为复杂和多元的交互方式。用户不仅可以通过视觉感知虚拟元素，还可以利用手势、声音等自然动作与这些元素进行更深层次的互动。AR 技术通过将虚拟信息融入现实世界，使用户能够在现实环境中与虚拟对象进行直观的操作和交流
VR 技术	通过模拟真实世界的计算机仿真系统来提供沉浸式体验	VR 技术则进一步推动了交互方式的自然性和真实感。在完全虚拟的环境中，用户可以自由移动和探索，与虚拟物体进行直接的互动。这种技术通过模拟真实的物理和感官体验，为用户提供了一种几乎与现实无异的交互方式，极大地增强了用户的沉浸感和参与度

总之，3D、AR 和 VR 技术各自以其独特的交互方式，为用户带来了不同程度的沉浸体验和互动可能性，从而丰富了数字内容的表现力和吸引力。

（五）混合现实（MR）技术

"混合现实"一词是在 1994 年由保罗·米尔格拉姆（Paul Milgram）和岸野文郎（Fumio Kishino）题为"混合现实视觉显示分类法"的研究中创造的。从那时起，除了显示之外，混合现实的使用已经扩展到包括地理映射和锚定、手部跟踪、声音输入等方面。混合现实技术通过在现实环境中引入虚拟场景信息，在现实世界、虚拟世界和用户之间搭起一个交互反馈的信息回路，以增强用户体验的真实感，具有真实性、实时互动性以及构想性等特点。

拓展阅读

上海 VR/AR 产业博览会

拓展阅读

2022 首届上海数字艺术国际博览会（SDAF）

第二节　虚拟展厅

一、概念

虚拟展厅是一种极具创新性的展示技术，它利用数字化手段在三维空间中重建传统展览场景，为参观者提供了一种全新的沉浸式体验。在这个数字化构建的虚拟空间里，参观者不仅可以观察到展览的布局、展品、展板和信息标签，还能通过先进的虚拟现实设备，例如头戴式显示器（VR 头盔）或触控屏，与展品进行深入互动，浏览详尽资料，激活动画效果。

这种技术的运用极大地扩展了展览的可达性，无论参观者身在何处，只需通过计算机、智能手机或平板电脑，即可轻松访问虚拟展厅，享受如同亲临现场的参观体验。虚拟展厅的实现，依托于一系列尖端技术，包括三维建模、虚拟现实（VR）、增强现实（AR）和 3D 渲染技术。这些技术的融合不仅为用户带来了一个高度真实且互动性强的在线展览环境，而且极大地拓宽了展览的可能性，为艺术和文化的传播开辟了新的维度。

二、存在的必要性

（一）全球链接

虚拟展厅突破了地理限制，方便接触全球范围内的潜在客户。无论观众身在何处，都可以轻松观看虚拟展览，这为产品提供了更广泛的曝光率。

拓展阅读

未来棱镜——上海 Ei Force 沉浸式数字艺术展厅

（二）降低成本

传统展览需要高额的预算用于租赁展位、设计展台和物流等费用。虚拟展厅消除了这些成本，使展商能够更有效地管理宣传预算，将资金用于提升产品品质等更加关键的领域。

拓展阅读

画游千里江山——故宫沉浸艺术展

（三）持续展示

传统展览通常只在有限的时间内开放，而虚拟展厅可以持续在线展示，观众可以在任何时间访问，这使得产品能够持续曝光，吸引更多潜在客户。

（四）互动性

虚拟展厅提供了与观众互动的机会。通过各类先进的技术，观众可以与展品互动，提出问题并进行在线交流，从而增强观众的参与感。

三、特点

（一）沉浸式体验

虚拟展厅利用虚拟现实技术，为参观者提供了一种沉浸式的展览体验。参观者仿佛身临其境，能够从不同角度和层面深入体验展览内容。

（二）互动功能

虚拟展厅通常提供丰富的互动功能，使参观者能够与虚拟展品进行互动，这种互动性不仅增加了展览的趣味性，也提升了参观者的参与度和学习效果。

（三）多媒体内容展示

虚拟展厅可以展示多种形式的展览内容，包括文字、图片、视频、音频等多媒体元素。这种多样化的内容展示方式，能够满足不同参观者的需求，提供更加丰富和立体的展览体验。

（四）无地域限制

虚拟展厅克服了地理位置的限制，使参观者可以随时随地通过互联网访问展览，提升了资源使用效率与参展效率。

（五）实时更新和灵活性

虚拟展厅可以实现展览内容的实时更新和调整，使展览更加灵活和具有可持续性。展览组织者可以根据需要，快速更新展览内容，保持展览的新鲜感和吸引力。

四、应用领域

（一）艺术和文化领域

在艺术和文化领域，虚拟展厅为艺术家、画廊和博物馆等机构提供了一种全新的展览方式。通过三维建模和虚拟现实技术，艺术作品和历史文物得以在数字化环境中生动地呈现，观众即使身处世界的不同地方，也能享受到如同亲临现场的观赏体验。虚拟展厅不仅突破了物理空间的限制，还为艺术作品的展示提供了更多可能性，如动态展示、互动元素和多感官体验，极大地丰富了艺术的表达形式和观众的参与度。

（二）教育和培训领域

教育和培训领域通过虚拟展厅获得了一种全新的教学工具。这种沉浸式学习平台能够模拟真实世界的环境，提供身临其境的学习体验。学生和员工可以通过互动式学习模块，更直观地理解和掌握复杂的概念和技能。虚拟展厅还可以模拟历史场景、科学实验等，使得学习内容更加生动和具体，从而提高教育和培训的效果。

（三）产品展示领域

在产品展示领域，虚拟展厅为企业提供了一个在线展示和销售产品的平台。企业可以通过高清晰度的3D模型和互动界面，展示产品的详细特性和使用方法。消费者可以在虚拟环境中全方位地观察产品，甚至进行虚拟试用，这种体验超越了传统线上图片和视频的展示方式，为消费者提供了更加直观和深入的产品了解。

(四)会议和活动领域

对于会议和活动领域,虚拟展厅提供了一种全新的交互式参与体验。组织者可以创建虚拟会场,与会者可以在自己的设备上参与线上会议、展览和活动,通过虚拟角色进行交流和互动。这种方式不仅节省了物理会议的成本和时间,还提供了更加灵活和创新的活动组织方式,增强了参与者的参与感和互动性。

五、虚拟会展

虚拟展会最早是由美国 Visual Data 提出的,美国学者 Silver(1997)将虚拟展会定义为:一个基于互联网的关于特定主题、概念或想法的超文本动态集合。王悦(2010)指出,虚拟展会是在网络虚拟空间中开展的展览及贸易活动,展览的组织、展出及展览各环节都采用电子化运作,组展者、参展商和观众之间通过计算机和互联网进行交流,本质上它是对实物展览的虚拟。刘言认为虚拟会展也被称为网络会展。

虽然学者对于虚拟会展的定义还比较模糊,但是我们可以了解到虚拟会展强调虚拟现实技术应用,虚拟会展能够提供实体展会的场景,并在使用过程中更强调人的体验。

第三节 虚拟数字人

一、概念与特征

(一)概念

虚拟数字人是通过计算机图形学、语音合成技术、深度学习、类脑科学、计算机科学等融合技术创建的虚拟形象,具有类人的外表、语言和行为特征。

(二)特征

虚拟数字人具有以下特点:第一,它具有人的虚拟形象,需要借用物理设备来呈现,但它不是实物,这是机器人与人的区别;第二,它具有人的行为和自身的性格特征，具有语言、面部表情和肢体动作的表达能力；第三，它具有人的思想，能够自如地交流、行动和表达自己的情感，能够与人沟通和互动。

二、概念的变迁

回顾计算机生成数字人的发展历史，我们可以发现，不同时期对于这些数字人的命名有所不同。早期在影视和动画领域出现的计算机生成的人类被称为"人造演员""合成演员""代理演员"等。在3D动画领域，为了与传统手绘的二维角色区分开来，这些数字人被称为"3D角色"或"3D人类"等。数字人的各种不同命名，往往也代表着各个领域对数字人的不同研究重点和应用方向。

数字人的概念源于哈拉维1985年在《赛博格宣言》中对"赛博格"（Cyborg）的定义。"赛博格"是无机机器与生物体的结合体，它模糊了人与动物、生物体与机器、物质与非物质之间的界限。

另外，现在人们经常讨论的"虚拟数字人"一词最早源于1989年美国国立医学图书馆发起的"可视人计划"。2001年，国内举办的香山科学会议第174次学术讨论会提出了"数字化虚拟人体"的概念，主要探讨了医疗领域的人体结构可视化研究，这与当今数字人的研究重点有所不同。

在人类类别的定义上，计算机生成的人类的命名存在不同观点。许多研究者认为，从广义来看，"数字人""虚拟人""虚拟数字人"三者可以视为等同的关系，即运用数字技术创造出来的、与人类形象接近的数字化人物形象（digital human，meta human）。从狭义上看，这三者也存在一定区别，"数字人"包含"虚拟人"和"虚拟数字人"。"数字人"指利用数字技术创造的、与人类形象接近的人物形象，与物理世界的人物形象一致地被称为"数字孪生"。"虚拟人"是"数字人"的组成部分，包含"虚拟数字人"，是指存在于虚拟世界中的虚构人物的身份。"虚拟数字人"是最小的概念范畴，指存在于虚拟世界，具有人类特征和人类能力的数字化形象。这里更加强调通过AI技术"一站式"完成虚拟人的创建、驱动和内容生成，并具备感知、表达等无须人工干预的自动交互能力的数字人。

通过调整对这些概念的定义和应用，可以更好地理解计算机生成数字人的多样性和发展方向。

三、虚拟数字人的发展历史

早在20世纪60年代，数字人就开始出现雏形，当时通常被描述为计算机生成的人类形象。1964年，波音公司设计实验室创造了波音人，这是第一个具有完整形象的计算机生成数字人，由美国计算机图形艺术家、计算机图形学应用先驱William Fetter所创造。然而，当时的数字人停留在图像形式上，对人类形象的模拟写实性仍不足。

1976年，理查德·T·赫夫伦（Richard T. Heffron）执导的电影《未来世界》（Future World）中首次尝试用计算机生成人物角色，旨在创造逼真、具有真实感的数字人物，使其在电影制作中扮演角色。20世纪70年代的研究员开始探索模拟人类行走、说话等行为方式的解决方案，并在计算机图形学领域取得了突破性的成就。同时，他们也开始追求计算机生成角色的"真实性"。

腾讯发布的研究报告显示，在"00后提及最多的偶像TOP30"排行榜中，洛天依排名第一，初音未来排名第二。虚拟偶像已经成为"00后"最喜爱的偶像类型。下面我们来探寻虚拟偶像从萌芽、发展到如今迅速火爆的历程。

（一）虚拟数字人1.0：20世纪80年代

1981年，理察·泰勒（Richard Taylor）和盖瑞·迪莫斯（Gary Demos）制作的计算机动画作品发布，诞生了第一个完全彩色的三维立体计算机生成人物亚当斯·帕沃（Adams Powers），抛接杂技演员，它也是最早的计算机生成图像拟人角色之一。20世纪80年代，计算机在性能上有了显著提高，计算机图像在电视和电影等大众传媒中广泛使用，数字人开始以三维形式出现，计算机生成数字人的初步发展阶段已经到来。

1982年的日本动画《超时空要塞》和1985年的《太空堡垒》中的虚拟歌姬林明美演唱的《可曾遇到爱》唤起了许多"80后"的记忆。之后，林明美发行音乐专辑，成为世界上第一个虚拟歌手。当时的虚拟形象多由手绘或真人演员进行特效化妆实现。

（二）虚拟数字人2.0：21世纪初

2007年，日本推出了虚拟偶像歌手初音未来。这个二次元少女形象一经问世，就引起了广泛关注，成为世界上第一个使用全息投影技术举行演唱会的虚拟数字人。初音未来诞生于雅马哈的探索成果，其核心是基于雅马哈语音合成软件声库（Vocaloid）开发的音色库，创作者输入原创歌词，音色库演唱歌曲，最终成为初音未来。

2012年，国内首位虚拟偶像歌手洛天依"出道"，同样吸引了大量狂热粉丝，发挥着自身的IP品牌价值。这一时期的虚拟数字人，不再以逼真模拟现实人为主要目标，而是通过融合计算机图形学技术、动作捕捉技术、语音合成技术等，追求更真实和立体的形象。

（三）虚拟数字人 3.0：元宇宙初期

2021年，"元宇宙"的概念进入大众视野，人们对虚拟数字人的研究热情更加高涨。这一阶段的虚拟数字人与过去的区别在于其制作水平、软件硬件技术和设备得到跨越式升级，虚拟数字人产业一路高歌猛进，呈现出爆发式增长态势。

2022年，由人工智能研究实验室开放人工智能（OpenAI）研发的聊天机器人模型"聊天生成预训练转换器"（Chat Generative Pre-trained Transformer，ChatGPT）推出即受欢迎，为交互数字人的发展方向增添了更多可能性。将其与虚拟数字人结合，可以使数字人与真人的交互能力和表现力更加接近于理想状态。

四、虚拟数字人的产业生态

虚拟数字人产业链由上游技术方、中游平台方与下游应用方组成。上游方是图像设计、预成型、制作工具和人工智能公司。中游方有头像供应商、通用/互联网技术供应商、专业人工智能供应商、计算机图像（Computer Graphics，CG）供应商和扩展现实（Extended Reality，XR）供应商。下游方主要是企业服务、娱乐和其他类型的公司。

（一）上游技术提供方

上游技术提供方为虚拟数字人提供软硬件支持，是数字人技术发展的基石。软硬件系统平台涵盖建模系统、动作捕捉系统和渲染系统，通过传感器、光学器件等采集人物的各类信息，并利用软件算法重现人物形象与动作。硬件部分包括显示设备、光学器件、传感器、芯片、动作捕捉和表情捕捉设备。显示设备既涵盖手机、电视、投影等 2D 显示设备，也包括裸眼 3D 和 VR 等 3D 显示设备。光学器件用于制造视觉传感器和显示器；传感器为虚拟数字人提供数据采集技术支持；芯片则用于传感器数据预处理、模型渲染和 AI 计算等。AI 能力开放平台主要提供计算机视觉、智能语音、自然语言处理和机器学习等方面的技术能力，同时也包括区块链技术在虚拟数字人中的应用。

作为虚拟数字人产业的基础设施，软硬件服务呈现出国外实践多年、中国快速追赶的局面。国外一些高科技公司推出了多种虚拟数字人软件解决方案，如统一技术（Unity Technologies）的统一三维（Unity3D）和史诗游戏

（Epic Games）的虚幻引擎。在虚拟数字人硬件布局方面，也有不少国外企业，如提供显示设备的微软、HTC，提供传感器的索尼，提供芯片的英特尔、英伟达等。整体来看，这些处于产业上游的技术方在行业内深耕多年，形成了较为深厚的技术壁垒。国内致力于为虚拟数字人提供基础设施服务的公司多为巨头公司，如腾讯推出了一套面向专业开发者的全流程流水线，能够敏捷地制作出适合各种终端设备的数字人脸，字节跳动公开了"一种虚拟人物捏脸技术、装置、电子设备和存储介质"的专利，搜狗的人工智能开放平台为虚拟数字人提供了"分身技术"，而小鸟看看（Pico）、国诚万通旗下斯戴普虚拟现实（STEPVR）、影创科技、孚芯科技等创业公司则专注于硬件、扩展现实（XR）解决方案、动作捕捉和人脸捕捉解决方案等。

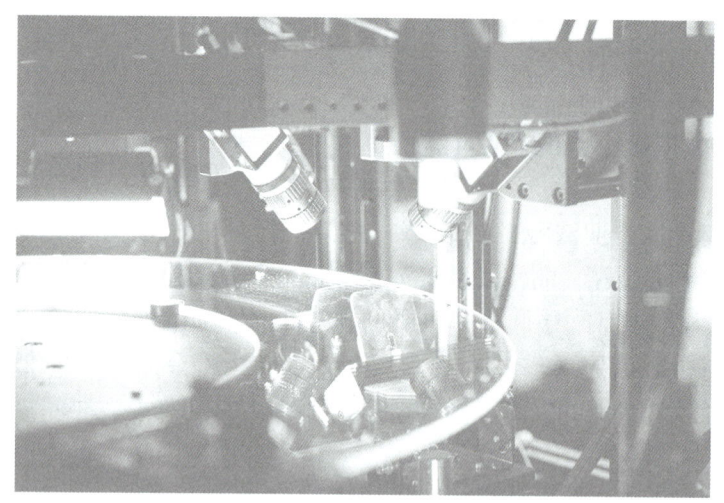

图 5-1　传感器扫描玻璃工作台

（二）中游平台提供方

中游平台商是虚拟数字人产业发展的加速踏板，包括技术和运营解决方案的服务平台。虚拟数字人技术服务商可分为两类：一是平台型技术服务商，如腾讯、网易福喜、火山引擎、百度、商汤科技等；二是全栈型或单点型虚拟数字人技术服务商，如魔珐科技、相芯科技、智慧科技、STEPVR、中科深智、爱化身等。

运营解决方案和服务平台涵盖数字人的 IP 孵化、形象设计与制作、场景制作、后期内容生产、IP 经纪、IP 代理运营、电商服务、后期数字资产管理等，能够根据 B 端和 C 端的需求，提供定制化或批量化的虚拟数字人服务解决方案。运营平台汇聚了众多企业，有以科技巨头和人工智能独角兽为核心玩家，如腾讯、百度、阿里云、科大讯飞等，都有提供相应虚拟数字人技术的服务平台，也有行业新秀，如魔珐科技、中科神智、STEPVR、偶邦智能、次元文化、头号偶像等，根基深厚。一大批"打通"上下游的中游服务商的出现，成为虚拟数字人产业发展的重要保障。

（三）下游应用方

虚拟数字人技术在下游应用方落地应用，多样的应用场景与行业应用解决方案促进了行业繁荣。例如，影视业中，虚拟演员和数字替身可以完成影片内容的拍摄；传媒业中，虚拟主持人、虚拟主播、虚拟偶像的出现，能够实现节目内容快速且自动化生产；电商业中，虚拟客服可以全天为客户服务；教育界中，基于VR/AR的场景式教育，虚拟老师帮助构建个性化学习环境等。

第四节 深度学习技术在虚拟数字人创建中的使用

虚拟数字人的制作步骤具有五大核心技术，包括人物生成、人物表达、合成显示、感知识别与分析决策。围绕数字人设计制作流程，数字通用技术可分为建模、驱动与渲染。

一、建模技术

目前市面上的虚拟数字人总的分为两种，一种是二次元形象，例如卡通形象虚拟人，另一种较前者则更注重写实，具有更强的真实感与柔和力。创建第二类虚拟数字人的建模技术主要分为静态扫描建模技术和动态光场重建建模技术。

静态扫描建模技术现在仍处于主流地位。在早期，静态扫描建模常用结构光扫描重建技术，其精度可达到亚毫米级，然而扫描时间稍长，对于扫描人体这类带有呼吸、运动的目标时，稳定性稍显不足，因此多用于扫描工业产品领域的静态物体。当今，随着技术进步，相机阵列扫描建模是人物建模的主要方式。其扫描时间很短，有的甚至在毫秒级，重建精度更高，在大型电影的制作应用中已经相当普及。

动态光场重建建模技术，包括人体动态三维建模和光场成像两个部分，除了可以重建人物几何模型，还可以获取人物的动态数据、服饰材质、纹理等信息，方便实时渲染真实的动态表演者模型。人体动态三维建模主要通过摄像机阵列采集动态数据，重建几何外形、纹理、材质、运动信息等。光场成像中的光场可以存储空间中光线的方向和角度，并产出场景中人物表面的反射和阴影，为人体三维重建提供了更丰富的图像数据信息。相比静态扫描建模技术，动态光场重建技术不仅可以重建人物模型，还能获取动态人物模型数据，重现不同视角下人物的光影效果。动态光场重建技术可忽略材质，直接采集现实世界的光线，再实时渲染出真实的动态人物模型。

二、驱动技术

虚拟数字人的驱动技术主要包括真人驱动与算法驱动，用来完成虚拟人的面部动作与肢体动作的生成。

（一）真人驱动

目前虚拟数字人动作生成的主要方式是将捕捉采集的动作迁移至虚拟数字人，其关键技术便是动作捕捉。动作捕捉技术主要分为光学动作捕捉、惯性动作捕捉和基于计算机视觉的视觉动作捕捉等。

光学动作捕捉通过对目标上特定光点的跟踪实现对动作的捕捉。最常用的是基于 marker（马克点）的光学动作捕捉。在捕捉过程中，不同位置的标记点会产生不同的发射光线，通过安装在不同位置多个摄像机来获取这些光学数据信息。通过软件处理数据信息，计算标记点在三维空间中的位置。据标记点与人体的位置关系来确定人体的运动姿势和状态，从而生成驱动数字人运动的数据。目前的光学动作捕捉技术的帧率可以达到 90～120 帧/s，实现毫米级的精度。这种技术能够高度还原真实动作，使数字人的表情和姿态栩栩如生且惟妙惟肖。这种方式能够实现高精度的动作捕捉，但对环境要求较高且造价高昂。光学动作捕捉过程也较为烦琐，需要专业技术人员的支持来完成设备的调试和校准等工作。

惯性运动捕捉是基于 IMU（惯性测量单元）来完成目标运动捕捉的。其基本逻辑是将固定在目标骨骼节点上的加速度计、陀螺仪、磁力计 IMU 集成在一起，然后计算测量值，最终完成运动捕捉。这种方法的价格相对较低，但动作捕捉的精度较低，随着连续使用时间的延长，会产生累积误差。光学运动捕捉过程也较为烦琐，需要专业技术人员的支持才能完成设备的调试和校准等工作。

惯性动作捕捉采用反向运动学原理，通过测量关节位置来捕捉动作，具有灵活性和便携性,适用于虚拟现实、游戏开发和人体运动分析等领域。常见设备包括动作捕捉手套、腰带和捕捉服,这些设备整合了陀螺仪、加速度计和磁力计,通过这些传感器测量身体的加速度和角速度,再用算法实时解算主要骨骼部位的运动并将其应用到数字人骨骼上。相比传统的光学动作捕捉系统,惯性动作捕捉不依赖摄像机或红外线传感器,适用于各种环境,还可用于移动设备或穿戴设备,对快速和高频动作的捕捉效果较好。其局限在于精确度不如光学系统,且无法直接获取骨骼结构信息。

视觉捕捉技术通过采集和计算深度信息来捕捉动作,是近年来兴起的一种技术。由于简单、易用、低价和约束性小,常应用于消费级市场。代表性产品有捕捉身体动作的凯纳科特(Kinect)体感器和捕捉手势的厉动(Leap Motion)。2017 年,苹果公司推出了 AR 开发平台工具增强现实包(ARKit),可连接手机或平板电脑,通过手机自带的深度摄像头完成基础动作和面部捕捉。越来越多的开发者参与视觉捕捉技术的研究,例如使用开源计算机视觉库(OpenCV)图像捕捉结合介质管道(Mediapipe)库来实现人体动作检测与识别,支持人脸检测、人像分离、手势跟踪和物体颜色识别等功能。尽管检测精度有待提高,这类技术已大大降低使用门槛,未来有望成为数字人创作者的首选。

(二)算法驱动

算法驱动不仅包括面部和肢体动作的驱动,还包括口型的驱动。首先,通过样本数据构建动画空间,表达模型的各种动画状态,从而生成各种姿势和表情,这在深度学习等人工智能算法训练阶段完成。动画空间可基于 2D 图像序列或视频数据,也可基于 3D 网格模型数据。在使用时,根据输入信息,在动画空间中生成匹配的动作姿势或表情。2D 动画空间算法驱动主要通过像素融合产生动画,3D 动画空间算法驱动则通过模型的融合形变变形器(BlendShape)形态键插值实现。输入信息可以是文本、语音或视频图像,例如:① AI 自动生成文本或语音,数字人通过算法产生与文本或语音匹配的嘴型、表情、肢体动作;②用户输入文本或语音,AI 自动生成匹配的嘴型或表情;③输入音乐,AI 自动生成相匹配的舞蹈动作或歌曲演唱。人工智能驱动的虚拟数字人效果受到语音识别(ASR)、自然语言处理(NLP)、语音合成(TTS)和语音驱动面部动画(ADFA)等技术的影响。人工智能生成的数字人内容在人工智能生成技术的帮助下,能够满足人们对多样性和个性化的需求。由 AI 驱动的数字人正逐渐取代人类在角色扮演方面的地位,成为未来的主流趋势。尽管大部分模拟已经能够实现,但受限于当前技术和制作成本,表情或动作的真实度、灵活度和精确度仍有很大提升空间。

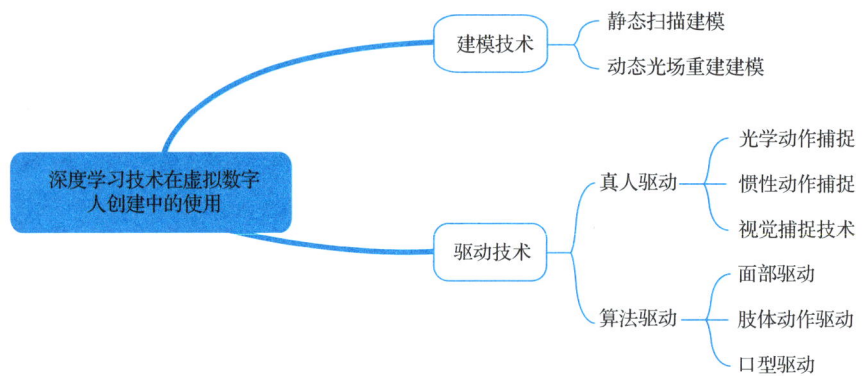

图5-2 深度学习技术在虚拟数字人创建中的使用图示

本章小结

本章系统探讨人工智能与数字展示的融合应用。第一节解析3D技术、增强现实（AR）、虚拟现实（VR）的技术特性及差异，并引入混合现实（MR）技术概念；第二节围绕虚拟展厅，阐述其概念内涵、存在必要性、核心特点、应用场景及虚拟会展形态；第三节聚焦虚拟数字人，梳理其概念特征、内涵变迁、发展历程及产业生态体系；第四节阐释深度学习技术在虚拟数字人创建中的具体应用，包括建模技术与驱动技术。本章从多维度呈现人工智能在数字展示领域的技术架构与实践方向。

课内实训

1. 谈谈你认为的数字技术对会展业的影响。
2. 介绍你知道的关于虚拟展厅的案例。

思考题

1. 3D技术、VR技术、AR技术有何区别？
2. 什么是虚拟展厅？
3. 虚拟展厅有什么应用领域？
4. 请简述虚拟人物的发展过程。
5. 如何将深度学习运用于虚拟人物的构建中？

第六章 新技术与会展数字内容管理

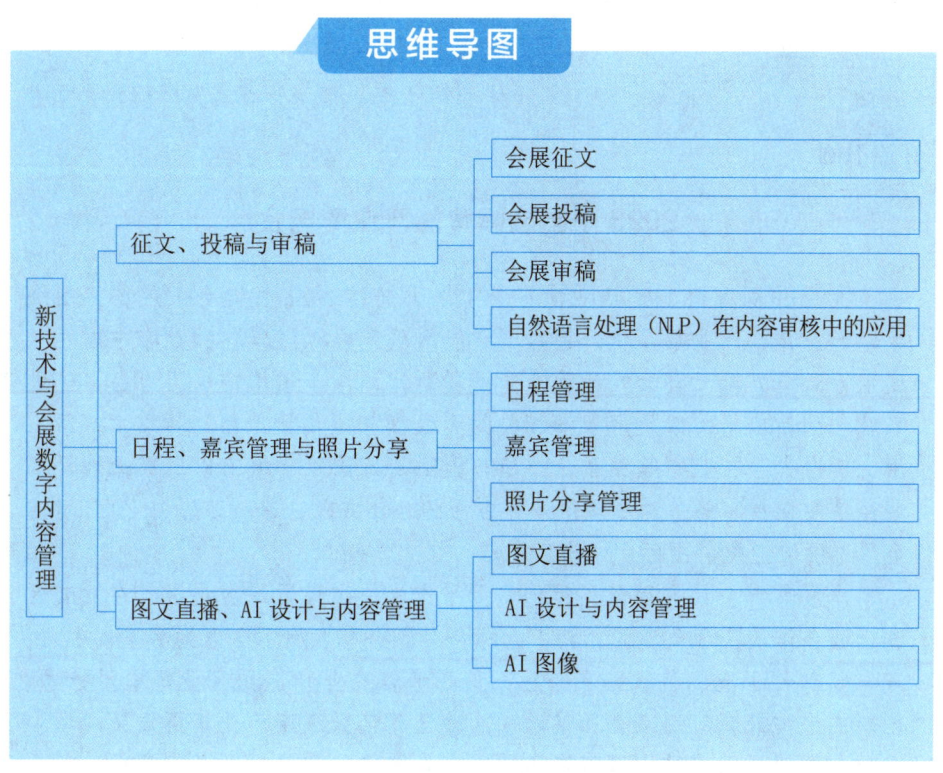

 **学习目标**

【知识学习目标】

通过本章的学习，掌握会展文案的内容管理，掌握会展过程文字与图片的管理，熟悉 AI 和直播的内容管理。

【能力培养目标】

理解图文内容在会展活动过程中的重要作用，了解直播设计原则。

【职业素养目标】

1. 具备创新意识，能够将新技术应用于会展内容管理，提升用户体验和参与度。

2. 具备良好的沟通能力，能够与技术团队、内容创作者和客户有效协作。

3. 能够确保数字内容管理流程的顺畅。持续关注行业动态，探索新技术在会展中的应用场景。

开篇引例

2023 中国国际智能产业博览会

2023 中国国际智能产业博览会（以下简称 2023 智博会）展览将围绕数字产业化、产业数字化，聚焦"智能网联新能源汽车"和数字中国等年度主旨，全方位、全景式展示智能网联新能源汽车领域的前沿产品、先进系统和创新应用，以及产业链相关的大数据智能化新产品、新技术、新应用、新模式、新业态等成果，凸显与国际友好国家和城市以及成渝地区双城经济圈在数字经济和智能产业等方面的合作成效，进一步增强 2023 智博会展览的专业化、国际化、市场化。

本届智博会展览面积预计约 8 万平方米，拟设置综合展区、专业展区和区域合作展区 3 个展区。其中，综合展区将重点展示全球知名整车企业、汽车零部件企业、科技跨界企业、信息通信企业和能源企业等前沿技术、创新成果和最新应用，全面展示成渝地区万亿级汽车产业集群发展规划和成效。专业展区将重点围绕汽车软件、新能源、智能网联三大方向，融合展示汽车软件、动力电池、电驱、热管理、电转向、电制动、智能座舱、智能驾驶、智能车控、车路网联、智能终端、智能装备、新能源和新材料等领域的前沿技术、产品和解决方案。区域合作展区将重点展示国际友好国家和城市、兄弟省市、成渝地区双城经济圈、重庆市级各开放平台在大数据智能化领域的发展成果。

智博会通过专业的会展管理系统，实现了对展会日程的精细化管理。系统清晰地展示了每日的活动安排，包括主题演讲、展览开放时间、论坛讨论等各个环节。参展商和观众可以通过手机APP或官方网站随时查看最新日程，确保不错过任何精彩环节。此外，系统还提供了日程提醒功能，帮助用户合理安排时间，提高参展效率。

智博会邀请了众多行业领袖和专家作为嘉宾，他们的参与为展会增添了更多权威性和吸引力。嘉宾管理系统负责嘉宾的邀请、确认、接待以及后续的联系工作。通过系统，主办方可以方便地查看嘉宾的行程安排和兴趣偏好，为他们提供个性化的接待服务。同时，系统还确保了嘉宾信息的准确性和保密性，提高了嘉宾管理的效率和质量。

在智博会期间，主办方设置了专门的摄影团队，记录下了展会的精彩瞬间。通过照片分享功能，这些照片被实时上传至云端，并同步到官方网站和手机APP上。参展商和观众可以随时浏览和下载这些照片，分享到社交媒体上，扩大展会的传播范围和影响力。这种互动式的照片分享方式，不仅增强了观众的参与感，也为展会留下了宝贵的记忆。

为了方便无法到现场的观众实时了解展会动态，智博会采用了图文直播的方式，通过专业的直播团队和设备，将现场的演讲、论坛讨论、产品展示等环节实时传输到网络上。观众可以通过官方网站或直播平台观看直播内容，并在直播间内与其他观众进行互动和交流。这种图文直播的方式，打破了时间和空间的限制，让更多的人能够参与智博会。

在智博会的展览设计方面，AI技术发挥了重要作用。通过AI设计工具，设计师可以快速地生成多种设计方案，并根据参展商的需求和喜好进行优化和调整。这些工具不仅提高了设计效率，还带来了更多的创意和可能性。同时，AI技术还用于展会的虚拟现实展示中，为观众提供了更加沉浸式的参观体验。

智博会的内容管理涵盖了展会期间的所有信息发布和更新工作。通过专业的内容管理系统，主办方可以方便地发布新闻稿、活动通知、嘉宾介绍等信息，并实时更新展会动态。同时，系统还提供了内容审核和编辑功能，确保发布的信息准确无误、符合展会形象。此外，系统还支持多平台发布，将信息同步到官方网站、社交媒体等多个渠道，提高了信息的传播效率和覆盖范围。

资料来源：中国国际智能产业博览会官方网站。

第一节　征文、投稿与审稿

在会展数字内容管理的背景下，征文、投稿与审稿三个部分都受益于新技术的应用，从而实现了更高效、精准和便捷的管理。

一、会展征文

会展征文是会展数字内容管理的起始阶段，其核心在于明确征文的主题、目的和要求，并广泛吸引相关领域的作者参与。同时新技术运用在会展数字内容管理方面，主要展现在主题智能推荐、作者挖掘与邀请和互动与反馈三部分，通过大数据和人工智能技术，系统可以分析过去的征文数据，为组织者提供热门或具有潜力的主题推荐，帮助确定更有吸引力的征文方向。利用社交媒体和网络爬虫技术，系统可以自动挖掘与征文主题相关的潜在作者，并通过智能推荐或自动发送邀请邮件，扩大征文的参与范围。最后通过在线平台或移动应用，组织者与潜在作者可以进行实时互动，解答疑问，收集反馈，确保征文要求明确且易于理解。

二、会展投稿

会展投稿是作者将完成的会展内容稿件提交给会展组织者的过程。新技术的引入使得会展投稿的在线投稿系统、实时进度跟踪和自动化审核辅助更加便捷和高效。作者可以通过在线平台或移动应用轻松提交稿件，系统支持多种文件格式，并自动进行格式检查和初步的内容筛选。投稿系统可以提供实时的稿件处理进度，作者可以随时查看自己的稿件是否已被接收、正在审核还是已被录用，增加了透明度和互动性。系统可以利用自然语言处理和机器学习技术，对稿件进行初步的内容分析和质量评估，为审稿人提供参考。

审稿的首要任务是审读和评估稿件的内容，决定其是否适合在会展中展示或发布。这包括对稿件的主题、观点、数据、逻辑等方面的全面审查，以确保其符合会展的主题、目的和宗旨。通过审稿，可以筛选出与会展主题紧密相关、内容准确、观点鲜明的稿件，为会展交流提供高质量的信息资源。审稿过程中，审稿人会针对稿件中存在的问题和不足提出修改意见和建议。这些意见和建议旨在帮助作者完善稿件，提高其准确性和可读性。通过审稿的修改和完善，可以使稿件更加符合会展的要求和标准，从而优化会展的内容和质量。

审稿还是发现和培养创作人才的重要途径。在审稿过程中，审稿人会关注稿件作者的写作风格和水平，对于那些具有潜力和才华的作者，可以给予更多的关注和支持。这有助于激发作者的创作热情，提高他们的写作水平，并为会展交流提供更多优秀的稿件和作者资源。

会展作为信息交流的重要平台，需要确保所展示的稿件内容规范、专业。审稿通过对稿件的严格审查，可以确保其内容符合会展的规范性和专业性要求，避免出现误导或错误信息，保障会展交流的准确性和权威性。

三、会展审稿

会展审稿是确保会展稿件质量的关键环节，新技术的引入使得审稿过程更加客观、公正和高效，为会展稿件提供各类盲审系统、自动化审稿辅助以及审稿人匹配系统。会展审稿通过采用盲审系统，确保审稿人无法看到作者的姓名和背景信息，从而减少偏见和主观性。利用自然语言处理和深度学习技术，系统可以对稿件进行深度分析和质量评估，为审稿人提供详细的审稿报告和建议。系统可以根据稿件的主题和质量，自动匹配最合适的审稿人，提高审稿的准确性和效率。此外，新技术还可以应用于审稿后的稿件修改、作者反馈和最终录用等环节，形成一个完整的数字内容管理闭环。

四、自然语言处理（NLP）在内容审核中的应用

（一）自然语言处理（NLP）的含义

自然语言处理（Natural Language Processing，NLP）是人工智能和语言学领域的交叉学科，旨在研究能实现人与计算机之间用自然语言进行有效通信的各种理论和方法。NLP 的主要任务包括文本和语音的处理，涉及对文本和语音的识别、理解、生成和转换等。具体来说，NLP 研究能实现人与机器之间用自然语言进行有效通信的各种理论和方法，包括自动翻译、语音识别、情感分析、文本摘要、观点提取、文本分类、问题回答、文本语义对比、语音识别、中文 OCR 等领域。

NLP 的具体应用十分广泛。在智能客服领域，NLP 技术可以自动解析用户的问题，提供准确的回答；在机器翻译领域，NLP 可以实现不同语言之间的自动翻译；在信息检索领域，NLP 可以帮助用户更准确地找到所需信息；在社交媒体分析领域，NLP 可以分析用户的情感倾向和观点；在文学创作领域，NLP 可以辅助作家进行文本创作和修改等。

（二）自然语言处理（NLP）在内容审核中的应用内容

NLP在本文预处理技术中通常运用于社交媒体的场景，对大量社交媒体帖子、评论进行预处理，去除无关符号、链接、表情等，为后续的情感分析或主题分类做准备进行内容分析。对新闻文章进行预处理，提取关键信息，用于生成简洁明了的摘要，并对学术论文进行预处理，包括分词、词性标注等，以便于后续的文献综述或主题建模。其通常运用的目的为去除文本中的噪声，如HTML标签、特殊字符、重复词等；结构化文本：将文本转换为更易于处理的格式，如分词、词性标注等；提取特征：为后续的文本分析任务提取有意义的特征。

NLP在本文预处理技术中的优势是通过清洗和整理，提高后续文本分析任务的准确性来提高文本质量，通过自动处理大量文本数据，减轻人工负担，提升自动化程度。同时，它又面临着不同语言的文本预处理方法和工具存在差异的语言多样挑战与不同领域的文本预处理需求不同，需要定制化地解决方案的困难。纵观NLP技术未来发展前景广阔，它能够进行多语言处理，并能够开发出处理多种语言的文本预处理工具；研究能够自动适应不同领域需求的文本预处理方法，适应本领域。

NLP在会展活动征文、审稿等过程中，主要任务有以下六个方面。

1. 文本预处理技术

自然语言处理（NLP）在文本预处理技术中的应用是广泛且深入的。文本预处理是NLP任务中的关键步骤，其目的在于清洗和整理原始文本数据，为后续的文本分析、情感分析、信息抽取等任务提供高质量的输入。

2. 文本相似度检测

了解并学习如何使用NLP算法计算征文之间的相似度。这有助于识别重复或高度相似的稿件，避免内容重复或抄袭。

3. 情感分析技术

学习如何分析征文中的情感倾向，判断作者的态度和观点。这对于评估征文的质量和主题是否符合会展活动的要求至关重要。

4. 主题分类与识别

掌握如何对征文进行主题分类和识别。通过训练模型，使其能够自动将征文归类到相应的主题或类别中，有助于筛选符合会展活动主题的稿件。

5. 关键词提取与语义分析

学习如何从征文中提取关键词和关键短语，分析文本的语义信息。这有助于深入了解征文的内容和要点，从而更准确地评估稿件的质量和价值。

6. 模型优化与调整

了解如何根据实际应用场景调整和优化 NLP 模型。这包括选择合适的算法、调整模型参数、处理过拟合和欠拟合等问题，以提高内容审核的准确性和效率。

第二节　日程、嘉宾管理与照片分享

一、日程管理

新技术运用在日程管理上使得会展的日程安排更为便捷和高效。利用先进的日程规划系统，可以自动化安排各类会议、研讨会和展示活动的时间线，确保每个环节紧密衔接，避免出现时间冲突。同时，自动提醒功能让每位参与者都能及时了解会议动态，无论是筹备阶段的任务分配，还是举办期间的日程变更，都能够迅速传达给相关人员，极大地减少了因信息滞后或遗忘导致的延误和现场混乱。

拓展阅读

数字经济展览的日程、嘉宾管理与照片分享

（一）会展日程的制定

会展日程的制定是关键环节。在确定举办会展活动后，会展部负责人需要负责制定会展日程。这个日程应包含会展活动的起止时间、具体安排以及负责人等信息，并且应提前至少一个月确定，以便在公司内部进行通知。这样的日程安排有助于所有参与者明确活动的具体内容和时间安排，从而做好相应的准备工作。

新技术运用到会展日程的制定上有以下应用：

1. 人工智能（AI）的应用

AI 技术可以通过分析历史数据、参会者偏好以及会展主题等因素，智能地推荐和优化会展日程。AI 还可以自动化处理烦琐的日程安排任务，如自动发送会议通知、自动调整会议时间等，从而提高工作效率。此外，AI 还可以提供智能决策支持，帮助策划者更好地规划和管理会展日程。

2. 虚拟现实（VR）和增强现实（AR）技术的应用

VR 和 AR 技术可以为会展日程的制定提供更为直观和沉浸式的体验。例如，通过 VR 技术，策划者可以在虚拟环境中模拟会展场景，从而更好地规划和调整日程安排。AR 技术则可以将虚拟元素与现实世界相结合，为参会者提供更为丰富的信息展示和交互体验。

3．云会展技术的应用

云会展技术可以打破时空限制，让更多人参与会展日程的制定和讨论。通过云会展平台，策划者可以实时更新和发布日程安排，与参会者进行在线沟通和协作，确保日程的准确性和合理性。

云会展技术提供了更加灵活和高效的日程管理工具。传统的会展日程制定往往依赖于人工操作和纸质文件，而云会展技术则通过数字化手段，使得日程的制定、修改和发布变得更加便捷。主办方可以利用云会展平台上的工具，轻松创建、调整和管理会展日程，大大提高了工作效率。同时，云会展技术使得会展日程的制定更加精确和合理。通过收集和分析参展商和观众的需求，主办方可以更加准确地制定会展日程，确保各个活动之间有足够的时间间隔，避免时间冲突。同时，云会展技术还可以提供实时反馈功能，让主办方能够及时了解参展商和观众的反馈意见，并根据实际情况灵活调整日程。

云会展技术还为会展日程的宣传和推广提供了新的渠道。主办方可以利用云会展平台上的社交媒体、邮件营销等多种方式，宣传活动日程，吸引更多目标受众的关注。这种数字化的宣传方式不仅提高了宣传效率，还降低了宣传成本。云会展技术还提供了数据分析功能，帮助主办方对会展日程进行效果评估和调整。通过收集和分析参展商和观众的参与数据，主办方可以了解哪些活动受欢迎，哪些活动需要改进，从而为未来的会展日程制定提供参考依据。因此，云会展技术在会展日程的制定中发挥着重要作用，它提供了更加灵活、高效、精确和合理的日程管理工具，为会展的成功举办提供了有力保障。

4．大数据分析的应用

大数据技术可以对会展日程的相关数据进行收集、分析和挖掘，从而发现潜在的问题和优化空间。例如，通过分析参会者的行为数据，可以了解他们的兴趣和需求，进而调整日程安排以满足他们的期望。

大数据分析能够帮助会展组织者更准确地预测参展商和观众的行为和需求。通过对历史数据的挖掘和分析，可以了解参展商和观众在以往展会中的活跃时间、关注热点以及行为偏好等信息。这些信息有助于组织者在制定会展日程时，合理安排展览时间、设置热门展位以及设计互动环节，最大限度地满足参展商和观众的需求。同时，在优化会展日程的决策过程中发挥着重要作用。通过对参展商和观众的实时数据进行监控和分析，组织者可以及时了解展会期间的客流量、展位利用率以及活动参与度等关键指标。这些数据为组织者提供了宝贵的反馈，使其能够根据实际情况调整会展日程，如增加热门展位的开放时间、调整活动的时间安排等，以提高会展的整体效果。大数据分析还能够助力会展组织者实现精准营销。通过对参展商和观众的行为和偏好进行深入分析，组织者可以制定更有针对性的营销策略，如发送个性化的宣传邮件、推送定制化的展会信息等。这些精准营销活动不仅能够提升参展商的曝光率和品牌知名度，还能够吸引更多潜在观众参与展会，为会展的成功举办奠定坚实基础。

基于大数据分析的应用可以明显感觉到大数据分析在会展日程制定中的应用具有显著优势。它不仅能够帮助组织者更准确地预测参展商和观众的行为和需求，优化会展日程的决策过程，还能够实现精准营销，提升会展的整体效果。因此，会展组织者应充分利用大数据分析的优势，将其应用于会展日程的制定中，以推动会展行业的持续发展和创新。

(二)会展日程的执行

会展日程的执行也是会展日程管理的重要一环。会展日程的执行必须严格按照安排进行，不得随意变更或延误。如需变更，必须经过公司会展部的批准，并通知所有相关部门，重新安排工作。在执行过程中，各相关部门需要密切配合，确保活动的顺利进行。

自动化安排与提醒功能。通过先进的日程规划系统，新技术能够自动化安排各类会议、研讨会和展示活动的时间线，确保每个环节紧密衔接，避免时间冲突。同时，自动提醒功能可以确保每位参与者都能及时了解会议动态，无论是筹备阶段的任务分配，还是举办期间的日程变更，都能够迅速传达给相关人员，极大地减少了因信息滞后或遗忘导致的延误和现场混乱。

实时资源监控与调度。新技术能够集中整合并实时监控会议室、展览场地、音响设备等各种重要资源的使用状态，实现高效调度与合理分配。这不仅避免了资源的闲置和浪费，也确保了各参展商及活动团队能够得到充分且及时的支持，从而提高整体运营效率。

数据分析与决策支持。新技术可以全面收集关于参会人数、活动热度、反馈评价等一系列数据，并生成深度报告供主办方参考。通过这些数据，主办方可以更加深入地了解活动效果、产品定位以及销售情况等，从而做出更加明智的决策，调整活动策略。

互动与参与度的提升。通过虚拟现实(VR)和增强现实(AR)技术，新技术可以为参展者和观众提供身临其境的浏览体验，增加互动和参与度。这种沉浸式体验不仅让参观者更加深入地了解展品，也为企业提供了展示产品和服务的创新方式。

基于以上会议日程执行的多方面应用，可以看出会议日程执行在日程管理中有助于提高会展效率，会展日程为参展商和观众提供了明确的时间表，帮助他们更好地规划行程。参展商可以根据日程安排调整展品展示、产品发布等活动的时间，确保在最佳时段吸引观众。观众则可以根据日程提前了解感兴趣的讲座、论坛等活动，避免错过重要信息。会展日程的执行还有助于组织者合理分配资源。根据日程安排，组织者可以预先规划展馆布局、人员配置、物流运输等，确保会展期间的各项工作有序进行。这不仅可以减少资源浪费，还能提高会展的整体运营效率。同时，会议日程执行明确的会展日程有助于提升参展商和观众的参展体验。参展商可以更加专注于展示产品和交流信息，而观众则可以在有限的时间内获取更多的行业资讯和产品信息。这种高效的交流方式有助于促进商业合作，推动行业发展。那么一个精心策划并严格执行的会展日程，能够提升会展的品牌形象。通过合理安排活动内容和时间，确保会展的顺利进行，可以吸引更多的参展商和观众，增强会展的知名度和影响力。

在未来，随着科技的进步和互联网的普及，数字化和虚拟会展将成为未来会展行业的重要趋势。虚拟会展可以打破地域限制，降低参展成本，提高参展效率。未来，越来越多的会展将采用混合模式，结合线上和线下的优势，为参展商和观众提供更加丰富和多样化的参展体验。同时绿色会展势不可当，环保和可持续发展已成为全球关注的焦点，会展行业也不例外。未来，绿色会展将成为主流趋势。会展主办方将更加注重环保措施，如减少一次性用品的使用、推广可再生能源、优化废弃物管理等，以减少对环境的影响，提升品牌形象。

随着消费者需求的多样化和个性化，会展行业将更加注重提供定制化服务。未来，会展平台将利用大数据和人工智能技术，深入分析参展商和观众的需求，提供个性化的会展方案和服务。例如，通过智能推荐系统为观众推荐感兴趣的展位和活动，提高参展体验和满意度。会展行业将进一步向垂直化和专业化发展。未来，行业细分会展将越来越多，覆盖从科技、医疗、环保、能源到文化创意等各个领域。这些专业会展将吸引更多的行业专家和专业观众，促进行业内的深度交流和合作，推动行业技术创新和发展。

（三）会展日程时间的高效利用

会展日程管理还需要注意时间的高效利用。会展日程管理制度的目标之一就是高效利用时间，使会展活动能够顺利进行，并为客户提供优质的服务。因此，在会展日程的制订和执行过程中，都需要充分考虑时间的合理利用，避免浪费和延误。

自动化日程安排与智能提醒功能的应用。通过先进的日程规划系统，新技术可以自动化地安排各类会议、研讨会和展示活动的时间线，确保各个环节紧密衔接，避免时间冲突。同时，智能提醒功能能够确保每位参与者都能及时了解会议动态，无论是筹备阶段的任务分配，还是举办期间的日程变更，都能够迅速传达给相关人员，极大地减少了因信息滞后或遗忘导致的延误和现场混乱。

实时资源监控与高效调度功能的应用。新技术能够集中整合并实时监控会议室、展览场地、音响设备等各种重要资源的使用状态，实现高效调度与合理分配。这不仅避免了资源的闲置和浪费，也确保了各参展商及活动团队能够得到充分且及时的支持，从而提高整体运营效率。

数据分析与决策支持功能的应用。新技术可以对会展日程的执行过程进行实时数据收集和分析，为组织者提供有关参会人数、活动热度、反馈评价等方面的深度报告。通过这些数据，组织者可以更加精准地了解活动效果，发现潜在的改进点，从而做出更加明智的决策，优化会展日程，提高时间利用效率。

虚拟现实（VR）和增强现实（AR）技术的应用也为会展日程时间的高效利用提供了可能。通过这些技术，企业可以在展会上建立虚拟现实展馆，让参观者身临其境地浏览企业的产品，从而提高参观效率，节省时间。

会展日程时间是会展活动的骨架，决定了会展的流程和节奏。高效利用会展日程时间在会展日程管理中具有极其重要的意义，它不仅能提升会展的整体效率，还能为参展商和观众带来更好的体验。

高效利用会展日程时间可以确保会展的顺利进行。会展通常涉及多个环节，如技术展示、论坛讨论、商务洽谈等，这些环节需要有序地衔接和配合。通过合理安排日程时间，可以避免时间冲突，确保各项活动能够按计划进行，从而提高会展的组织效率。高效利用会展日程时间有助于充分利用会展资源。会展资源包括场地、设备、嘉宾等，这些资源是有限的。通过合理安排日程时间，可以确保这些资源得到充分利用，避免资源浪费。同时，合理的日程安排也可以提高参展商和观众的参与度，使他们能够在有限的时间内获得更多有价值的信息和体验。高效利用会展日程时间还可以提高会展的应对突发事件的能力。会展期间可能会出现一些突发情况，如设备故障、客户问题等。通过合理安排日程时间，可以为处理这些突发情况留出足够的时间和空间，从而快速解决问题，避免对会展造成不良影响。当然，高效利用会展日程时间还可以提升会展的营销效果。会展日程是会展活动的核心线索,通过合理安排日程时间，可以吸引更多目标受众的关注，提高会展的知名度和影响力。同时，通过定期更新和分享会展日程，可以增加与潜在客户的互动和沟通，提高会展的转化率和营销效果。

二、嘉宾管理

通过信息技术手段，新技术能够在会展嘉宾管理上实现对嘉宾信息的全面记录、整理和分析，以便更好地满足嘉宾的需求和提供个性化服务。此外，还可以利用数据分析工具对嘉宾的参与情况进行统计和分析，为会展的后续改进提供有力支持。

（一）嘉宾信息收集与整理

嘉宾管理的基础，包括收集嘉宾的基本信息，如姓名、职位、联系方式等，以及他们的特殊需求或偏好。对这些信息进行整理，可以便于主办方更好地了解嘉宾，并为他们提供个性化的服务。

首先，利用自动化数据录入系统，嘉宾可以通过在线表单或移动应用快速填写并提交个人信息。这种系统能够实时收集数据，减少人工录入的错误和延误，同时加快信息整理的速度。其次，人工智能和机器学习技术也在嘉宾信息收集与整理中发挥了重要作用。通过训练模型，这些技术能够自动识别并分类嘉宾信息，如根据职位、行业或兴趣进行分组。这不仅提高了信息整理的准确性，还有助于主办方更好地了解嘉宾群体的特征和需求。再次，数据挖掘和分析技术也能够帮助主办方深入挖掘嘉宾信息的价值。通过对嘉宾的历史参与记录、反馈意见等数据进行分析，可以发现潜在的趋势和模式，为未来的会展策划和嘉宾管理提供有力支持。最后，云计算和大数据技术为嘉宾信息的存储和共享提供了便利。通过构建云端数据库，可以实现嘉宾信息的实时更新和共享，确保主办方内部各部门之间能够及时获取和使用这些信息。

（二）接待与陪同

在会展期间，为嘉宾提供专业的接待服务，包括在机场、车站等地的接机、接站服务，以及在会展现场的陪同服务。这可以确保嘉宾在会展期间的顺利参与和舒适体验。

新技术在会展嘉宾接待与陪同上的具体应用体现在多个方面，极大地提升了接待效率与嘉宾体验。AI 智能迎宾系统成为现代接待的一大亮点。该系统能够高效、便捷地识别嘉宾身份，提供个性化的接待服务。通过深度学习和大数据分析，AI 智能迎宾系统可以预测嘉宾的需求，为他们提供定制化的解决方案。例如，根据嘉宾的喜好和行程，系统可以推荐合适的餐饮、住宿和交通方式，让嘉宾感受到贴心的关怀。移动应用程序在会展嘉宾接待中发挥着重要作用。通过移动应用，嘉宾可以方便地查询会展信息、预订服务、与主办方互动等。同时，主办方也可以通过移动应用实时更新会展动态，发布活动通知，实现与嘉宾的即时沟通。

虚拟现实（VR）和增强现实（AR）技术也为会展嘉宾接待带来了全新的体验。嘉宾可以通过 VR 技术参观虚拟展览厅，感受身临其境的展览效果；AR 技术则可以在现实场景中叠加虚拟信息，为嘉宾提供更加丰富、生动的参观体验。智能机器人助手成为会展嘉宾的新伙伴。这些机器人具备语音识别、自然语言处理等功能，可以与嘉宾进行流畅的对话，解答问题，提供导航服务。它们还可以根据嘉宾的需求，自动调整陪同策略，确保嘉宾在会展期间的舒适与便利。

（三）活动参与与互动

新技术为嘉宾安排参与会展的各项活动，如演讲、研讨会、展览等，起到重要作用，促进他们与其他参与者之间的互动和交流。这有助于提升嘉宾的参与感和满意度。

新技术在数字化签到与身份验证方面，传统的嘉宾签到方式往往烦琐且耗时，而新技术如二维码扫描、人脸识别等，使得签到过程更为高效便捷。嘉宾只需通过扫描二维码或进行人脸识别，即可快速完成签到，并同步验证身份，极大地提升了签到的效率和准确性。

在互动展示与参与平台方面，通过搭建互动展示平台，如 AR/VR 技术、触摸屏互动墙等，嘉宾可以更加直观地了解展览内容，并与展品进行互动。例如，在 VR 技术的支持下，嘉宾可以戴上 VR 眼镜，身临其境地体验虚拟展览场景，增强参与感和沉浸感。

在实时互动与交流系统上，借助新的通信技术，如即时通信软件、在线聊天室等，嘉宾可以在会展期间与其他参与者进行实时互动和交流。这种交流不受地域限制，使得嘉宾能够更广泛地分享观点、交流经验，促进信息的传递和思想的碰撞。

新技术还拥有智能推荐与个性化服务，基于大数据和人工智能技术，可以实现对嘉宾的个性化服务。通过分析嘉宾的兴趣、偏好和行为习惯，系统可以智能推荐相关的展览内容、活动安排等，使嘉宾的参与更加符合个人需求。同时，还可以提供定制化的信息推送和提醒服务，确保嘉宾不会错过任何重要信息。

通过社交媒体整合与互动分享，新技术将社交媒体发展成为人们日常生活中不可或缺的一部分。通过将社交媒体与会展活动相结合，嘉宾可以更方便地分享自己在会展中的所见所闻，扩大活动的影响力。此外，通过社交媒体平台，嘉宾还可以与其他参与者建立联系，形成更广泛的社交网络。

图 6-1 社交媒体分享扩大活动影响力

活动参与与互动在活动嘉宾管理中扮演着至关重要的角色，它不仅是活动成功与否的关键要素，也是增强嘉宾体验、提升活动价值的重要途径。活动参与与互动能够加深嘉宾对活动的认知与记忆。当嘉宾被鼓励并积极参与活动，无论是通过问答、小组讨论、角色扮演还是其他互动形式，他们都会更加深入地了解活动的主题、内容和目的。这种深度参与不仅提高了嘉宾的注意力集中度，还促使他们在记忆中留下更深刻的印象，从而增强了对活动的整体满意度和认同感。

活动参与与互动有助于建立和维护嘉宾间的关系网络。在活动中，嘉宾之间的互动往往能激发出新的思想火花，促进彼此之间的了解和信任。这种基于共同兴趣和目标的交流，为嘉宾们提供了一个拓展人脉、建立合作关系的宝贵平台。对于活动主办方而言，这不仅能够提升活动的社交价值，还能为未来的活动积累潜在的合作伙伴和忠实观众。活动参与与互动还能够激发嘉宾的创造力和积极性。当嘉宾在活动中被赋予一定的自主权，能够自由选择参与方式和内容时，他们的积极性和创造力往往能得到极大的激发。这种主动参与不仅丰富了活动的形式和内容，还为活动带来了更多的可能性和惊喜。

活动参与与互动是评估活动效果、优化未来活动设计的重要依据。通过观察嘉宾在活动中的参与度和互动情况，主办方可以直观地了解嘉宾对活动的喜好和期待，从而及时调整活动策略，提升活动质量。这种基于嘉宾反馈的持续优化，是确保活动长期吸引力和竞争力的关键所在。

（四）反馈收集与后续联系

在会展结束后，收集嘉宾对活动的反馈意见，以便主办方了解活动的优缺点，为下一次活动提供改进的依据。同时，保持与嘉宾的后续联系，建立长期的合作关系。新技术在会展嘉宾反馈收集与后续联系上有着广泛且深入的应用，极大地提升了会展管理的效率和效果。

首先，在嘉宾反馈收集方面，新技术如在线问卷和移动应用程序等提供了极大的便利。主办方可以通过在线问卷系统，快速创建并发布反馈问卷，嘉宾只需通过扫描二维码或点击链接即可轻松完成填写。这些系统往往支持多种题型和丰富的互动元素，使得问卷设计更为灵活多样，能够更好地满足收集各类反馈的需求。同时，系统还能自动统计和分析数据，为主办方提供直观、全面的反馈报告，帮助他们快速了解嘉宾对会展的满意度、意见和建议。

此外，移动应用程序也为嘉宾反馈收集提供了新的途径。通过开发专门的会展APP，主办方可以集成问卷功能，让嘉宾在参观或参与活动的过程中随时随地进行反馈。这种即时反馈的方式有助于主办方及时发现并解决问题，提升嘉宾的满意度和体验感。

在后续联系方面，新技术同样发挥着重要作用。利用客户关系管理系统（CRM），主办方可以轻松地存储、管理和查询嘉宾信息，实现精准营销和个性化服务。通过电子邮件、短信、社交媒体等渠道，主办方可以定期向嘉宾发送会展资讯、新品发布、优惠活动等信息，保持与嘉宾的紧密联系。同时，利用数据分析技术，主办方还可以对嘉宾的行为和偏好进行深入挖掘，为他们提供更加精准的产品推荐和服务。

反馈收集与后续联系在活动嘉宾管理中扮演着至关重要的角色，它们不仅影响着单次活动的成功与否，更对长期合作关系的建立与维护起着决定性作用。反馈收集是评估活动质量和嘉宾满意度的关键手段。通过系统地收集嘉宾对活动内容的反馈，如演讲内容的深度、互动环节的参与度、场地设施的使用感受等，活动组织者可以全面了解嘉宾的需求和意见。这些宝贵的反馈是优化活动方案、提升活动质量的重要依据。例如，如果嘉宾普遍反映演讲内容过于深奥，那么下一次活动就可以考虑邀请更贴近实际、易于理解的演讲嘉宾。

反馈收集有助于建立积极的嘉宾关系。当嘉宾感受到他们的意见被重视和采纳时，他们会更加愿意参与未来的活动，并可能成为活动的忠实支持者。这种积极的嘉宾关系对于活动的持续发展和口碑传播至关重要。而后续联系则是巩固嘉宾关系、促进长期合作的重要步骤。在活动结束后，通过发送感谢信、邮件或电话回访等方式，向嘉宾表达感谢和关心，并邀请他们提供进一步的反馈和建议。这种持续的沟通不仅能让嘉宾感受到被尊重和被重视，还能为他们提供再次参与活动的动力。后续联系还为活动组织者提供了与嘉宾建立更深层次联系的机会。通过了解嘉宾的职业背景、兴趣爱好等信息，活动组织者可以更加精准地邀请嘉宾参与未来的活动，甚至为他们量身定制个性化的活动方案。

三、照片分享管理

新技术为会展内容的照片带来了全新的体验。通过应用图片识别和自动分类技术，可以快速将活动照片进行整理和分类，方便参与者查找和分享。同时，利用社交媒体和移动应用等渠道，可以实时将活动照片分享给更多的人，扩大会展的影响力和传播范围。

（一）照片分享管理提升活动体验

在活动进行过程中，照片是记录精彩瞬间、传递活动氛围的重要媒介。通过照片分享管理，活动组织者可以实时收集、整理并分享活动现场的照片，让嘉宾能够即时回顾和分享他们的参与体验。这种即时反馈机制不仅增强了嘉宾的参与感，还提升了活动的整体体验。例如，在会议、展览或庆典等活动中，通过照片直播平台，嘉宾可以即时查看自己或他人的精彩瞬间，这种即时性大大提升了活动的互动性和趣味性。

（二）加强嘉宾间的互动与联系

照片分享管理还能够促进嘉宾间的互动与联系。在共享相册中，嘉宾可以浏览其他嘉宾的照片，点赞、评论或分享到社交媒体上，这种互动不仅丰富了活动内容，还增强了嘉宾之间的社交联系。对于活动组织者而言，这有助于构建更加紧密、活跃的嘉宾网络，为未来的合作和交流打下基础。同时，通过照片分享，嘉宾可以更直观地了解活动的整体氛围和其他嘉宾的参与情况，从而增强对活动的认同感和归属感。

（三）促进信息的有效传播

照片分享管理也是活动信息传播的重要渠道。通过分享活动现场的照片，嘉宾可以将活动的亮点、亮点人物或精彩瞬间传播给更广泛的受众，从而扩大活动的影响力。这种传播方式具有高度的直观性和吸引力，能够吸引更多潜在受众的关注，提升活动的知名度和品牌形象。此外，通过照片分享，嘉宾还可以分享自己的参会心得和感受，为活动组织者提供宝贵的反馈和建议，有助于活动的持续优化和改进。

（四）活动的长期影响力

照片分享管理对于活动的长期影响力同样不可忽视。通过共享相册或照片直播平台，嘉宾可以在活动结束后继续回顾和分享他们的参与经历，这种持续的互动和分享有助于延长活动的生命周期，提升活动的长期影响力。同时，这些照片也成了活动的宝贵资料，可以用于未来的宣传和推广，为活动组织者带来更多的曝光机会和合作机会。

（五）享图共享相册等工具的应用

在现代社会，像享图共享相册这样的工具为照片分享管理提供了极大的便利。享图共享相册支持以项目、事件或人物等方式对照片进行分类整理，方便嘉宾快速找到他们感兴趣的照片。同时，享图还提供了严格的隐私保护功能，确保嘉宾的隐私得到充分尊重。通过享图共享相册，嘉宾可以轻松上传、浏览和分享照片，享受更加便捷、安全的照片分享体验。

微课

会议日程与照片管理的 AI 革新

因此，照片分享管理在活动嘉宾管理中具有广泛的应用和深远的意义。它不仅能够提升活动的整体体验，加强嘉宾间的互动与联系，还能促进信息的有效传播和活动的长期影响力。因此，活动组织者应高度重视照片分享管理，充分利用现代科技手段，为嘉宾提供更加优质、便捷的照片分享体验。

第三节　图文直播、AI 设计与内容管理

一、图文直播

图文直播是一种通过文字和图片结合的方式，实时报道和展示活动、事件或内容的直播形式。它区别于视频直播和语音直播，主要依赖文字和图片来传递信息。

图文直播具有实时性强、互动性好、多媒介融合的特点。图文直播能够实时更新内容，让观众第一时间了解到活动或事件的最新动态；在图文直播中，观众可以通过评论、点赞等方式与直播主互动，增强了直播的参与感和趣味性；图文直播集文字、图片等多种媒介于一身，能够满足不同观众的信息获取需求，同时也丰富了直播的表现形式。

图文直播广泛应用于体育赛事、新闻报道、在线教育、电商直播等领域。例如，在体育赛事中，图文直播可以实时更新比赛进程和结果，让观众随时了解赛况；在新闻报道中，图文直播可以迅速传递现场情况，让观众感受到新闻的真实性。

相比视频直播，图文直播具有一些独特的优势。首先，它对带宽的要求相对较低，更适用于网络环境不佳的情况。其次，图文直播更易于传播和分享，观众可以通过简单的复制粘贴或分享链接来传播信息。最后，图文直播的内容更便于文字搜索和引用，有利于信息的二次传播和利用。

（一）实时报道

图文直播的实时报道主要通过文字描述来实时记录和介绍所涉及的内容，如活动现场的情况、产品特点、赛事进程等。

实时报道主要表现在文字描述上。文字描述主要是对活动或事件进行概述，简要介绍活动或事件的主题、背景、参与人员等基本情况。如在实时报道中详细记录活动或事件的实时进展，包括关键事件、重要时刻、数据变化等。例如，在体育赛事中，可以实时播报比赛进程、比分变化、球员表现等；在新闻发布会上，可以实时记录发言人的讲话内容、重要信息点等，也可以对活动或事件中的精彩瞬间进行解读和分析，帮助观众更好地理解事件的重要性和意义。

（二）图片展示

图片展示通过图片的插入来更直观地展示相关场景、产品、截图等，与文字描述相结合，为观众提供丰富的信息。其中图片能够直观地呈现现场的情况，增强观众的直观感受。以下是图片展示在图文直播中可能包含的主要内容：

1. 活动现场全景

这类图片通常用于展示活动的整体场景，让观众对现场有一个大致的了解。例如，在体育赛事中，可以展示整个比赛场地、观众席等；在会议或展览中，可以展示会场布置、参会人员等。

2. 关键瞬间捕捉

这是图文直播中图片展示的重点之一。通过捕捉活动中的关键瞬间，如进球、颁奖、重要发言等，能够突出活动的精彩部分，吸引观众的注意力。

3. 产品展示

在涉及产品介绍或展示的图文直播中，图片可以清晰地展示产品的外观、细节、功能等。这类图片通常配合文字描述，帮助观众更全面地了解产品。

4. 嘉宾或主讲人介绍

在会议、讲座等活动中，图片可以用于展示嘉宾或主讲人的形象，帮助观众认识他们。这类图片通常包括嘉宾的全身照、半身照或特写等。

5. 互动环节展示

在图文直播中，可能包含一些互动环节，如抽奖、问答等。这时，图片可以展示观众参与互动的场景，如中奖者的喜悦表情、观众提问的现场等。

6. 实时数据或图表

在某些需要展示数据的图文直播中，图片可以呈现实时数据或图表，帮助观众更直观地了解数据的变化和趋势。

（三）互动与讨论

在图文直播中，允许观众对直播内容进行评论和互动，提供点赞、分享等功能，能够增加观众的参与度和黏性。

图文直播作为一种实时的交流形式，其内容可以立即呈现在观众的视野中，无须等待。观众可以实时互动，通过图文直播平台进行评论、点赞、分享等互动行为，与主播进行实时交流。主播在表达直播主题和内容的同时，需要学会看评论，与用户实时在线互动。

在直播中，主播还可以创造直播互动话题。主播不仅限于简单的你问我答形式，还可以创造能引发直播互动的话题。为用户创建一个可以互动的直播场景，使大家在这个场景下，有更多的交流欲望与方向。

在直播中有互动与讨论的功能能够避免冷场，特别对于新人主播或直播间人气较少时，需要避免冷场，通过与观众聊一些话题、分享歌曲、聊家常、做一些小游戏等方式来拉近与观众的距离。还能全面涵盖各种领域和话题，如娱乐、体育、文化、科技等，为观众提供了多样化的观看选择。讨论的内容可以涉及最新的八卦新闻、穿衣服的窍门、电影观感、工作日常等，这些都能引发观众的共鸣和讨论。

许多图文直播平台都具备个性化推荐功能，根据用户的观看历史和兴趣偏好，为用户推荐相关的直播内容。这有助于增强用户的观看体验和互动效果。一些专业的图文直播平台提供了高清画质，使观众能够更加清晰地观看直播内容，从而提高互动和讨论的质量。

（四）技术支持

随着数字化技术的飞速发展，会展活动逐渐从传统的线下模式向线上线下融合的模式转变。图文直播作为会展活动的重要组成部分，其技术应用和意义越发凸显。

技术支持在图文直播中的应用主要表现在实时拍摄与上传、AI 修图与自动化处理、人脸识别与个性化推荐、数据分析与精准营销四个方面。在会展活动中，摄影师通过专业相机或手机拍摄现场照片，并借助高速的网络连接和云计算技术，将照片实时上传至图文直播平台。这样，观众和参展商无须亲临现场，即可通过电脑或手机实时查看活动现场的照片，极大地提高了信息的时效性和传播效率。

传统的图片处理需要耗费大量的人力和时间，而 AI 修图技术的引入则实现了图片的自动化处理。在图文直播中，AI 修图技术可以快速识别并修正图片中的颜色失真、模糊、噪点等问题，使图片质量更加优秀。同时，AI 修图还可以根据预设的参数进行批量处理，极大地提高了工作效率。人脸识别技术在图文直播中的应用，使得观众可以快速找到自己在活动现场的照片，增加了互动性和趣味性。此外，基于人脸识别技术的个性化推荐系统，还可以根据观众的喜好和兴趣，为他们推荐相关的图片和资讯，从而提升用户体验。

通过数据分析技术，图文直播平台可以收集并分析用户的浏览、点赞、评论等数据，为会展活动的精准营销提供有力支持。主办方可以根据数据分析结果，了解观众的喜好和需求，从而调整营销策略，提高营销效果。

通过在图文直播中运用技术支持，可以提升会展活动的传播效果。图文直播通过实时拍摄、上传和分享，将会展活动的精彩瞬间快速传递给观众和参展商，提高了信息的时效性和传播效率。同时，AI 修图、人脸识别等技术的应用，使得图片质量更加优秀，观众体验更加良好，进一步提升了会展活动的传播效果。降低会展活动的成本，传统的会展活动需要耗费大量的人力、物力和财力，而图文直播技术的应用则可以在一定程度上降低这些成本。通过线上展示和互动，观众和参展商无须亲临现场即可了解活动信息，减少了场地租赁、设备购置等费用。同时，AI 修图等自动化处理技术的应用，也降低了图片处理的成本。

图文直播通过线上平台展示活动信息，使得无法亲临现场的观众也能了解活动情况，从而拓展了会展活动的受众范围。同时，基于数据分析的精准营销，还可以帮助主办方吸引更多的潜在客户和合作伙伴，提高会展活动的商业价值。

二、AI 设计与内容管理

内容管理是指一系列的流程和技术，用于创建、组织、存储和交付信息。这些信息可以是文本、图像、音频、视频等多种形式，涵盖了从个人博客到大型企业网站的各种内容，利用 AI 技术来辅助设计这些工作的过程可以提高效率，确保信息在不同渠道和平台上的一致性、准确性，并能够高效地管理和更新。

拓展阅读

AI 设计与内容管理的延伸

（一）用户体验设计

从用户需求的角度出发，设计具有良好可用性的界面，提供简便的操作、灵活的反馈等人性化的体验，提高用户对网站的黏性和互动性。

通过深入了解用户的喜好、偏好和行为模式，为用户提供定制化的服务和建议，提升个性化交互体验。在实际实施过程中利用个性化推荐算法和智能助手帮助用户发现他们感兴趣的内容，根据用户的历史记录和喜好提供个性化建议，进而更好地满足用户的需求，提升用户体验。

深入理解目标用户群体的需求和行为，进行用户需求与行为分析，以设计更符合用户期望的界面和功能。采取营销学中用户画像和用户旅程分析的方法，构建用户画像以分析用户特征和需求，理解用户在使用产品或服务过程中的体验和感受，以设计出更合理、更符合用户习惯的界面和交互方式，提升用户体验。

（二）特定应用需求

在内容管理中，针对不同标准（如电商、新闻、非营利组织网站等）制订不同的应用方案，根据各自标准的要求和特点进行优化和调整，从而更好地适应应用场景。

（三）引入机器学习

内容管理利用机器学习技术自动分析数据、挖掘用户需求，对网站的优化和改善提出建设性意见，包括自动化的识别、分类、推荐和过滤数据等功能，可以提升顾客的满意度。

第一，机器学习算法通过分析用户的行为和偏好，能够为企业或平台提供个性化的内容生成服务。例如，通过分析用户的浏览历史、购买记录等信息，机器学习模型可以预测用户的兴趣点，并据此生成符合用户需求的个性化内容，如推荐文章、商品、视频等。这种个性化的内容生成可以极大提升用户体验和黏性。

第二，AI 能够帮助企业解决内容资产管理分散、凌乱的问题，形成清晰的内容体系。机器学习技术在这里起到了关键作用，通过构建分类模型，实现对海量内容的自动分类和整理。这不仅可以提高内容检索的效率和准确性，还有助于更好地组织和管理内容资产。

第三，机器学习技术可以帮助企业从海量的数据信息中挖掘出有价值的信息，为内容的创作和营销策略提供强有力的支持。例如，通过聚类分析、关联规则挖掘等技术，机器学习可以发现不同内容之间的关联性和潜在价值，为企业提供更精准的营销策略和创作方向。

第四，相对于传统内容创作，机器学习算法可以生成更为稳定和专业的内容。通过自然语言处理、图像识别等技术，机器学习可以对文本、图像等内容进行质量评估和优化，提升内容的质量和阅读体验。同时，机器学习还可以自动检测和纠正内容中的语法错误、拼写错误等问题，提高内容的准确性和可信度。

第五，机器学习技术可以帮助企业实现多渠道的智能分发。通过构建分发模型，机器学习可以预测不同渠道的用户需求和行为模式，并据此制定最优的分发策略。这不仅可以提高内容的曝光率和传播效果，还可以降低分发成本和提高效率。

（四）自动化数据分析技术

作为基于AI的内容管理系统的核心技术之一，自动化的数据分析技术可以将大量数据进行分析和处理，以提取有价值的信息和洞察。

在AI设计（尤其是Adobe Illustrator等矢量图形编辑软件）中，通过分析用户在使用AI设计工具时的行为数据（如点击、拖动、选择等），可以了解用户的使用习惯和需求，从而优化工具的功能和界面设计，提高用户体验。通过对设计作品中的线条、形状、颜色等元素的自动化分析，可以提取出设计风格和特点，为设计师提供灵感和参考。同时，还可以根据分析结果进行智能推荐和辅助设计，提高设计效率和质量。利用自动化数据分析技术，可以对图像进行识别、分类、去噪、增强等处理，提高图像的清晰度和可用性。这对于广告设计、品牌标志设计等领域尤为重要。

在内容管理中，通过自动化数据分析技术，可以对大量的内容进行快速、准确地分类和标签化，便于后续的检索、推荐和分发。这对于提高内容管理效率和用户体验至关重要。通过分析用户对不同内容的浏览、点赞、评论等行为数据，可以了解内容的流行趋势和用户需求，为内容创作者提供创作方向和灵感。利用自动化数据分析技术，可以构建出用户的画像，包括用户的兴趣、偏好、行为等特征。这有助于实现个性化内容推荐和精准营销。在内容管理中，自动化数据分析技术还涉及数据的收集与预处理。通过自动化的方式从各种数据源中获取所需数据，并进行清洗、整合、转换等处理，以提高数据的可用性和分析效率。

三、AI图像

AI图像（Artificial Intelligence in Imaging）的含义是指在图像处理、分析

和生成中运用人工智能（AI）技术的过程或结果。这涵盖了从简单的图像识别到复杂的图像生成和编辑等多个方面。

首先最直观的 AI 图像处理就是图像的识别与分析，AI 能够识别图像中的物体、场景、文本等信息，并对它们进行分类、定位和分析。例如，人脸识别系统可以自动从照片或视频中识别出人脸，并根据人脸特征进行身份验证。然后，AI 图像功能将图像进行增强与修复，达到美化的作用，比如 AI 技术可以用于改善图像的质量，如去噪、增强对比度、锐化等。此外，AI 还可以用于修复图像中的损坏部分或缺失区域，通过学习和理解图像的上下文信息来生成合理的填充内容。最后，AI 图像进一步进行图像生成与创作，利用深度学习等 AI 技术，计算机可以生成全新的图像内容。这包括根据文本描述生成图像（如文本到图像生成），将一种图像风格迁移到另一种图像（如风格迁移），以及通过图像合成和编辑技术创造新的视觉作品。

在运用方面，AI 图像主要运用于医学影像处理。在医疗领域，AI 图像技术被广泛应用于医学影像的分析和诊断，AI 算法可以自动检测病变、分析病理特征，并提供辅助诊断意见，帮助医生更准确地诊断疾病。还有智能视频监控方面，AI 图像技术也被用于智能视频监控系统中，通过识别和分析视频图像中的异常行为或事件，实现自动报警和预警功能。以及图像检索与推荐方面，AI 可以根据图像的内容、风格和特征等信息，在数据库中检索相似的图像，并根据用户的喜好和行为推荐相关的图像内容。

AI 图像可以对图像进行识别、分析、增强、修复、生成、创作等处理，以提高图像处理的效率和准确性，并拓展图像应用的范围和可能性。随着 AI 技术的不断发展，AI 图像将在更多领域得到应用，为人们带来更加便捷、智能和高效的图像处理体验。

 案例分析

2023 世界人工智能大会（WAIC）

——以前沿的思想引领行业创新方向，以卓越的成果激励产业发展动力，以沉浸的体验绘制未来美好蓝图

2023 世界人工智能大会（WAIC 2023）于 2023 年 7 月 6 日至 7 月 8 日在上海举办，本届大会以"智联世界 生成未来"为主题，聚焦通用人工智能发展，共话产业新未来。大会以世博中心为主会场，并在张江、徐汇设

立分会场，同时与闵行、浙江普陀等地联动。大会以"智联世界 生成未来"为主题，聚焦通用人工智能发展，营造良好创新生态，拥抱智能新时代，共话产业新未来，设立一场开幕式，两场主题会议，超过10场主题论坛，超100场行业论坛，话题方向涵盖大模型与生成式人工智能、量子智能、AI类脑智能、智能芯片、AI科学、双碳与新能源等。

除了华为盘古、阿里通义、讯飞星火、百度文心、复旦moss等通用大模型，在垂直行业的大模型应用也纷纷亮相，包括对话模型商汤商量、云知声山海，音乐模型腾讯Xmusic。现场共30多款大模型，充分展示大模型对行业的颠覆性影响。

在本次大会上，主办方运用AI技术进行智能日程管理、自动化提醒和个性化推荐。AI技术通过参会者的日程安排，自动发送会议提醒，确保参会者不会错过重要活动。基于参会者的兴趣和参会历史，AI系统推荐相关的会议、论坛和展览，提高参会效率。

在嘉宾管理上，用AI技术进行嘉宾邀请与确认、嘉宾接待与导览，通过AI系统发送电子邀请函，并实时追踪嘉宾的确认状态，简化嘉宾邀请流程。在展馆内设置AI导览系统，为嘉宾提供个性化的参观路线和实时导览服务。

在数字内容展示与分享，主办方利用AI驱动的内容展示，如商汤科技展台的画作展示，利用AI技术自动生成画作，为观众带来全新的艺术体验。打造智能数据分析与报告，通过收集观众与展品的互动数据，AI系统生成展会效果报告，为展商提供有价值的反馈信息。

利用AI识别与标签、互动体验进行照片分享与社交互动，利用AI技术对拍摄的照片进行识别，自动添加标签和描述，便于观众在社交媒体上分享。观众可以通过AI互动屏幕，与展品进行互动，并将互动结果分享至社交媒体，增加展会的曝光度和参与度。

在2023世界人工智能大会上，AI技术在日程管理、嘉宾管理、数字内容展示与分享以及照片分享与社交互动等方面发挥了重要作用。这些应用不仅提高了展会的管理效率和观众体验，还通过数据分析和反馈机制，为展商提供了宝贵的市场信息和商业机会。同时，这些案例也展示了AI技术在会展数字内容管理领域的广阔应用前景和巨大潜力。

本章小结

1. 新技术的应用使得征文、投稿与审稿三个部分在会展数字内容管理中实现了更高效、精准和便捷的管理。这不仅提高了会展的运营效率，还提升了参与者的体验。随着技术的不断发展，未来会展数字内容管理将会更加智能化、个性化。

2. 新技术在日程、嘉宾管理与照片分享上的应用，不仅提高了工作效率和管理的准确性，还为用户提供了更加便捷和个性化的服务体验。

3. 图文直播注重实时报道、图片展示、互动与讨论以及技术支持等方面。

4. 基于 AI 的设计与内容管理则关注用户体验设计、特定应用需求、引入机器学习和自动化。

课内实训

1. 实训题目：会展数字内容的数据分析与优化。

2. 背景：在会展结束后，对数字内容的效果进行评估和优化是提高会展质量和效率的关键。假设你负责上一题中的虚拟会展平台的数据分析工作。

3. 实训任务：

（1）收集虚拟会展平台在展会期间的用户行为数据，包括但不限于访问量、停留时间、互动参与度等。

（2）利用数据分析工具（如 Excel、Python 等）对数据进行清洗、整理和分析，识别用户行为模式和趋势。

（3）根据数据分析结果，评估虚拟会展平台各板块内容的吸引力和效果，识别存在的问题和改进空间。

（4）提出针对性的优化建议，如改进内容布局、增加互动环节、优化搜索引擎等。

（5）撰写数据分析报告，并附带可视化图表和案例说明。

思考题

1. 描述一项你认为最具潜力的新技术，并解释它如何能够改进会展数字内容管理的效率和体验。给出具体的实施步骤和可能的挑战。

2. 讨论大数据在会展数字内容管理中的应用，并举例说明如何通过数据分析来优化会展策划和运营。

3. 在会展数字内容管理中，如何有效运用人工智能技术（AI）进行内容推荐和个性化服务？新闻采访有哪些具体的特点？

4. 结合当前会展行业的发展趋势，讨论虚拟现实（VR）和增强现实（AR）技术在会展数字内容管理中的应用前景。

5. 讨论物联网（IoT）技术在会展数字内容管理中的应用，并阐述它如何提升会展的智能化水平和运营效率。

第七章 新技术与数字交易

思维导图

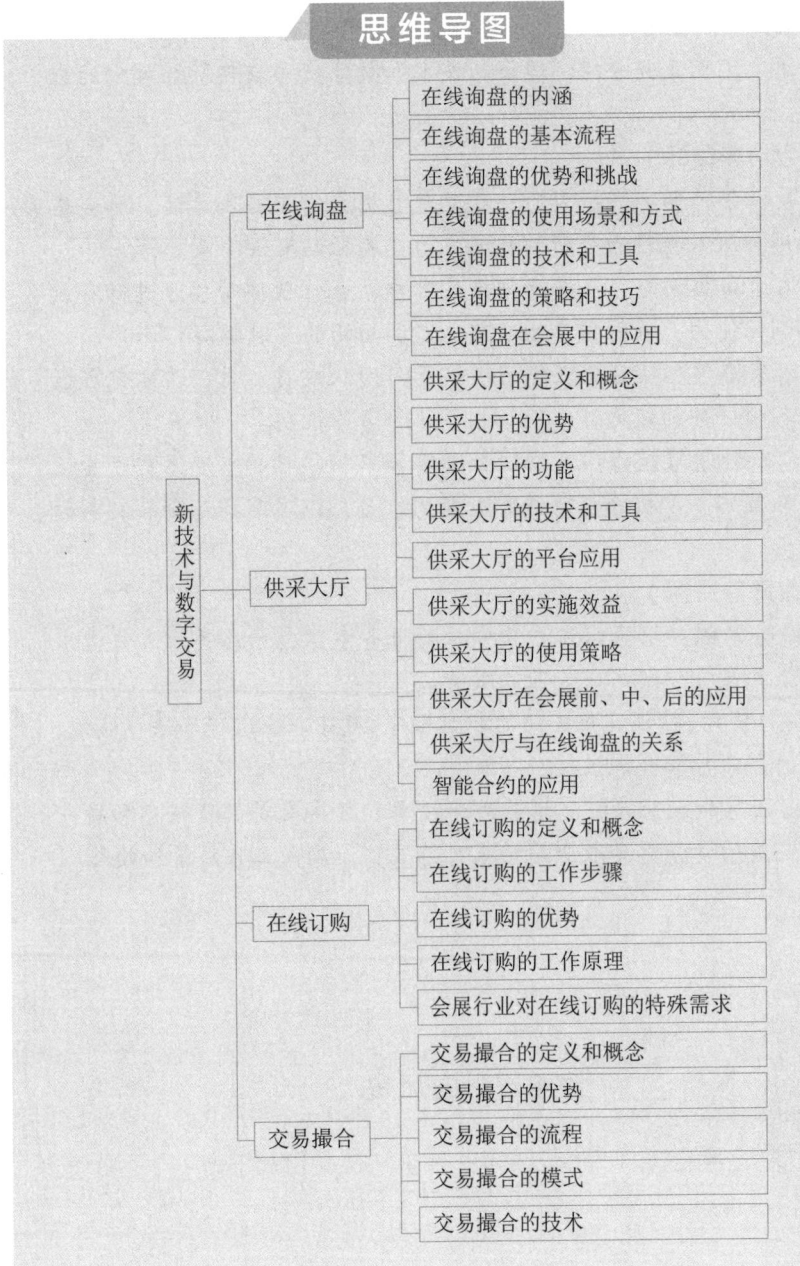

 **学习目标**

【知识学习目标】

1. 理解新技术在会展经济与管理中的作用，特别是在线交易和数字交易。

2. 掌握在线询盘、供采大厅、在线订购和交易撮合的基本概念和应用场景。

3. 探讨智能合约在在线交易中的应用，理解其运作机制和潜在优势。

4. 通过实际案例分析，理解新技术和数字交易在实际会展中的应用效果。

【能力培养目标】

1. 数据分析和决策能力：培养运用数据分析工具和方法，对会展交易数据进行深入挖掘和分析的能力，为会展活动提供决策支持。

2. 沟通和协调能力：提升与会展客户、合作伙伴等各方进行有效沟通和协调的能力，确保信息的准确传递和问题的及时解决。

3. 团队协作和项目管理能力：培养与团队成员协作，共同完成数字交易的各项任务的能力，掌握智能合约的运作机制。

4. 创新和学习能力：鼓励创新思维和不断学习的态度，勇于尝试新的方法和策略，积极寻求改进和创新的机会，以不断提升会展交易的效果和质量。

【职业素养目标】

1. 服务意识：培养以客户为中心的服务意识，始终关注客户需求和满意度，积极提供优质、专业的服务。

2. 诚信守约：强调诚信守约的职业操守，遵守职业道德和法律法规，确保行为的合法性和合规性。

3. 责任感和敬业精神：培养对新技术和数字交易的责任感和敬业精神，以高度的责任感和敬业精神来对待工作，确保工作质量和效果。

开篇引例

阿里巴巴国际站

阿里巴巴国际站（Alibaba.com）是阿里巴巴集团旗下的一个全球贸易

平台，旨在连接全球买家和供应商，并促进国际贸易。它是目前世界上最大的B2B（企业对企业）在线交易市场之一。

阿里巴巴国际站提供了广泛的产品类别，包括工业设备、电子元器件、服装、家居用品、汽车配件、化妆品、食品等。买家可以在平台上浏览和搜索来自世界各地的供应商和产品，并与供应商直接进行询价、交流和交易。

该平台为买家和供应商提供了许多功能和工具，帮助他们在交易过程中进行沟通和协商。这些功能包括即时聊天、在线询价、样品订单、支付和物流服务等。

阿里巴巴国际站注重交易安全和信誉度。它提供了供应商认证系统和买家保护计划，以确保交易的安全和可靠性。此外，平台上的用户还可以通过评价和评级系统，分享他们对供应商和产品的评价和意见，帮助其他用户做出更好的选择。

总而言之，阿里巴巴国际站为全球买家和供应商提供了一个便捷、安全和高效的平台，促进了国际贸易的发展和合作。

第一节　在线询盘

在会展中，询盘是指潜在买家对展会上展示的产品或服务进行询问和咨询的过程。询盘是买家表达购买意向的初步步骤，通常包括对产品的价格、规格、交货条件等信息的了解和确认。在传统展会上，询盘通常通过面对面的交流、电话或电子邮件等方式进行。然而，随着信息技术的进步和电子商务的发展，在线询盘成了更加高效和便捷的方式。

一、在线询盘的内涵

在线询盘是指买家通过网络平台向卖家发出询价请求，以获取产品或服务的详细信息，包括价格、规格、交货时间等。在线询盘作为电子商务和数字交易的重要环节，为买卖双方提供了一个便捷的沟通渠道。特别是在会展经济中，在线询盘极大地促进了参展商与采购商之间的交流，提高了交易效率。

二、在线询盘的基本流程

（一）注册与登录

买家和卖家首先需要在电子商务平台上注册账号，通过平台的认证机制，确保双方身份的真实性。注册完成后，买家和卖家通过各自的账号登录平台，进入在线询盘系统。

（二）搜索与筛选

买家可以通过输入关键词、类别、价格区间等条件，在平台上搜索自己感兴趣的商品或服务。根据搜索结果，买家可以进一步筛选供应商，查看其详细信息和历史交易记录。

（三）发出询盘

买家选择特定的商品或供应商，填写询盘表单，包括详细的需求信息，如数量、规格、交货时间、特殊要求等。询盘表单提交后，平台将请求发送给对应的卖家，卖家会收到通知并查看买家的询盘信息。

（四）卖家响应

卖家收到询盘后，评估买家的需求，准备相应的报价单，并通过平台将报价单回复给买家。报价单中通常包括价格、交货时间、付款方式、运输方式等详细信息。

（五）沟通与谈判

买卖双方可以使用平台提供的聊天工具、电子邮件或电话等方式进行进一步沟通，解决任何疑问，并就交易条款进行谈判。

（六）达成协议

在双方达成一致后，买卖双方确定交易条款，生成订单或合同。此时，智能合约可以被引入，以确保合同的自动执行和记录。智能合约在平台上自动执行交易条款，确保交易的透明和安全。

（七）下单与支付

买家确认订单后，通过平台进行支付。支付信息可以通过智能合约自动处理，确保交易的安全和透明。平台集成的支付系统处理买家的支付，资金安全托管，待交易完成后释放给卖家。

（八）发货与收货

卖家根据合同条款发货，并在平台上更新物流信息。买家在收到货物后确认收货，交易正式完成。

（九）评价与反馈

交易完成后，买卖双方可以在平台上进行评价和反馈，以便其他用户参考。平台记录交易双方的信用信息，有助于建立良好的商业信誉。

三、在线询盘的优势和挑战

（一）优势

1. 效率提升

在线询盘极大地提高了交易的效率。例如，阿里巴巴的在线询盘系统允许买家一次性向多个供应商发送询盘，并快速收集报价，这在传统方式下是不可想象的。

2. 成本节约

在线询盘减少了因地理分隔而产生的通信和旅行成本。一个典型案例是，一个欧洲买家可以直接向亚洲供应商询盘，无须承担旅行成本。

3. 市场扩展

在线询盘平台如 Global Sources 使得小型企业能够接触到全球市场，这在以前只有大型企业才能做到。

（二）挑战

1. 信任建立

在线环境中，缺乏面对面的交流可能使得信任建立变得更加困难。例如，买家可能会对一个没有实体店铺的在线供应商的信誉度感到担忧。

2. 信息安全风险

随着在线交易的增多，信息安全成为一大挑战。例如，2013 年 Target 的数据泄露事件就是一个警示，凸显了保护消费者信息的重要性。

3. 文化和语言障碍

在线询盘需要跨越文化和语言障碍。例如，一个美国买家可能因为语言不通而难以理解一个中国供应商的回复。

4. 技术门槛

对于一些技术不熟悉的供应商，使用复杂的在线询盘系统可能是一个挑战。例如，一些小型家族企业可能需要培训才能有效使用在线平台。

通过在线询盘系统，会展上的参展商和采购商能够更加高效地进行信息交流和交易对接，显著提升了会展的交易效果和参展体验。智能合约的应用进一步增强了交易的自动化和安全性，为会展经济的发展提供了有力支持。

四、在线询盘的使用场景和方式

在线询盘是电子商务和数字化贸易的一个重要组成部分，它使得全球贸易更加高效和便捷。在线询盘可以在多种商业场合中使用，以下是一些常见的使用场景和方式（见表7-1）。

表7-1 在线询盘的使用场景和方式

使用场景和方式	具体应用
B2B 电子商务平台	在 B2B（Business-to-Business）电子商务平台上，如阿里巴巴、全球资源、慧聪网等，买家可以通过平台的询盘系统向多个供应商发送询盘
公司网站	许多公司在其官方网站上设有"联系我们"或"询价"页面，买家可以通过填写在线表单或发送电子邮件进行询盘
社交媒体	通过 LinkedIn、Facebook、Twitter 等社交媒体平台，买家可以直接联系供应商或通过私信发送询盘
在线聊天工具	如 WhatsApp、WeChat、Skype 等即时通信工具，买家可以实时与供应商进行沟通并发送询盘
行业展会或会议	在线上行业展会或会议中，买家可以通过虚拟展位与参展商进行实时交流并发送询盘
电子邮件营销	通过电子邮件直接向潜在的供应商发送询盘，这种方式适用于已经有一定联系基础的买卖双方
在线询价系统	一些大型企业或在线市场可能拥有自己的在线询价系统，买家可以通过这个系统提交询盘请求
移动应用	随着智能手机的普及，一些移动应用程序也提供了询盘功能，允许用户通过手机应用进行询盘
在线拍卖或竞标	在某些在线拍卖或竞标平台上，买家可以通过出价或提出条件来进行询盘
在线客服	许多网站提供在线客服功能，买家可以通过与在线客服的即时交流来提出询盘

五、在线询盘的技术和工具

（一）客户关系管理（CRM）系统

CRM 系统是在线询盘管理的核心工具之一。它帮助会展专业人士存储和管理客户信息、询盘历史和交易记录。通过 CRM 系统，用户可以跟踪潜在客户的需求，自动发送跟进邮件，并分析客户行为以优化服务和营销策略。例如，Salesforce（赛富时）是一个广泛使用的 CRM 平台，它提供了强大的客户数据管理和分析功能。

CRM 系统的核心功能主要体现在以下四个方面。第一，在客户数据管理层面，CRM 系统允许用户存储客户的基本信息、历史交易、沟通记录等。这些数据可以被用来构建客户画像，从而更好地理解客户需求。第二，在销售跟踪层面，CRM 系统可以帮助会展专业人士管理销售漏斗，从潜在客户的初次接触到交易的最终完成。第三，在营销自动化层面，通过自动化工具，CRM 系统可以自动发送定制化的邮件，安排跟进任务，甚至根据客户行为触发特定的营销活动。第四，在客户服务支持层面，CRM 系统通常包含服务支持功能，如工单系统，可以帮助用户更高效地响应和解决客户问题。

CRM 系统在会展行业的应用，第一，提升客户体验，通过快速访问客户的历史互动记录，会展专业人士可以提供更加个性化的服务。第二，优化销售流程，CRM 系统可以帮助会展企业识别销售过程中的瓶颈，优化销售策略，提高转化率。第三，增强营销效果，通过分析客户数据，会展企业可以制订更加精准的营销计划，提高营销活动的 ROI（投资回报率）。

（二）在线聊天工具

在线聊天工具如 Live Chat 或 Zendesk Chat 允许即时的在线沟通，使会展专业人士能够实时响应买家的询盘。这些工具通常嵌入在网站中，方便买家在浏览会展信息时提出问题，并迅速得到回复。当访客点击聊天窗口时，他们可以输入自己的问题或需求。系统会将这些信息发送给客服人员或销售人员，后者可以通过计算机或移动设备接收并回复。整个过程就像日常的即时通信软件一样简单。

在线聊天工具的核心功能主要体现在以下四个方面：第一，即时消息传递，支持文本、图片、视频和文件的即时发送和接收。第二，访客识别，识别访客的基本信息，如姓名、电子邮件地址和浏览历史。第三，自动回复，设置自动回复常见问题，或在客服不在线时提供预设消息。第四，聊天记录，保存所有对话记录，便于后续跟进和分析。

在线聊天工具在会展行业中的应用主要体现在：提升响应速度，在线聊天工具使会展专业人士能够即时响应买家的询盘，提高服务效率。增强客户互动，通过实时沟通，增进与买家的互动，提升客户体验。收集即时反馈，利用在线聊天工具收集买家的即时反馈，优化会展服务。

（三）电子邮件营销服务

电子邮件营销服务是一种在线工具，它允许企业设计、发送和分析电子邮件活动。这些服务通常提供用户友好的界面，定制化的邮件模板，以及自动化的邮件发送流程。

电子邮件营销服务的核心功能主要体现在以下四个方面：第一，邮件模板，提供各种专业设计的邮件模板，适用于不同的业务场景。第二，邮件设计，允许用户通过拖放等简易操作定制邮件内容。第三，自动化邮件流程，根据预设的触发条件自动发送邮件，如新客户注册、购买后感谢信等。第四，邮件跟踪和分析，提供邮件打开率、点击率等关键指标的实时数据。

（四）项目管理软件

项目管理软件是一种帮助团队规划、组织和跟踪项目进度的工具。这些软件通常提供任务分配、时间线、进度跟踪和协作功能，以确保项目按计划进行。项目管理软件如 Asana 或 Trello 可以用来跟踪询盘的处理进度，分配任务给团队成员，并确保询盘得到及时和有效的处理。

项目管理软件的核心功能主要体现在以下四个方面。第一，任务管理，创建、分配和优先级排序任务。第二，进度跟踪，实时查看任务和项目的完成状态。第三，协作工具，团队成员可以共享文件、讨论和更新任务状态。第四，通知系统，当任务更新或接近截止日期时，自动通知相关成员。

使用项目管理软件的流程主要体现在以下五个方面。定义项目范围：明确项目的目标和需求。创建项目和任务：在项目管理软件中创建项目和具体任务。分配任务：将任务分配给团队成员，并设置截止日期。跟踪进度：定期检查任务状态，更新进度。沟通协作：使用软件的讨论功能，与团队成员沟通协作。

项目管理软件，如 Asana 和 Trello，为会展专业人士提供了强大的工具，以提高团队协作效率和项目执行力。通过利用这些软件的任务管理、进度跟踪和协作功能，企业可以确保询盘和其他项目得到及时和有效的处理。选择合适的项目管理软件，并充分利用其特性，可以显著提升会展项目的管理水平。

（五）社交媒体平台

社交媒体平台如 LinkedIn、Facebook 和 Twitter 也是在线询盘的重要工具。

会展专业人士可以通过这些平台发布信息，与潜在客户建立联系，并接收和回复询盘。

（六）在线翻译工具

由于会展行业通常涉及国际交流，在线翻译工具如 Google Translate 对于打破语言障碍、理解不同语言的询盘至关重要。这些工具都能帮助有效管理询盘，其作用体现在以下五个方面。

1. 自动化

CRM 系统和电子邮件营销服务可以自动化许多询盘管理任务，如发送标准回复和跟进邮件，减少手动工作量。

2. 个性化

通过 CRM 系统中的客户数据分析，会展专业人士可以定制化询盘回复，满足不同客户的具体需求。

3. 实时性

在线聊天工具提供了实时沟通的能力，确保快速响应买家的询问，提高客户满意度。

4. 协作

项目管理软件促进团队成员之间的协作，确保询盘得到跨部门的有效处理。

5. 分析

CRM 系统提供的数据和分析工具可以帮助会展专业人士评估询盘效果，优化询盘策略。

在线询盘的技术和工具为会展专业人士提供了强大的支持，使他们能够更高效、更专业地管理询盘过程。通过这些工具，会展行业能够更好地适应数字化时代的需求，提升客户服务质量，增强竞争力。

六、在线询盘的策略和技巧

（一）在线询盘策略（见表7-2）

表7-2　在线询盘策略

策略	具体应用
明确目标受众	了解目标客户的需求和偏好，这有助于制定更有针对性的询盘策略
制定清晰的信息传递	确保询盘信息简洁明了，直接传达产品或服务的价值主张
利用多渠道接触	结合使用电子邮件、社交媒体、在线聊天等多种渠道，以覆盖更广泛的潜在客户

（二）沟通技巧（见表 7-3）

表7-3　在线询盘沟通技巧

沟通技巧	具体应用
及时响应	快速回复客户的询盘，展示专业性和对客户需求的重视
使用专业语言	在沟通中使用行业术语和专业语言，建立信任感
个性化沟通	根据客户的具体需求和背景，定制化沟通内容

七、在线询盘在会展中的应用

在线询盘在会展中的具体应用如表 7-4 所示。

表7-4　在线询盘在会展中的应用

应用	方式	效果
会展前的应用	预先宣传	利用在线询盘工具在会展前进行宣传，吸引潜在参展商和参观者的兴趣
	注册和信息收集	通过在线询盘门户收集参观者和参展商的信息，用于注册和后续沟通
	需求调研	通过在线询盘了解行业需求和市场趋势，为会展策划提供依据
会展中的应用	实时互动	在会展期间，使用在线聊天工具与参展商和参观者进行实时互动，解答疑问
	即时反馈	收集参观者对会展的即时反馈，及时调整会展策略
	现场直播	通过社交媒体平台进行现场直播，吸引无法到场的观众参与
会展后的应用	跟进服务	会展结束后，通过电子邮件营销服务对参展商和参观者进行跟进，收集反馈
	数据分析	利用 CRM 系统分析会展期间收集的数据，评估会展效果
	持续沟通	通过社交媒体和在线聊天工具与客户保持联系，提供持续的服务和信息更新
提升会展效果的策略	个性化体验	根据客户的兴趣和需求提供个性化的会展信息和服务
	内容营销	通过在线询盘分享有价值的内容，如行业报告、产品演示等，吸引客户参与
	多渠道整合	整合线上线下渠道，提供无缝的参展体验

在线询盘是会展行业的重要工具，它在会展前、中、后的应用有助于提升会展效果和客户参与度。通过个性化体验、内容营销、多渠道整合等策略，

可以吸引更多客户参与会展。同时，通过快速响应和社群建设等技巧，可以提高客户的满意度和忠诚度。对于初学者来说，理解在线询盘在会展中的应用，并掌握相关的策略和技巧，是提升会展业绩的关键。

在线询盘——解锁会展数字交易新篇章

第二节　供采大厅

一、供采大厅的定义和概念

供采大厅是线上展会或数字贸易平台的一个应用场景，在云上广交会中得到了应用，类似于电子交易公告牌。供采大厅板块是平台上的一个专用区域，供采购商和展商发布和查找供需信息。供采大厅的基本运作模式如下：

（一）信息发布

注册认证的采购商可以在供采大厅发布采购信息，描述所需产品的类型、规格、数量、交货时间等详细需求。展商可以发布供应信息，提供产品描述、数量、价格、交货时间等详细信息。

（二）信息展示与匹配

发布的采购和供应信息按照一定的规则进行排序显示。采购商和展商可以通过浏览供采大厅中的信息，找到潜在的合作伙伴。供采大厅可以与智能匹配系统对接，系统自动将发布的采购需求匹配给相应的供应商，或者将供应信息匹配给相应的买家。

（三）在线询盘

采购商在供采大厅中找到合适的供应信息后，可以发出在线询盘，进入询盘流程。展商同样可以通过供采大厅发现潜在的采购信息，并主动联系买家。

（四）交易撮合与执行

供采大厅通过智能匹配和交易撮合系统，促进供需双方的交易。智能合约在达成交易后自动执行，确保交易条款的落实，提高交易效率和安全性。

二、供采大厅的优势

（一）集中展示供需信息

供采大厅将所有的供需信息集中展示，买卖双方可以在同一平台上找到所需的商品和客户，大大提高了信息的可见性和获取效率。

（二）促进交易撮合

供采大厅利用智能匹配算法和交易撮合系统，能够有效地促进交易的撮合，提高交易成功率。系统根据买家的需求和卖家的供应信息进行智能匹配，帮助买卖双方快速找到合适的交易对象。

（三）提升交易成功率

通过供采大厅，买家和卖家可以在最短时间内获取到最相关的供需信息，减少信息不对称，提升交易成功率。

（四）增强互动性和可视化

供采大厅不仅满足了供采双方的实际需求，还增加了线上展的互动性和在线贸易的可视化过程。通过实时数据和信息展示，交易各方可以更直观地了解市场动态和交易进展。

三、供采大厅的功能

供采大厅的功能如表 7-5 所示。

表7-5 供采大厅的功能

功能	应用
产品展示	供采大厅为企业提供展示自身产品和服务的机会，吸引潜在客户的注意
商业交流	供采大厅提供了一个平台，让参展商和参观者可以直接交流，建立联系和信任
信息收集	参展商可以通过与参观者的互动，收集市场信息和客户反馈，以优化产品和服务
品牌推广	企业可以利用供采大厅的高流量，提升品牌知名度和市场影响力
交易促成	供采大厅的环境设计有助于促进交易的达成，为企业带来直接的经济效益

四、供采大厅的技术和工具

在现代供采大厅中，技术发挥着至关重要的作用。技术工具不仅增强了参展体验，而且提高了交易的效率和效果。以下是一些在供采大厅中常见的技术工具。

（一）数字展示屏：提升视觉影响力

数字展示屏作为供采大厅中的一项关键技术，利用高分辨率的图像和动态视频，为参观者提供了丰富的视觉体验。这些屏幕不仅能够展示产品的高清图片和详细介绍，还能播放公司的宣传视频，加深参观者对品牌和产品的理解。数字屏幕的互动性也允许参观者通过触摸或手势来浏览信息，增加了互动性和参与度。

（二）增强现实（AR）和虚拟现实（VR）：创造沉浸式体验

增强现实和虚拟现实技术为供采大厅带来了革命性的变革。AR技术通过在现实世界中叠加数字信息，使参观者能够更直观地了解产品的功能和应用。而VR技术则通过创造一个完全虚拟的环境，让参观者体验到仿佛身临其境的感觉。这些技术尤其适用于展示复杂或高价值的产品，如房地产、汽车或高端电子产品。

（三）移动应用：增强参展便捷性

供采大厅的移动应用程序为参观者提供了极大的便利。通过移动应用，参观者可以轻松获取展位地图，规划自己的参观路线，预约与参展商的会议，以及接收有关展会的最新通知。此外，移动应用还可以集成社交媒体分享功能，让参观者能够实时分享自己的体验和见解。

（四）在线注册和票务系统：简化入场流程

在线注册和票务系统通过数字化手段，简化了参观者的入场流程。参观者可以提前在线上注册，获取电子门票，避免了现场排队购票的麻烦。对于组织者而言，这一系统不仅提高了入场效率，还有助于收集参观者的数据，进行市场分析和后续的营销活动。

（五）智能导览系统：提供个性化推荐

智能导览系统利用RFID或NFC技术，为参观者提供了个性化的参观体验。参观者可以通过佩戴智能手环或使用智能手机，接收到基于自己兴趣和行为的个性化推荐。这种系统不仅提高了参观效率，还增加了参观者对展会的满意度和参与度。

供采大厅中的技术工具和平台，通过提供数字化、互动性和个性化的参展体验，极大地提升了供采大厅的功能性和吸引力。随着技术的不断发展，我们可以预见，未来供采大厅将变得更加智能化和高效，为会展行业带来更多的可能性。

五、供采大厅的平台应用

（一）虚拟展览平台：打破地理限制

虚拟展览平台是供采大厅技术应用的一大创新。这种平台通过三维建模和互联网技术，创建了一个可以在线浏览的虚拟展览环境。参与者可以通过电脑或移动设备，远程访问展会，与展商进行实时交流。虚拟展览平台不仅为无法亲临现场的参与者提供了便利，而且也为供采大厅拓宽了观众范围，无论参与者身在何处，都能参与展会。

（二）电子商务集成：实现即时交易

供采大厅的平台与电子商务系统的集成，为参观者提供了即时购买产品或服务的便利。在这种模式下，参观者在浏览展品时，如果对某个产品感兴趣，可以直接通过集成的电子商务平台进行在线购买。这种一站式的购物体验不仅提高了交易效率，而且也增加了供采大厅的商业价值。

（三）社交媒体互动：扩大影响力

社交媒体工具的集成，为供采大厅提供了与参与者进行互动的新途径。参观者可以通过社交媒体分享自己的参观体验、发表评论和上传图片，从而吸引更多的关注和参与。这种互动不仅增强了参观者的参与感，而且也扩大了供采大厅的社会影响力，提高了品牌知名度。

（四）数据分析平台：优化决策

数据分析平台是供采大厅智能化管理的重要工具。通过对参观者行为数据的收集和分析，供采大厅可以更好地了解参观者的需求和偏好，从而优化展览布局和营销策略。例如，通过分析参观者在虚拟展览中的浏览路径和停留时间，供采大厅可以调整展品的摆放位置，提高展览的吸引力和效果。

供采大厅的平台应用，通过虚拟展览、电子商务集成、社交媒体互动和数据分析，为参展商和参观者提供了更加丰富和便捷的服务。这些技术的应用不仅提高了供采大厅的运营效率，而且也增强了其市场竞争力。随着技术的不断发展，供采大厅的平台应用将更加多样化和智能化，为会展行业带来更多的创新和发展机遇。

六、供采大厅的实施效益

（一）提升互动性：创造动态参展体验

技术工具的应用显著提升了供采大厅的互动性。通过互动触摸屏、增强现实（AR）游戏、虚拟现实（VR）体验等，参观者不再是被动接收信息的一方，而是能够积极参与展览。例如，AR技术可以将虚拟信息叠加到现实世界中，让参观者通过手机或平板电脑看到产品如何在实际环境中使用。这种互动体验不仅增加了参观者的兴趣，而且提高了他们对展览内容的记忆和理解。

（二）增强信息传递：提高沟通效率

多媒体和移动应用等技术工具使得信息传递更为直观和高效。在供采大厅中，参展商可以利用视频、音频、动画等多媒体形式，生动地展示产品特性和优势。移动应用则为参观者提供了一个便捷的信息获取渠道，他们可以随时随地查看展览日程、展商信息、交通指南等，确保不错过任何重要内容。

（三）优化参展策略：数据驱动的决策

数据分析平台的应用，使参展商能够基于实际数据做出更明智的决策。通过对参观者行为数据的收集和分析，参展商可以了解哪些展品最受欢迎、参观者的偏好是什么、哪些营销策略最有效等。这些信息对于优化参展策略至关重要，有助于参展商更好地满足市场需求，提高参展效果。

（四）扩大参展范围：虚拟展览的全球参与

虚拟展览平台打破了地理限制，使得全球买家都能够参与供采大厅。这种在线平台为无法亲临现场的买家提供了一个便捷的参与途径，他们可以在全球任何地方访问虚拟展览，与展商进行实时交流。这不仅扩大了供采大厅的参展范围，而且也为参展商开辟了更广阔的市场。

供采大厅中的技术工具和平台，通过提升互动性、增强信息传递、优化参展策略和扩大参展范围，为参展商和参观者提供了更高效、更个性化的服务。随着技术的不断发展，我们可以预见，供采大厅将继续演变，为会展行业带来更多的创新和机遇。对于初学者来说，理解这些技术工具的实施效益，将有助于他们更好地把握会展行业的趋势，提升自身的竞争力。

七、供采大厅的使用策略

有效的供采大厅使用策略需要从明确的目标和计划开始。首先,参展商应确定参展目的,比如品牌推广、市场调研或销售促进。接下来,根据目标受众和预期成果,制订详细的参展计划,包括展位设计、展品选择、人员安排和宣传策略。

(一)展位设计与布局

展位设计是吸引参观者的关键。一个具有创意和吸引力的展位能够更好地展示企业形象和产品特点。例如,苹果公司在国际消费电子展上的展位设计简洁而现代,有效传达了其产品的设计理念和品牌价值。展位布局应考虑人流动线,确保参观者能够顺畅地浏览展品,并与工作人员进行交流。

(二)展品选择与展示

展品的选择应体现企业的核心竞争力和市场定位。展示方式应创新且具有互动性,使参观者能够直观体验产品的优势。例如,宝马在车展上通过虚拟现实技术让参观者体验驾驶感受,这种创新的展示方式极大地提升了品牌形象和产品吸引力。

(三)人员培训与服务

展位工作人员是参展商的代表,他们的专业知识和服务态度直接影响着参观者的印象。因此,对工作人员进行培训,确保他们熟悉产品信息、公司政策和展会流程至关重要。此外,提供专业、热情的服务能够增强参观者的满意度和信任感。

(四)宣传与品牌推广

有效的宣传策略能够吸引更多的参观者。参展商可以利用社交媒体、电子邮件营销、在线广告等多种渠道进行宣传。例如,耐克在发布新产品前,通过社交媒体平台进行预热,成功吸引了大量消费者的关注和讨论。

(五)利用技术工具

如前所述,供采大厅中的技术工具能够提升参展体验和效率。参展商应充分利用这些工具,如使用移动应用进行展会导航、利用数据分析平台优化参展策略等。

供采大厅的有效使用策略包括明确参展目标、创意展位设计、精心挑选展品、人员培训、宣传推广和利用技术工具。通过这些策略，参展商能够提升品牌形象，增强与参观者的互动，从而提高参展效果。随着会展行业的发展，持续学习和适应新的策略和技术将变得越来越重要。

八、供采大厅在会展前、中、后的应用

（一）会展前：筹备与预热

在会展前，供采大厅的准备工作至关重要。首先，参展商需要确定参展目标，制订详细的参展计划。这包括展位的选择与预订、展位的设计与搭建、展品的准备与运输等。例如，许多大型展会如德国汉诺威消费电子、信息及通信博览会（CeBIT）会提前数月开放展位预订，参展商需要根据预期的参展效果选择合适的展位。

此外，宣传推广也是会展前的重要环节。参展商可以通过社交媒体、行业杂志、电子邮件营销等多种渠道进行宣传，提前吸引潜在客户的关注。例如，IBM 在参加国际消费类电子产品展览会（CES）前，通过社交媒体发布预告，成功吸引了大量关注。

（二）会展中：展示与交流

会展期间，供采大厅成为参展商展示产品、与客户交流的重要场所。展位的设计和布局应充分考虑参观者的流动和互动。例如，汽车展览中，宝马公司会将新款车型置于显眼位置，并通过现场演示和互动体验吸引参观者。

同时，参展商应充分利用现场的互动技术，如 AR、VR 等，提供沉浸式的体验，增强参观者对产品的印象。例如，在国际建筑建材展览会上，一家建筑材料公司通过 VR 技术让参观者体验建筑材料在实际建筑中的应用效果。

（三）会展后：跟进与分析

会展结束后，供采大厅的应用并未结束。参展商需要对展会效果进行评估和分析，包括收集的潜在客户信息、达成的交易意向等。通过 CRM 系统等工具，参展商可以对这些数据进行整理和分析，为后续的营销活动提供依据。

此外，参展商还应进行后续跟进，包括发送感谢信、提供展会上讨论的详细资料、邀请潜在客户进行更深入的交流等。例如，微软在参加完展会后，会通过电子邮件向潜在客户发送感谢信，并提供进一步的合作方案。

供采大厅在会展前、中、后的应用涵盖了筹备与预热、展示与交流、跟

进与分析等多个环节。通过有效的策略和技术应用，参展商可以在各个阶段提升参展效果，实现品牌推广和商业目标。随着会展行业的发展，参展商需要不断学习和适应新的技术和方法，以提高参展的成功率。

九、供采大厅与在线询盘的关系

（一）功能互补性

供采大厅好比是一个大型的购物中心，而在线询盘则是顾客与商家之间的对话。供采大厅提供了一个集中的平台，让买家和卖家能够相遇并查看对方的产品或服务。在线询盘则是一种沟通方式，允许双方通过这个平台交换信息和意向，就像在商场中询问商品详情一样。这种功能互补确保了交易过程的顺畅和高效。

（二）信息交流的桥梁

在线询盘作为信息交流的桥梁，允许买卖双方在供采大厅中交换关键信息。买家可以通过询盘了解产品特性、价格、交货时间等，而卖家可以提供详细信息并解答疑问。这种交流是建立信任和理解的基础，有助于双方达成共识并促进交易。

（三）提升交易效率

供采大厅通过在线询盘加快了信息的流通速度。与传统的面对面交流或电话沟通相比，在线询盘可以即时发送和接收，大大减少了等待回复的时间。这种效率的提升意味着买家和卖家可以更快地做出决策，加速交易过程。

（四）市场扩展的助力

在线询盘帮助供采大厅扩展到全球市场。由于互联网的无界限特性，供采大厅不再局限于特定地区或时间，而是可以吸引全世界的参与者。这为买家提供了更广泛的选择，为卖家开辟了新的市场，增加了交易的可能性。

（五）增强用户体验

在线询盘还增强了用户体验。买家可以在任何时间提出询盘，并根据自己的时间表接收回复。卖家也可以更灵活地管理询盘和客户关系，提供更加个性化的服务。这种用户体验的提升有助于建立长期的客户关系，并促进口碑传播。

供采大厅和在线询盘共同构成了现代会展行业的重要基础设施。它们相互依赖，共同促进了交易的便捷性、效率和范围。对于初学者来说，理解这二者的关系和作用是掌握会展行业运作的关键。

供采大厅作为会展行业的重要组成部分，提供了一个多功能的平台，促进了全球范围内的商业交流和合作。通过本章的学习，我们了解到供采大厅不仅是实体空间，也是数字化平台，它们通过一系列技术和工具，如AR/VR、移动应用、数据分析等，增强了参展体验，提高了交易效率。

十、智能合约的应用

在供采大厅中，智能合约的应用进一步提升了交易的自动化程度和安全性。智能合约是一种自动化执行的协议，内嵌在区块链技术中，一旦交易双方达成一致，合同条款将被自动执行，无须中介介入。在供采大厅的应用场景中，智能合约的流程如表7-6所示。

表7-6　智能合约的流程

流程	具体过程
智能匹配与撮合	智能匹配系统将买卖双方的需求和供应信息进行匹配，并推荐给双方。当双方达成交易意向时，智能合约会根据双方确认的交易条款自动生成合同
自动执行合同	智能合约在合同生成后自动执行，包括付款、发货、物流跟踪等环节。智能合约确保资金在交易完成后自动转移，减少了交易风险
安全与透明	智能合约的执行过程记录在区块链上，所有交易信息透明且不可篡改，确保了交易的安全性和透明度
提高效率	智能合约自动执行合同条款，减少了人工干预和处理时间，提高了交易效率。交易双方可以实时跟踪交易进展，及时了解交易状态

通过智能合约的应用，供采大厅不仅实现了交易流程的自动化和智能化，还大大提高了交易的安全性和效率。在未来的发展中，智能合约将在供采大厅和其他在线交易平台中发挥越来越重要的作用，推动会展经济和数字贸易的进一步发展。

微课

智慧会展新视角：供采大厅的全面解析与应用策略

第三节　在线订购

一、在线订购的定义和概念

在线订购是一种电子商务活动，它允许消费者或商业客户通过互联网浏览产品或服务，并进行选择、购买和支付。这种订购方式突破了传统购物的地理和时间限制，提供了一种快速、便捷的购物体验。在线订购平台通常包括商品展示、购物车、支付网关、订单管理系统等组成部分，确保用户能够顺利完成交易。

在现代商业中，在线订购发挥着多方面的作用。首先，在线订购提高了购物的便利性，消费者可以随时随地进行购物，无须前往实体店。其次，在线订购降低了交易成本，商家可以通过在线平台减少实体店铺的运营成本。最后，在线订购还提供了丰富的数据分析资源，商家可以通过用户行为分析来优化营销策略和产品布局。

会展行业作为在线订购应用的重要领域，具有其特殊性。在会展活动中，参展商和参观者可以通过在线订购系统预订展位、注册参会、购买相关服务或产品。例如，一个国际展览会可能提供在线平台，让参展商选择展位位置、面积和类型，进行线上支付，并上传展位设计图。

在线订购在会展行业的应用还包括票务管理、活动日程安排、交通和住宿预订等。通过在线订购，会展组织者可以更高效地管理活动流程，同时为参与者提供个性化的服务体验。

二、在线订购的工作步骤

在线订购的工作步骤如表7-7所示。

表7-7　在线订购的工作步骤

工作步骤	流程
浏览商品	买家在电子商务平台上浏览商品或服务，通过搜索、分类等功能找到需要购买的物品
选择商品	买家选择感兴趣的商品或服务，并确认数量、规格等相关信息
加入购物车	买家将选定的商品添加到购物车中，准备进一步结算和支付

续表

工作步骤	流程
结算订单	买家进入购物车页面，确认所选商品，并选择支付方式。在确认订单信息后，买家提交订单并完成支付
订单处理	卖家收到订单后，确认库存和订单信息，准备商品并安排物流配送
商品配送	卖家将商品通过物流公司送达买家指定的地址
收货确认	买家收到商品后确认收货，并在平台上进行评价和反馈

三、在线订购的优势

（一）简化采购流程

传统的采购流程可能涉及实地考察、询价比较、报价磋商等烦琐步骤，而在线订购将这些步骤集成在一个平台上，大大简化了采购流程，节省了时间和精力。

（二）提高交易效率

在线订购可以实现24小时不间断购物，无须受制于实体店的营业时间。买家可以随时随地完成购物，提高了交易效率。

（三）减少人为错误

在线订购过程中，系统自动计算价格、库存等信息，减少了人为操作带来的错误和误差，提高了订单处理的准确性。

四、在线订购的工作原理

在线订购的工作原理可以分为两个主要部分：技术基础和用户界面。在线订购的工作原理如表7-8所示。

表7-8　在线订购的工作原理

主要部分	工作原理	具体应用
技术基础	电子商务平台	在线订购的核心技术之一是电子商务平台，这是一个集成了产品展示、购物车管理、订单处理和客户关系管理等功能的在线系统。平台的设计需要考虑用户体验、系统稳定性和可扩展性

续表

主要部分	工作原理	具体应用
技术基础	支付网关	支付网关是在线订购中的关键组件，它充当了买家和卖家之间的金融交易中介。支付网关通过加密技术确保交易的安全性，支持多种支付方式，如信用卡、电子钱包、银行转账等
	网络安全	为了保护用户数据和交易安全，在线订购系统必须实施网络安全措施。这包括使用SSL证书进行数据加密、实施防火墙和入侵检测系统以及定期进行安全审计和漏洞扫描
用户界面	网站设计	用户界面的第一步是网站设计，它需要直观、易用，能够在视觉上吸引用户。网站设计应考虑到导航的便捷性、内容的可读性和页面的响应速度
	产品展示	在线订购的用户界面需要有效地展示产品信息，包括图片、描述、价格和库存状态。用户应能够轻松地浏览和搜索产品，并查看详细的产品规格和用户评价
	购物车和结账流程	用户在选定产品后，通常会将其添加到购物车中。购物车系统应允许用户修改商品数量、计算总价和选择配送方式。结账流程应简洁明了，引导用户完成支付和确认订单

五、会展行业对在线订购的特殊需求

会展行业，包括会议、展览、节事活动等，对在线订购有着一系列特殊需求，这些需求往往与行业的特定特点紧密相关。

（一）需求

1. 票务系统

会展活动通常需要高效的票务管理系统来处理大量的参会者和参观者。在线订购系统需提供稳定、安全的票务销售服务，并能够处理多种票价、折扣和入场凭证。

2. 展位预订

对于展览会而言，展位的在线预订是基本需求之一。系统需要能够让参展商根据自己的需求选择合适的展位，并进行实时的预订和管理。

3. 个性化服务

会展行业的客户可能需要更多个性化服务，如定制化的展览套餐、特殊的活动安排等。在线订购系统应提供灵活的选项以满足这些需求。

4. 资源整合

会展活动往往涉及交通、住宿、餐饮等其他服务。优秀的在线订购平台能够整合这些资源，为客户提供一站式服务。

（二）解决方案

针对会展行业的特殊需求，已有多种在线订购解决方案被开发和应用。

1. 定制化平台开发

许多会展组织者选择开发定制化的在线订购平台，以满足特定的活动需求和提供独特的用户体验。

2. 模块化服务

一些在线订购服务提供商采用模块化设计，允许客户根据自己的需求添加或移除特定的功能模块。

3. 第三方集成

为了提供更全面的服务，在线订购平台可以与第三方服务提供商集成，如酒店预订系统、交通服务等。

拓展阅读

Eventbrite——流行的在线订购和事件管理平台

第四节　交易撮合

一、交易撮合的定义和概念

交易撮合是指通过一个中介平台，将买家和卖家的交易需求进行智能匹配，并促成双方之间的交易达成。交易撮合系统的基本原理是利用智能匹配算法，根据买卖双方的需求和条件，将合适的交易双方进行配对，以促进交易的顺利进行。

交易撮合，作为一种市场机制，其核心在于促进买卖双方的交易达成。在这一过程中，撮合平台或中介机构通过收集买卖双方的交易意向和条件，利用各种技术手段和规则，帮助双方找到匹配的交易对象，并最终实现交易。这一概念虽然听起来简单，但其在现代市场经济中扮演着至关重要的角色。在会展行业中，交易撮合的作用尤为显著。会展，即会议与展览的合称，是一种集产品展示、信息交流、商业洽谈于一身的商务活动。交易撮合在会展中的重要性体现在以下几个方面：首先，会展为交易撮合提供了一个集中的物理平台。在这个平台上，来自不同地区、不同行业的参展商和买家可以面对面交流，这有助于建立信任和促进交易的达成。例如，广交会（中国进出口商品交易会）作为世界上最大的贸易展会之一，每年吸引成千上万的参展商和买家，通过现场的交易撮合，促成了大量商业合作。其次，交易撮合能够提高交易效率。在会展中，买家可以通过快速浏览和比较，找到符合需求的产品或服务，而卖家则可以更有效地接触到潜在客户。这种高效的匹配机制，大大缩短了交易周期，加速了市场流通。再次，交易撮合有助于降低交易成本。通过集中的会展平台，买卖双方可以减少寻找交易对象的时间和成本，同时也降低了因信息不对称而产生的交易风险。最后，交易撮合在会展中还具有创新和引领作用。会展不仅是交易的场所，也是行业趋势和创新技术的展示窗口。通过交易撮合，新兴企业和创新产品能够更快地被市场接受，推动整个行业的技术进步和市场发展。

交易撮合在会展行业中的作用不可或缺。它不仅促进了交易的达成，提高了交易效率，降低了交易成本，还对行业的创新和发展起到了积极的推动作用。随着技术的发展和市场的变化，交易撮合的方式也在不断演进，但其核心价值——促进买卖双方的交易——始终不变。

二、交易撮合的优势

交易撮合系统具有以下优势：

（一）提高交易成功率

通过智能匹配算法，交易撮合系统可以快速、准确地找到适合的交易双方，从而提高交易的成功率。买卖双方无须费时费力地寻找合适的交易对象，而是由系统自动匹配，节省了时间和精力。

（二）优化资源配置

交易撮合系统可以根据市场需求和资源供给情况，合理配置资源，避免资源的浪费和闲置。通过智能匹配算法，系统可以将资源有效地分配给需要的地方，提高资源利用效率。

三、交易撮合的流程

交易撮合的流程如表7-9所示。

表7-9 交易撮合的流程

流程	具体应用
信息收集	撮合者收集买卖双方的需求和供给信息
需求匹配	根据收集的信息，撮合者寻找潜在的交易匹配
价格协商	撮合者可能需要协助双方就交易价格和其他条件进行协商
交易执行	一旦双方达成一致，撮合者帮助完成交易的执行，包括签订合同和支付结算
后续服务	交易完成后，撮合者可能还会提供一些后续服务，如交易后的跟踪和评价

四、交易撮合的模式

（一）预撮合

在会展开始之前，通过在线注册和预览系统，参展商和买家可以提前了解对方的需求和产品，进行初步的匹配。

（二）现场撮合

会展期间，通过现场的交流和演示，参展商和买家可以进行更深入的了解和洽谈，实现即时撮合。

（三）后续撮合

会展结束后，通过持续的沟通和跟进，撮合者帮助双方完成交易的最终确认和执行。

以中国国际进口博览会（CIIE）为例，这是一个旨在促进国际贸易的大型会展活动。在CIIE中，交易撮合的应用非常典型。预撮合阶段：参展商和买家可以通过CIIE的在线平台提前了解对方的信息，进行初步的匹配和预约会面。现场撮合阶段：在会展现场，买家可以直接体验产品，与参展商进行深入的交流和洽谈，许多交易在现场就达成了初步意向。后续撮合阶段：会展结束后，CIIE的组织者还会提供一系列的跟进服务，帮助双方完成交易的最终确认和执行。

例如，一家来自新西兰的乳制品企业在CIIE上展示了其产品。通过预撮合，他们与几家中国的分销商建立了联系。在现场撮合阶段，他们进一步与这些分销商进行了深入的洽谈，并在会展结束后不久，成功签订了分销协议。这个案例展示了交易撮合在会展行业中如何有效地促进交易的达成，提高了交易的效率和成功率。

通过上述介绍和案例分析,我们可以看到交易撮合在会展行业中的重要性和实际效果。它不仅提高了交易的效率,还为参展商和买家提供了一个高效的交流和合作平台。随着技术的发展和市场的变化,交易撮合的模式也在不断创新和完善,以适应会展行业的发展需求。

五、交易撮合的技术

交易撮合技术是指一系列用于提高交易撮合效率和透明度的工具和方法。随着信息技术的发展,这些技术已经成为现代交易撮合不可或缺的一部分。

(一)电子交易平台

电子交易平台是一种在线系统,允许用户发布买卖订单,并自动匹配这些订单以完成交易。这些平台通常具备以下特点(见表7-10)。

表7-10 电子交易平台的特点

特点	功能
实时性	提供实时的市场数据和交易信息
自动化	自动执行订单匹配,减少了人工干预
用户界面友好	友好的用户界面,便于用户操作和管理订单

(二)大数据分析

大数据分析技术在交易撮合中的应用主要体现在对市场数据的收集、处理和分析上。通过分析大量的交易数据,撮合平台可以实现以下功能(见表7-11)。

表7-11 大数据分析技术在交易撮合中的应用

应用	功能
识别模式	发现市场趋势和用户行为模式
预测市场	预测未来的市场变化和交易机会
个性化推荐	为用户推荐最有可能匹配的交易对象

(三)区块链技术

区块链技术为交易撮合提供了一种安全、透明和不可篡改的记录方式。在交易撮合中,区块链可以实现以下功能(见表7-12)。

表7-12 区块链技术在交易撮合中的应用

应用	功能
确保安全	确保交易记录的安全和完整性
提高透明度	所有交易记录对所有参与者可见,增加了透明度
降低成本	减少了中间环节,降低了交易成本

（四）人工智能

人工智能（AI）技术在交易撮合中的应用包括以下部分（见表7-13）。

表7-13 人工智能技术在交易撮合中的应用

应用	功能
智能匹配	利用机器学习算法,智能匹配买卖双方的需求
风险管理	通过分析历史数据,预测和管理交易风险
客户服务	使用聊天机器人等工具,提供7×24小时的客户服务

案例分析

德国汉诺威工业博览会——世界上最大的工业技术展会之一

德国汉诺威工业博览会是世界上最大的工业技术展会之一,涵盖了工业自动化、能源、数字工厂等多个领域。在这个展会上,交易撮合的特殊性表现得尤为明显。参展商不仅有机会展示他们的新技术和产品,还可以与来自世界各地的买家进行面对面的交流。例如,一家德国的机器人制造商在展会上展示了其最新的自动化解决方案,吸引了多家国际汽车制造商的兴趣。通过展会的撮合服务,这家机器人制造商与其中一家汽车制造商达成了初步的合作意向,为后续的深入合作奠定了基础。

交易撮合应用:专业撮合服务,展会组织者提供专业的撮合服务,帮助参展商和买家进行精准匹配。主题论坛和研讨会,通过组织主题论坛和研讨会,为参展商和买家提供了交流思想和建立联系的机会。

成功因素:展会的专业性和针对性强,吸引了行业内的专业人士,提高了交易撮合的成功率。通过主题论坛和研讨会,促进了行业内的深入交流和合作。

面临的挑战:面对行业内的快速变化和技术更新,如何及时更新撮合信息和策略是一个挑战。在保持专业性的同时,如何扩大展会的影响力和吸引力也是一个问题。

查阅汉诺威工业博览会的相关资料，并讨论在该展上参展商应用的数字交易方式有哪些？对吸引观众和参展绩效起到哪些作用？

本章小结

1. 在线询盘是指买家通过网络平台向卖家发出询价请求，以获取产品或服务的详细信息，包括价格、规格、交货时间等。在线询盘作为电子商务和数字交易的重要环节，为买卖双方提供了一个便捷的沟通渠道。特别是在会展经济中，在线询盘极大地促进了参展商与采购商之间的交流，提高了交易效率。

2. 供采大厅是线上展会或数字贸易平台的一个应用场景，在云上广交会中得到了应用，类似于电子交易公告牌。供采大厅板块是平台上的一个专用区域，供采购商和展商发布和查找供需信息。

3. 在供采大厅中，智能合约的应用进一步提升了交易的自动化程度和安全性。智能合约是一种自动化执行的协议，内嵌在区块链技术中，一旦交易双方达成一致，合同条款将被自动执行，无须中介介入。

4. 在线订购是指买家通过互联网平台直接向卖家购买商品或服务的过程。这种购买方式无须通过传统的线下渠道，如实体店面或传真订单，而是通过网站、手机应用等电子渠道完成。

5. 交易撮合是指通过一个中介平台，将买家和卖家的交易需求进行智能匹配，并促成双方之间的交易达成。交易撮合系统的基本原理是利用智能匹配算法，根据买卖双方的需求和条件，将合适的交易双方进行配对，以促进交易的顺利进行。

课内实训

1. 选择一个知名展览会，试着分析在该展会上存在的数字交易模式有哪些？
2. 试着比较不同数字交易方式的优缺点。

思考题

1. 会展企业如何选择数字交易方式来提高品牌知名度和客户转化率？
2. 分析数字交易在会展企业中发挥的作用，并讨论如何利用社交媒体增强用户体验和吸引力以提升交易额。

第八章

新技术与会展交流

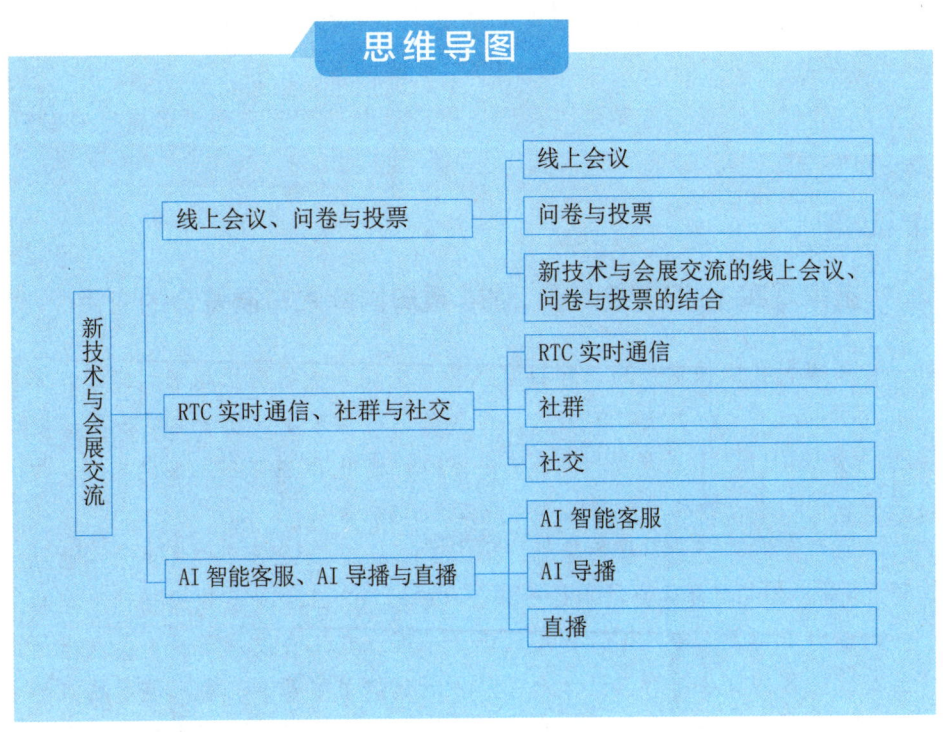

 **学习目标**

【知识学习目标】

通过本章学习，掌握新技术在会展交流中的应用现状和发展趋势，深入理解新技术在会展交流中的功能和作用，探讨新技术如何提升会展的交互性、体验性和效率。

【能力培养目标】

提高学生运用新技术进行会展策划、宣传和执行的能力，增强学生的项目实践能力，培养学生的创新思维和创业意识。

【职业素养目标】

1. 能够将新技术与会展交流相结合，设计创新的展示和互动形式，提升参会者的体验。

2. 在国际会展中，具备跨文化沟通能力，尊重文化差异，确保信息传递的准确性。

3. 保持对新技术的敏感度，持续学习并掌握最新的会展交流工具和方法。

 开篇引例

虚拟现实（VR）技术在2024重庆国际汽车展览会的应用

随着科技的快速发展，新技术在会展交流领域的应用越来越广泛。其中，虚拟现实（VR）技术的引入，为会展交流带来了前所未有的变革。以2024重庆国际汽车展览会为例，主办方巧妙地将VR技术融入展览之中，为参观者带来了一场沉浸式的汽车体验之旅。

承载着汽车产业发展的梦想，重庆国际车展自1998年创办至今，已至第26届。在中国贸促会汽车行业分会、中国汽车工业协会以及全球汽车品牌的鼎力支持下，重庆国际车展见证了中国汽车工业发展历程，是汽车行业交流合作的重要平台、汽车产品展示展销的重要舞台、重庆展示城市形象的重要窗口。第二十六届重庆国际汽车展览会，于2024年6月7日—16日在重庆国际博览中心盛大举办。展会以"智启新程　潮领未来"为主题创新升级，预计展出总面积16万平方米，将持续推动汽车产业新能源化、智能网联化、高端化、绿色化发展，为全球汽车产业发展注入活力。来自世界各地的汽车制造商、供应商和媒体齐聚一堂，展示最新的汽车技术和

产品。随着参展商和参观者数量的不断增加，展览场地的空间限制成了一个亟待解决的问题。为了解决这一问题，主办方决定引入VR技术，打造一个虚拟的展览空间。

本次车展利用VR技术在展览中开设虚拟展厅，主办方利用VR技术，搭建了一个与实体展厅相媲美的虚拟展厅。参观者只需佩戴VR设备，即可在虚拟空间中自由漫步，参观各个展区的汽车展品。虚拟展厅不仅解决了实体展厅空间不足的问题，还为参观者带来了全新的观展体验。

车展还利用新技术进行交互体验，在虚拟展厅中，参观者可以通过VR设备与汽车展品进行交互。他们可以打开车门、调整座椅、启动引擎等，仿佛置身于真实的汽车之中。这种交互体验让参观者更加深入地了解汽车产品的特点和性能。不断实时更新，让主办方可以根据需要，实时更新虚拟展厅中的展品和内容。例如，当某款新车发布时，主办方可以立即将其添加到虚拟展厅中，供参观者体验。这种灵活性大大提高了展览的时效性和吸引力。

通过VR虚拟技术与展会的融合运用，提高了参观者满意度。其中VR技术的应用为参观者带来了全新的观展体验，让他们能够在虚拟空间中自由探索和交互。这种沉浸式的体验让参观者更加满意和兴奋。不断扩大展览影响力，虚拟展厅的搭建打破了时间和空间的限制，使得无法亲临现场的观众也能通过VR设备参观展览。这不仅扩大了展览的受众范围，还提高了展览的知名度和影响力。吸引参展商，促进商业合作，通过VR技术展示的汽车产品更加生动、真实，有助于吸引潜在客户的关注。参展商可以借此机会与潜在客户进行深入交流，促进商业合作的达成。

该国际汽车展览会引入VR技术的案例，充分展示了新技术在会展交流领域的应用潜力和优势。随着技术的不断进步和创新，相信未来会有更多新技术被应用于会展交流之中，为参展商和参观者带来更加丰富多彩的体验。

资料来源：重庆国际汽车展览会官方网站。

拓展阅读

MosBuild 2024 展会

第一节　线上会议、问卷与投票

在新技术与会展交流的背景下，线上会议、问卷与投票等数字化工具的意义越发凸显。这些工具不仅提高了会展交流的效率和便捷性，还为参与者带来了全新的体验。

一、线上会议

(一)线上会议的核心

线上会议必须保证拥有高质量的内容、连接的社交互动以及会议的仪式感,才能促进线上会议的长远发展。

高质量的内容是线上会议的关键,需要活动组织者进行专业嘉宾的邀约以及议程的精细管理。线上会议虽然缺乏线下会议的环境影响,但可以通过提问、打赏等多种互动交流方式,建立连接的社交互动,提高用户的参与感,帮助与会者集中注意力。线上会议也需要注重仪式感,从会议全流程的设计到某一具体细节,都应体现对会议的尊重。

(二)线上会议系统的功能

线上会议提供了类似桌面共享的形式,让用户看到特有的屏幕,从而参与其中,沉浸式地参与会议全过程。自动化管理功能,如日程管理系统可自动识别冲突的日程,并进行提醒,帮助组织者及时发现问题。

线上会议还可以提供高清音视频通信,支持高清视频和音频传输,确保与会者能够实时交流,获得身临其境的会议体验;提供多画面显示功能,可以根据需要切换不同的显示模式,如画廊视图或演讲者视图。完成数据共享与协作,实时屏幕共享功能允许参与者实时共享屏幕内容,包括文档、图片和视频;支持远程控制,在需要时,可以远程控制共享的屏幕;在线文档编辑功能支持多人在线实时编辑文档,提高协作效率。同时,版本控制功能自动保存文档的修改历史,方便追踪和回溯。

线上会议有利于更好地进行会议管理与控制,主持人可以对会议进行各种管理操作,如邀请与会者、设置会议权限、控制发言顺序等,确保会议的有序进行;提供录制与回放功能,重要会议内容可以被录制下来,供后续回顾或未能参加会议的人员观看。完成多平台兼容性,现代网络会议系统通常支持跨平台使用,无论是 Windows、macOS 还是 Linux 操作系统,都能轻松接入会议。形成移动会议系统,移动会议系统允许用户通过手机、平板电脑等便携设备随时随地参与会议,极大地提高了会议的灵活性和便捷性。

二、问卷与投票

(一)问卷与投票的作用

问卷功能适用于各种调查研究,如产品调研、用户研究、消费者分析、满意度调查等，帮助企业和机构了解目标群体的需求、态度和行为，收集用户信息。通过问卷收集的数据，企业和机构可以更加精准地了解市场趋势和用户需求，从而指导产品开发和营销策略的制定。

通过问卷收集的用户反馈，企业和机构可以及时发现产品或服务中存在的问题，并进行改进，从而提升用户体验。

投票功能可以拉动圈子成员的积极性，聚集多人去参与投票，增加大家之间的交流，为圈子增添人气和活跃度，促进参与和互动。投票功能适用于给事物打分、岗位竞选、活动竞选等场景，可以快速有效地收集目标群体的意见和选择。通过投票结果，企业和机构可以快速了解目标群体的偏好和需求，从而辅助决策过程。

（二）问卷与投票的部署

问卷方面，选择适合的平台或系统来部署问卷，如腾讯问卷、问卷星等，这些平台提供了丰富的问卷设计工具和数据分析功能。然后根据调查目的和目标群体，设计合适的问卷内容，包括问题类型、问题顺序、答案选项等。同时，要确保问卷的易用性和友好性，方便用户填写。通过合适的渠道将问卷投放给目标群体，并设定问卷的回收时间和方式。同时，要确保数据的真实性和完整性，避免虚假填写和重复提交。

投票方面，选择适合的平台或系统来部署投票功能，如一些社交媒体平台、投票软件等。这些平台提供了丰富的投票选项和结果展示功能。根据投票目的和目标群体，设置合适的投票选项、投票时间和方式。同时，要确保投票的公正性和透明度，避免作弊和操纵结果。在投票结束后，及时展示投票结果，并进行分析和解读。同时，可以将结果分享给相关人员或公众，以便更好地了解目标群体的偏好和需求。

三、新技术与会展交流的线上会议、问卷与投票的结合

在新技术与会展交流的背景下，线上会议、问卷与投票功能得到了进一步的应用和发展。通过利用新技术，线上会议系统能够提供更加高效、便捷的会议体验，而问卷与投票功能则能够更准确地收集用户反馈，促进会展交流活动的持续改进和优化。

（一）线上会议

新技术可以突破会议的地域限制，线上会议打破了传统会议的地理限制，

使得全球各地的参与者都能轻松参与，极大地扩大了会议的影响力和参与度。同时节省会议成本，线上会议无须租赁场地、布置设备等，有效降低了会议成本。参会者还无须承担交通、住宿等额外费用，也降低了参会成本。线上会议可以通过实时互动、多媒体展示等方式，提高会议的信息传递效率和参与度。此外，线上会议还可以进行实时录制和回放，方便参会者回顾会议内容。

线上会议可以方便地收集和分析参会者的行为数据，便于数据收集与分析，如观看时长、互动情况等，为会议组织者提供有价值的参考信息。

（二）问卷

问卷是收集参与者意见和需求的有效方式。通过问卷，可以了解参与者对会议主题、内容、形式等方面的看法和建议，为会议组织者提供改进的依据。新技术的加入可以提升问卷收集意见与需求的效率，还可以用于评估会议的效果和参会者的满意度。通过问卷收集的数据，可以了解参会者对会议的整体评价、对演讲嘉宾的满意度等，为会议组织者提供反馈和改进的建议。可以通过专业的数据分析工具进行挖掘和分析，发现潜在的问题和机会，为会展交流的未来发展提供有力支持。

（三）投票

投票是实现民主决策和参与者广泛参与的有效方式。通过投票，可以让参会者就某些重要问题表达自己的观点和立场，确保决策的公正性和合理性，提高民主决策与参与。投票可以快速收集参会者的意见和选择，为会议组织者提供及时的反馈和参考，快速收集意见。这有助于会议组织者及时调整会议内容和形式，满足参会者的需求和期望。投票结果可以通过数据化的形式呈现，方便会议组织者进行统计和分析。通过对比不同选项的得票数、分析投票者的分布情况等，可以深入了解参会者的需求和偏好，为会展交流的未来发展提供有力支持。

线上会议、问卷与投票在新技术与会展交流背景下具有重要意义。这些数字化工具不仅提高了会展交流的效率和便捷性，还为参与者带来了全新的体验。因此，在未来的会展交流中，应充分利用这些工具，为参与者提供更加优质、高效的服务。

拓展阅读

线上展会：数字化时代的交流新篇章

第二节　RTC 实时通信、社群与社交

一、RTC 实时通信

RTC（Real-Time Communication）实时通信，指的是通过网络传输音频、视频、文本等数据，实现实时、双向的通信过程。它允许两个或多个用户之间在几乎无延迟的情况下进行交互，从而提供了一种接近面对面交流的用户体验。

拓展阅读

RTC 实时通信、社群与社交的融合

RTC 的特点有以下五个方面。①实时性，RTC 的核心特性是实时性，即数据能够在网络中以极小的延迟进行传输，确保用户能够即时地进行交流。②双向性，RTC 支持双向通信，即参与者可以同时发送和接收数据。这种交互性使得用户可以实时地看到和听到对方，或者实时地发送文本消息。多媒体支持，即 RTC 技术可以处理多种媒体类型，包括音频、视频、文本等。这使得用户可以通过多种方式进行交流，满足不同的沟通需求。③低延迟性，RTC 技术致力于减少通信过程中的延迟，确保用户之间的实时互动。低延迟是 RTC 技术成功的关键，因为它直接影响用户体验。④可靠性，RTC 系统通常设计有容错机制，以确保在网络状况不佳或出现故障时仍能保持通信的可靠性。⑤可扩展性，RTC 系统应具有良好的可扩展性，以适应不同规模和复杂度的应用场景。

RTC 实时通信技术广泛应用于视频会议、在线教育、远程医疗、在线游戏等领域，为人们提供了高效、便捷、真实的通信体验。随着技术的不断发展，RTC 实时通信将在更多领域发挥重要作用。

图 8-1　RTC 实时通信使得远程办公成为现实

（一）实时数据传输

RTC 泛指各种数据的实时传输，包括音频、视频、文本、图片等媒体和非媒体数据的实时传输。它允许用户在进行通信时实时地接收和发送信息。

RTC 实时通信的核心是音视频数据的传输。这包括即时采集、编码、传输、解码和渲染音视频数据，以实现流畅的音视频通话和会议。实时音视频通信要求传输延迟要小于 400ms，以实现低延时和无卡顿的用户体验。除了音视频数据，RTC 还支持文本数据的实时传输。这包括即时消息、聊天文本、表情符号等，为用户提供多种形式的沟通方式。RTC 可以实时传输图片数据，如用户头像、共享图片等。这些图片数据可以在通话或会议中即时显示，丰富用户的沟通体验。RTC 还支持传输其他非媒体数据，如文件、链接、地理位置等。这些数据可以在用户之间进行实时分享和交换，增强沟通的互动性和多样性。RTC 实时数据传输的核心要求是实时性。这意味着数据需要在极短的时间内完成传输，以确保用户之间的实时互动。因此，RTC 系统通常使用高效的网络传输协议和算法来优化数据传输性能。RTC 系统还需要确保传输数据的质量和安全性。这包括使用高质量的音视频编解码器、加密传输数据以防止泄露和篡改等。

（二）技术流程

RTC 从功能流程上来说，包含采集、编码、前后处理、传输、解码、缓冲、渲染等多个环节。其中，前后处理环节可能包括美颜、滤镜、回声消除、噪声抑制等功能；编解码环节则可能使用 VP8、VP9、H.264、H.265 等多种编解码技术。

使用如 Google 提供的 Web RTC 库等 RTC 框架来实现 RTC 功能。在项目的构建配置文件中（如 Android 的 build.gradle）添加 RTC 库依赖。在应用程序的入口点初始化 RTC 引擎，例如通过调用方法，并传入适当的初始化选项。使用设备的摄像头和麦克风来获取本地的音视频数据。创建本地媒体流（Media Stream），这通常包括视频流（Video Track）和音频流（Audio Track）。初始化视频捕获器（Video Capturer）并设置视频源的参数，如分辨率和帧率。

这一步涉及信令交换。信令（Signaling）是通信系统中的控制指令，用于建立、管理和终止通信会话。通过信令服务器交换连接信息，如会话描述协议（SDP）和 ICE 候选者，以建立点对点（P2P）连接。一旦连接建立，参与方开始交换媒体信息，这包括音频和视频数据包的传输。使用适当的编解码器（如 VP8、VP9、H.264、H.265 等）对媒体数据进行编码和解码。当媒体信息开始传输时，通话就正式开始了。用户可以通过设备的屏幕和扬声器看到和听到对方的音视频。当用户决定结束通话时,通过信令服务器发送结束会话的消息。释放与通话相关的所有资源,如媒体流、网络连接等。

(三)应用场景

RTC 技术广泛应用于各种实时通信场景,如视频会议、在线教育、远程医疗、实时游戏等。在这些场景中,RTC 技术为用户提供了高质量的实时音视频通信体验。

在视频会议场景中,进行实时音视频传输,RTC 技术提供高清画质和稳定的连接,支持多人参与、共享屏幕、远程控制等功能。完成跨地域协作,随着全球化进程的加速,跨地域、跨地区的视频会议需求逐渐增多,RTC 技术使得远程协作变得更为便捷和高效。

在在线教育场景中,实现实时互动学习,RTC 技术使得在线教育能够实现课程实时互动、远程辅导、直播授课等,提升学习体验。丰富的教育资源共享,通过 RTC 技术,学生可以在线观看教师的实时教学视频,同时参与课堂讨论和提问。

在实习游戏场景中,进行实时语音/视频聊天,RTC 技术支持 1V1 通话或群聊功能,频道内用户可自由发言,适用于语音通话、语音群聊、语音聊天室等场景。语音开黑(游戏内语音交流),玩家可通过 RTC 技术进行语音/视频聊天,推进游戏进程,增强游戏体验。

在远程医疗场景中,远程会诊,医生可以通过 RTC 技术进行远程会诊,与患者进行实时音视频交流,提供诊疗建议。手术示教,通过 RTC 技术,医生可以进行手术示教,将手术过程实时传输给远程的医学生和医生观看学习。

二、社群

社群(community),广义而言,是指在某些边界线、地区或领域内发生作用的一切社会关系。它不仅可以指实际的地理区域或是在某区域内发生的社会关系,还可以指存在于较抽象的、思想上的关系。狭义的社群是指基于共同兴趣、爱好或目标而聚集在一起的人群。

社群的特点是有稳定的群体结构和较一致的群体意识。成员有一致的行为规范、持续的互动关系。成员间分工协作,具有一致行动的能力。社群需要有社交关系链,不仅是一个简单的群组,而是基于一个点、需求和爱好将大家聚合在一起。它包含社群精神(Community Spirit)或社群情感(Community Feeling),体现了成员间的共同价值观和归属感。

（一）社群成员

社群的成员通常具有相似的兴趣、爱好或目标，他们通过社群平台进行交流和互动。

成员之间的讨论是社群活力的核心。这些讨论可能围绕特定主题、问题、经验或兴趣点展开。社群成员会提出新的话题，分享自己的观点，并对他人的观点进行回应或补充。社群成员经常分享自己的专业知识、技能和经验。这些分享有助于提升整个社群的知识水平。有时候，成员还会分享实用的资源、教程或案例研究，帮助其他成员解决具体问题。

社群成员经常提出自己在工作、学习或生活中遇到的问题，并寻求其他成员的帮助。其他成员会提供解答、建议或相关资源，帮助提问者解决问题。成员会对社群的管理、内容或活动提供反馈和建议，帮助社群不断改进和优化。这些反馈和建议有助于社群保持活力，并满足成员不断变化的需求。除了专业或学术方面的内容外，社群成员还会进行日常的社交互动，如问候、闲聊或分享生活点滴。

这些互动有助于增进成员之间的了解和友谊，增强社群的归属感。社群成员共同遵守的准则、价值观和传统也是社群内容的重要组成部分。这些文化和价值观有助于维护社群秩序的和谐，并塑造社群独特的氛围和风格。

（二）社群活动

社群活动包括线上和线下的活动，如线上讨论、分享、投票等，以及线下的聚会、讲座、比赛等。这些活动有助于增强社群的凝聚力和活跃度。社群成员会组织参与线上或线下的活动，如讲座、研讨会、比赛或聚会等，并提供更多的互动和交流机会。社群活动还可以分享自己的项目成果、作品或进步，展示自己的努力和成就。这些展示能激发其他成员的热情和动力，促进整个社群的共同进步。

（三）社群管理

社群管理包括成员管理、内容管理、活动组织等方面。有效的社群管理可以确保社群的正常运行和健康发展。

社群的成员管理包含成员招募、成员审核、成员管理、成员培训和奖惩机制。根据社群宗旨和目标，制定明确的招募标准和流程，吸引符合社群定位的成员加入。对新成员进行审核，确保他们符合社群的要求和标准。对成员进行分组、设置权限、管理行为等，确保社群内环境的和谐有序。为成员提供必要的培训和支持，帮助他们更好地融入社群并发挥作用。建立明确的奖惩机制，对优秀成员进行表彰和奖励，对违规行为进行警告和处罚。

社群的内容管理主要内容为内容策划、制作、审核和推广。根据社群宗旨和目标，策划符合社群定位的内容，确保内容的质量和多样性。制作和发布有价值的内容，包括文章、图片、视频等，吸引成员的关注和参与。对成员发布的内容进行审核，确保内容符合社群的要求和标准，避免不良信息的传播。通过各种渠道推广社群内容，提高社群的知名度和影响力。

社群的活动管理主要表现在活动策划、组织、宣传和评估上。根据社群宗旨和目标，策划符合社群定位的活动，提高成员的参与度和活跃度。组织线上或线下活动，包括主题讨论、线下聚会、讲座等，为成员提供交流和互动的机会。通过各种渠道宣传社群活动，吸引更多的成员参与。对活动的效果进行评估和总结，为今后的活动提供经验和借鉴。

三、社交

在新技术中，社交的含义仍然保持其传统的核心，即指社会上人与人的交际往来，是人们运用一定的方式（包括新技术工具）传递信息、交流思想的意识，以达到某种目的的社会各项活动。

（一）交流方式

社交的交流方式多种多样，包括面对面的交流、书信、电话、网络社交等。随着互联网的普及，网络社交已成为人们日常生活中不可或缺的一部分。在新技术下，社交的交流方式得到了极大的丰富和拓展。

第一，即时通信工具，包含文字聊天和语音通话。文字聊天仍然是最主流的交流方式之一，人们通过微信、WhatsApp、Telegram等工具进行日常沟通和信息交流。随着网络带宽的提升，语音通话成为即时通信中不可或缺的一部分，允许用户进行实时语音交流。

第二，社交媒体平台。微博、抖音等，用户可以通过发布短文、图片、视频等方式分享自己的生活、观点和新闻，同时关注感兴趣的人或话题，获取最新信息。微信、小红书等，这些平台侧重于用户之间的连接和互动，用户可以创建个人资料、发布照片和视频、加入群组等，与好友和家人保持联系。

第三，视频通信工具，有视频会议、聊天。Zoom、腾讯会议等，允许用户进行远程视频会议，适用于工作、学习和社交等多种场合。微信视频通话、Skype等，提供了一对一或多人视频聊天的功能，让用户能够面对面地进行交流。

第四，虚拟社交体验，主要是虚拟现实（VR）社交，通过VR技术，用户可以进入虚拟世界，与其他用户进行互动、参加虚拟活动或游戏。这种方式为用户提供了全新的社交体验。增强现实（AR）社交，利用 AR 技术允许用户在现实世界中看到虚拟元素，如通过 AR 滤镜或游戏与他人进行互动。

（二）社交目的

社交的目的可以是建立人际关系、获取信息、分享经验等。有效的社交活动有助于个人的成长和发展。

社交的本质在于人与人之间的相互了解和连接。新技术，如社交媒体和即时通信工具，为人们提供了更便捷、更广泛的途径来结识新朋友、维持旧关系，增加人际的了解和联系，从而增加相互了解与连接。人们通过社交活动获取更多的信息，从而拓宽视野、增加知识储备。在新技术下，社交媒体等平台成为信息分享和获取的重要渠道，人们可以轻松地分享自己的见解、经验和知识，同时也可以从他人那里获取有价值的信息。

社交活动还能够满足人们的情感需求，如归属感、认同感和尊重感等。新技术提供了更多的社交方式，使人们能够在虚拟空间中感受到社交带来的情感满足，减少孤独感，提高生活质量。同时，社交活动对于个人成长和发展具有重要意义。通过社交，人们可以学习新的技能、拓展人际关系网络、积累社会经验等。新技术为社交提供了更多元化的机会和平台，有助于个人在社交中实现自我提升和发展。

在新技术下，社交也逐渐成为商务和职业发展的重要途径。通过社交媒体等平台，人们可以建立职业网络、寻找商业机会、推广产品或服务等。这些社交活动有助于个人在职业领域取得更好的成就和发展。社交活动也是人们娱乐和休闲的重要方式。新技术提供了更多样化的社交娱乐方式，如在线游戏、虚拟社区等，使人们能够在社交中享受乐趣、放松身心。尽管新技术为社交带来了便利和多样性，但同时也引发了一系列的隐私和安全问题。因此，新技术下的社交目的也包括保护用户的隐私和数据安全，确保社交活动的安全和可靠。

（三）社交工具

社交工具是实现社交活动的重要手段,包括即时通信工具、社交媒体平台等。这些工具为人们提供了便捷的交流方式，促进了人与人之间的沟通和互动。

即时通信软件包含微信,一款拥有超过 10 亿用户的社交软件,提供文字、图片、语音、视频等多种通信方式，以及群聊、朋友圈等功能的软件。QQ，拥有超过 8 亿用户的社交软件，功能类似微信，但更偏向于年轻用户群体的聊天软件。

社交媒体平台，例如微博，它拥有超过 7 亿用户的社交软件，以短文本、图片、视频等形式发布动态，用户间通过关注、转发、评论等方式互动。

视频通信与直播工具，比如 YY 语音/YY 直播等基于 Internet 的团队语音通信平台，提供清晰、稳定的语音和视频通信服务，并支持直播功能的软件。而抖音，这款短视频社交平台，用户可制作和分享短视频，通过点赞、评论、关注等方式进行互动。

虚拟社交与 AI 社交中运用先进的 AI 技术，提供类似于真人的交流、陪伴和支持体验，如基于 AI 的聊天机器人等。以及通过虚拟现实技术构建的社交环境，用户可以在虚拟世界中与他人进行互动和交流都是当下的社交工具。

微课

新技术在会展客户社群与社交管理中的应用

第三节 AI 智能客服、AI 导播与直播

一、AI 智能客服

拓展阅读

AI 在会展交流中的应用与发展展望

（一）AI 智能客服的含义

AI 智能客服，作为会展中的一项重要技术工具，为参展商和观众提供了更加便捷、高效的服务体验。

（二）主要功能

AI 智能客服主要的功能包括自动化问答，AI 智能客服通过预设的问题库和答案库，能够自动识别和回答参展商和观众提出的常见问题，如会展时间、地点、展位信息等。多轮对话，当遇到复杂问题时，AI 智能客服能够进行多轮对话，通过逐步引导的方式，深入了解用户需求，并提供更精准的解答。智能推荐，基于用户的查询历史和浏览行为，AI 智能客服能够为用户推荐相关的会展活动、展品信息或服务提供商。情感分析，AI 智能客服能够分析用户的情绪状态，对于不满或抱怨的用户，能够自动转接到人工客服或提供安抚性回复。数据统计分析则是通过收集和分析用户与 AI 智能客服的交互数据，会展组织者可以了解用户需求、优化服务流程，并为后续会展提供数据支持。

（三）行业应用

AI 智能客服在会展中可以协助处理展位咨询、活动安排、票务服务等常见问题，减轻人工客服的压力，提高服务效率。比如会展咨询，AI 智能客服可以为参展商和观众提供 24 小时不间断的在线咨询服务，解答关于会展的各类问题。进行服务预约，用户可以通过 AI 智能客服预约会议、讲座、体验活动等，提高服务效率，减少现场等待时间。展品导览利用 AI 智能客服可以为用户提供展品导览服务，介绍展品的特色、功能、价格等信息，帮助用户更好地了解展品。个性化推荐可以根据用户的兴趣和需求，AI 智能客服可以为用户推荐适合的展品、活动或服务，提高用户的参展体验。

（四）优势与挑战

AI 智能服务的优势是 AI 智能客服可以自动处理大量常见问题，减轻人工客服的负担。通过多轮对话和智能推荐，AI 智能客服能够提供更加精准、个性化的服务。同时，AI 智能客服可以替代部分人工客服的工作，降低会展组织者的运营成本。

与此同时，AI 智能服务带来更多的挑战。

技术成熟度：AI 智能客服的准确性和智能化程度受限于技术成熟度，需要不断优化和更新。

数据隐私与安全：用户与 AI 智能客服的交互数据需要得到妥善保护，避免数据泄露和滥用。

用户体验：AI 智能客服的交互方式和界面设计需要不断优化，以提高用户体验和满意度。

二、AI 导播

（一）AI 导播的含义

AI 导播是一个结合人工智能技术的音视频信号分析与处理系统。AI 导播系统通过人工智能技术自动选择和切换镜头，调整画面效果，以及添加图文等功能。它能够减轻导播员的工作负担，提高工作效率。

（二）AI 导播的应用

AI 导播在多个领域具有广泛的应用价值，特别是在商业直播、教育直播、安防监控等方面。例如，在商业直播中，AI 导播可以用于产品发布会、时装秀等场景，实现更加生动、真实的直播效果。AI 导播利用先进的算法和数据分析技术，能够实时调整音频、视频效果，提升节目质量。它能够根据事先设定的规则和算法，自动控制摄像头进行镜头切换，实现自动导播。与此同时，随着科技的不断进步，AI 导播的技术也将持续创新，例如结合 VR 和 AR 技术，为观众提供沉浸式的观感体验。

（三）AI 导播的市场趋势

AI 无人直播市场的发展趋势显示，内容将会更加多样化，以满足不同用户的需求。

随着技术的不断创新，AI 无人直播的商业价值也将逐渐得到开发，通过精准营销、广告植入等方式实现更大的商业价值。尽管 AI 导播在自动化控制和数据分析方面具有显著优势，但它并不能完全取代人类导播。导播工作还包括艺术创作和判断等需要人类智慧和经验的部分，例如在直播节目中，导播需要具备敏锐的观察力和判断力，适时进行镜头切换和导播调度，这是目前 AI 难以胜任的。

三、直播

（一）直播的定义

展会直播是指在展览会、博览会、交易会等各类展会活动中，通过网络直播平台，实时传输展会现场的情况，使无法亲临现场的人也能参与展会。

展会直播的特点有四个方面。实时性，直播能够实时传输展会现场的情况，确保观众能够同步获取最新的展会信息。互动性，与传统的展会模式相比，直播提供了更强的互动性，观众可以在直播过程中提问、发言，甚至参与展会的讨论，增强了参与感。广泛性，直播打破了时间和空间的限制，使无论身处何地的观众都能参与其中，极大地扩大了展会的受众范围。多样性，直播的形式多样，包括但不限于同步直播、延时直播和视频直播等，满足了不同观众的需求。

展会直播对于活动主办方来说具有多重好处。首先，通过直播可以提高活动的曝光度和知名度，吸引更多观众参与。其次，直播能够让观众更加深入地了解活动内容，增强活动的互动性和参与度。最后，直播还可以让主办方更好地掌握活动进展情况，及时调整策略，提高活动的效果。

（二）主要内容

1. 直播前准备

首先需要明确直播的目标，如宣传新产品、提高品牌知名度、加强与客户的互动等。这有助于为后续的直播内容策划提供方向。然后,根据直播目标，策划直播内容，包括主题、嘉宾、时间、场地、设备等。确保直播内容具有吸引力和互动性，能够吸引目标受众的关注和参与。再选择适合的直播平台，如抖音、快手、B站等，同时需要考虑平台的用户群体和流量情况，确保所选平台能够覆盖到目标受众。最终选择适合的主播或主持人，要求具备良好的形象、口才和应变能力。主播或主持人需要提前熟悉产品、了解直播流程，并准备好相关的脚本或提示。

2. 直播内容

在直播开始时，主播或主持人需要简要介绍直播的主题、目的和嘉宾等，吸引观众的注意力。产品展示与讲解是直播的核心内容之一。主播或主持人需要详细介绍产品的特点、功能、优势等，并通过实物展示、演示等方式让观众更直观地了解产品。直播可以邀请行业专家、合作伙伴或客户等作为嘉宾参与直播，分享他们的经验、观点或案例等。这有助于增加直播的权威性和可信度。

在直播过程中，设置互动环节，如抽奖、提问、投票等，增加观众的参与度和黏性。主播或主持人需要实时关注观众的反馈和提问，并及时回应和解答。

在直播结束时，主播或主持人需要总结直播的重点内容，并感谢观众的参与和支持。同时，可以预告下一场直播的时间和主题，引导观众继续关注。

3. 后期处理

将直播内容录制下来并制作成回放视频，方便观众随时观看和分享直播回放。这有助于扩大直播的影响力和传播范围。对直播的观看人数、点赞数、评论数等数据进行统计和分析，评估直播的效果和观众的反馈。根据分析结果对后续直播进行改进和优化。

案例分析

智能机器人技术与会展交流——"未来智能峰会"

随着科技的飞速发展，智能机器人技术已经渗透到我们生活的方方面面。为了推动这一领域的创新与发展，以及加强行业内外的交流与合作，"未来智能峰会"应运而生。本次峰会会聚了全球顶尖的机器人技术专家、企业领袖和投资者，共同探讨智能机器人技术的未来趋势和商业应用。

本次峰会的亮点是峰会现场设立了多个展区，展示了最新的智能机器人技术成果，包括自主导航机器人、服务机器人、医疗机器人等，让与会者亲身体验智能机器人的魅力。邀请了国内外知名专家和企业领袖进行主题演讲，分享他们在智能机器人领域的最新研究成果和成功经验。设置了多个互动环节，如机器人编程大赛、机器人舞蹈表演等，增强了与会者的参与感和体验感。为参展商和投资者提供了商务洽谈区，促进技术交流和合作。

在"未来智能峰会"上，一家名为"智慧未来"的公司展示了一款名为"小智"的家用服务机器人。这款机器人集成了先进的语音识别、自然语言处理和人工智能技术，能够实现家居环境的智能控制、家庭娱乐、儿童教育等多种功能。

在会展现场，"小智"机器人通过语音交互与观众进行互动，解答观众的问题，并展示了其智能家居控制功能。观众可以通过语音指令控制家里的灯、空调等设备，实现了家居环境的智能化。此外，"小智"还展示了其儿童教育功能，通过与孩子进行互动游戏和讲故事等方式，激发孩子的学习兴趣和创造力。

"未来智能峰会"为参展商和投资者提供了一个绝佳的交流与合作平台。在商务洽谈区，多家企业和投资机构进行了深入的合作洽谈，共同探索智能机器人技术的商业应用和市场前景。此外，与会者还通过峰会建立了广泛的社交网络，与业界专家、企业领袖和投资者建立了联系，为未来的技术交流和合作奠定了基础。

"未来智能峰会"的成功举办，不仅推动了智能机器人技术的创新与发展，也加强了行业内外的交流与合作。未来，"未来智能峰会"将继续关注智能机器人技术的最新动态和市场趋势，为全球的智能机器人产业注入新的活力和动力。同时，我们也期待更多的企业和机构加入智能机器人技术的研发和应用中来，共同推动这一领域的繁荣发展。

资料来源：中国人工智能学会．共享机遇　智绘未来，2024亚太人工智能与机器人产业峰会在杭州圆满举办［N］．新浪网，2024-07-15.

本章小结

1. 通过云计算、大数据等技术，构建线上会展平台，实现虚拟展览、在线会议等功能，打破了地域和时间的限制，提高了会展的参与度和影响力。

2. 利用AR/VR技术，为参观者提供沉浸式的体验，使其能够身临其境地感受展品和会场的氛围，增强了会展的互动性和吸引力。

3. 通过物联网技术，实现对会展现场的智能管理，包括温度、湿度、照明等环境因素的自动调节，以及人流、车流等数据的实时监控，提高了会展的效率和安全性。

4. AI技术在会展交流中的应用包括智能导览、语音识别、智能客服等，为参观者提供便捷、个性化的服务，同时降低了会展的运营成本。

课内实训

1. 实训目标

① 了解和掌握新技术在会展交流中的应用及其重要性。

② 学习会展交流的基本流程和方法，并结合新技术进行实践。

③ 培养学生的团队协作、创新思维和问题解决能力。

2. 实训内容

（1）新技术介绍。

讲解当前会展行业中广泛应用的新技术，如虚拟现实（VR）、增强现实（AR）、人工智能（AI）等。分析这些新技术在会展交流中的优势和应用场景。

（2）会展交流流程学习。

学习会展交流的基本流程，包括前期策划、宣传推广、现场管理、后期评估等。

深入理解每个环节的关键要素和注意事项。

（3）新技术应用实践。

分组进行会展项目策划，要求至少运用一种新技术进行展示。

小组内部分工明确，如策划、设计、制作、展示等角色。

利用新技术制作会展展示材料，如VR漫游、AR互动体验、AI客服等。

（4）模拟会展交流。

在教室内模拟会展交流场景，如展览区、洽谈区、休息区等。

小组进行会展示，其他小组作为观众或参展商进行互动体验。

观众或参展商填写反馈表，对展示内容进行评价和建议。

（5）总结与反思。

每个小组进行展示总结，分享经验和教训。

教师进行点评和指导，提出改进意见和建议。

学生根据反馈进行反思和修改，完善会展项目策划。

3. 实训步骤

（1）准备阶段。

确定实训目标和内容。

分配小组并明确任务分工。

收集相关资料和工具，如新技术介绍、会展交流案例等。

（2）实施阶段。

小组内进行会展项目策划和讨论。

利用新技术制作会展展示材料。

在教室内模拟会展交流场景进行展示。

（3）总结阶段。

每个小组进行展示总结。

教师进行点评和指导。

学生根据反馈进行反思和修改。

思考题

1. 思考新技术在会展交流中的角色和重要性。为什么新技术对于现代会展交流至关重要？请举例说明新技术如何提升会展交流的效率和效果。

2. 分析一个成功的会展交流案例，探讨其中新技术应用的成功因素。这个案例中的新技术是如何吸引参展者和观众的？它解决了会展交流的哪些挑战？

3. 设想一种新兴技术在会展交流中的应用，并描述这种技术将如何改变会展交流的形式和体验。请思考这种技术可能带来的潜在问题和挑战，并提出解决方案。

4. 讨论会展交流中新技术应用的伦理和隐私问题。在新技术越来越深入会展交流的情境下，如何保护参展者和观众的隐私？请提出一些建议和措施。

第九章

新技术与会展服务

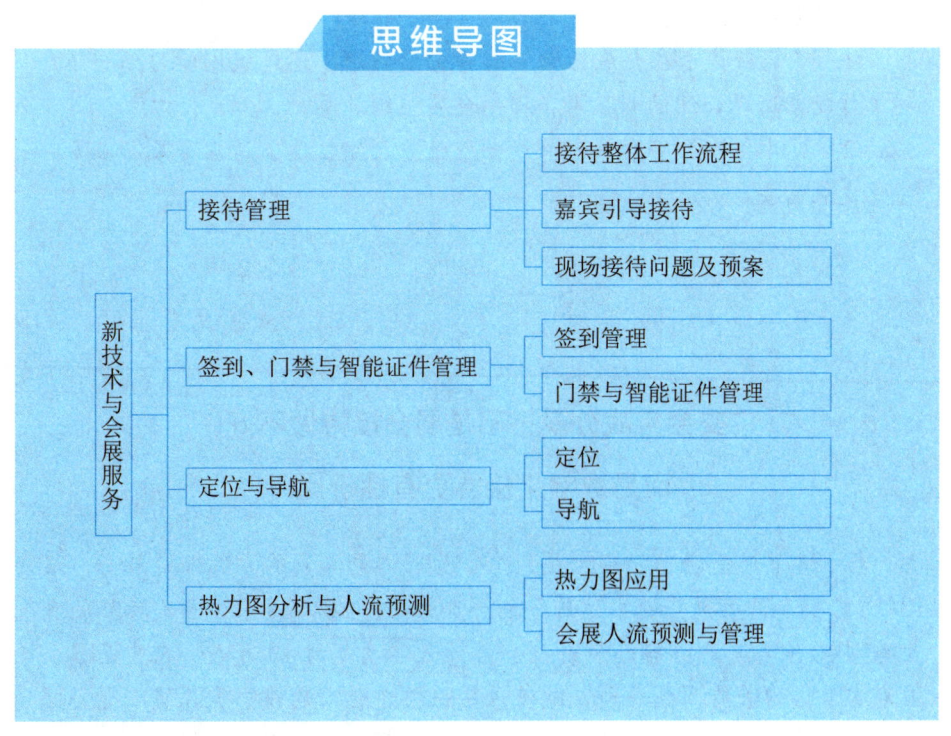

 **学习目标**

【知识学习目标】

1. 通过本章学习，了解会展接待、会展来宾信息管理、现场应急预案处理、签到、门禁与智能证件管理、室内定位与导航、热力图分析与人流预测的基本概念，并能区分各种会展服务所适用场景。

2. 了解新技术对会展服务的作用，理解新技术对企业举办组织活动的重要性。

【能力培养目标】

1. 掌握新技术在会展服务中的实际应用。

2. 提高综合运用能力，能较好地运用新技术服务会展活动，将科学的理论与专业知识结合起来，学习本章内容与实践结合起来。

3. 培养敏锐的洞察力和深刻的理解力，提高理性思维能力和社会适应能力。

【职业素养目标】

1. 了解新技术在会展活动与服务中的作用，通过案例学习结合不同工作场景选择合适的新技术，提高会展组织效率。

2. 提升会展数字素养，培养会展服务数字技能，适应会展行业数字化发展需要。

 开篇引例

广交会实战分享：不是展会接待做不好，
而是数字化接待更有性价比

第 134 届广交会已经临近尾声。作为国内最具影响力的外贸展会，第 134 届广交会的参展企业数达到了创历史新高的 28 533 家，首次参展的企业超 4900 家。与此同时，累计到会境外采购商超过 19 万人。来自 215 个国家和地区的采购商预注册，欧美采购商预注册人数较第 133 届广交会同期增长 20.2%。面对如此激烈的竞争，如何脱颖而出，把握住每一个潜在客户，争取到更多高质量的订单，成了每一个参展企业的关注点。而如何做好展会的现场接待工作，也是参展的重要一环。

本次跟随公司参展的业务员小 A，对此深有感触。一大早，小 A 就和

团队到达展位。在确认过现场的布置没有问题，翼展通生成的商品信息的二维码也都对应贴好后，小A整理好着装，精神满满准备迎接新的一天。

不久，1号客户来到展位。看到客户有些游移不定，小A便将热门爆款榜单排名第一的产品推荐给客户，客户恰好很感兴趣，于是进行询问。

小A立即用手机通过翼展通扫描商品的二维码，为1号客户进行商品讲解并给到采购价格。对于客户提出的一些关于商品的需求想法，小A马上通过速记功能备注在商品页。

在继续了解了5号、8号商品后，客户表示对这几款产品很有意向，但还想再看看。小A表示同意，请客户留下名片信息，稍后发送报价给他。

用翼展通识别记录名片信息后，弹框显示客户在之前的展会中被同公司的小C接待过，小A又在名片信息下方备注了客户的外形特征和意向偏好。

送走客户后，小A在翼展通将记录在客户名下意向列表的商品勾选生成报价单，发送到了客户名片上的E-mail地址，告诉客户可以多比较一番再做决定，欢迎再联系。

小A紧接着又投入到新的接待中。

一天结束，饭后小A回到酒店，将今天接待过的客户在翼展通系统中进行了细分，方便之后再进行跟进。

翼展通记录的客户意向，小A也认真地进行整理，免得之后忘记具体内容。

眼看到了11点，小A决定早早睡个好觉，为第二天接待补充精力。

睡前回想一天的工作，客户很多接待很忙，但是在翼展通的帮助下，没有往日参加展会的手忙脚乱，也不必熬夜去整理一天的资料再发送报价单给客户，展会接待工作似乎也变得更加高效了！

数字化工具上手，就知有没有。

有翼展通的助力，可以让业务员释放更多精力，专注于高效的现场接待。

而这一切的实现，所需要做的事情，其实很简单：

参展前将商品信息录入到翼展通，匹配对应展会参展的商品，就可以在商品库自动置顶。

录入后，每款商品会生成独立的商品码。展会现场，登录翼展通账号之后，扫一扫商品附上的商品码，就可以得到报价、参数等全部信息了。

通过需求速记、即时报价、一键PI、实时排名等亮点功能，翼展通可以向外贸企业客户展示数智工具带给国际展会参展企业的新机遇！

速记客户需求

对于客户感兴趣的商品，一键加入意向菜单，对于客户提出的各项需求也可以实时备注在商品图片上或是文本框内。

分条列项，清晰明了！

即时生成报价

展会现场，业务员只需要通过手机或 iPad 扫描对应商品的二维码，就可以为客户快速展现包括报价在内的全部信息。

一目了然，直观全面！

一键发送 PI

意向初步确认后，只需简单几步操作，就可以在现场快速生成意向 PI，发送至客户邮箱，让客户看到业务员的专业品质。

轻松几步，好感加倍！

实时热门排名

根据最新的现场数据，及时更新商品榜单排名，让业务员可以及时了解商品动态，为其他客户做推荐时更加信心百倍！

资料来源：由翼贸通 WINGTRA 发布。

第一节　接待管理

随着国家经济高质量发展与产业迭代升级，数字化建设在各个领域的应用越来越广泛，会展业也深受影响。在大数据、超级计算、人工智能技术等数字新技术及经济社会发展的强势驱动下，运用数字化技术优化会展服务工作流程、提高会展服务工作效率，为会展行业发展提供了强有力支撑。将新技术引入会展业，满足了会展行业、主办方、参展商、专业观众及社会等的需求。

一、接待整体工作流程

接待管理是指会展承办方在会展项目实施期间，对参与嘉宾在交通、酒店、现场等方面进行接待的管理工作，是会展项目的核心体验内容之一，是会展项目评估的关键要素，也是会展项目最基础的工作，更是主办方对承办方工作评价的重要标准，在会展服务中有着至关重要的作用。接待工作的各个环节都会影响受众对会展品牌的认同度和喜好度。接待整体工作流程就是指接待工作整体筹备流程。

（一）接待工作需求分析

接待工作需求分析是指对接待工作的需求进行系统性的分析，以便确定所需的资源、时间、技能和流程，从而更好地满足客户和主办方的需求。接待工作需求分析需要了解客户和主办方的需求和期望，所需的接待工作人员数量和资质要求，接待工作完成的时间和地点，与项目组其他职能是否有交集等。通过分析审视接待工作流程，发现可能存在的改进空间，以提高服务效率和客户满意度。通过分析接待工作中可能涉及的安全风险，以确定相应的安全保障措施。通过分析接待工作数据，了解客户的偏好和行为，以优化接待服务。

（二）建立接待工作团队

根据接待需求分析所得到的内容进行接待团队筹建，明确哪些可以选择外部供应商，哪些务必要使用内部团队成员。此项工作是确保客户满意度和良好服务质量的关键，需要对项目整体工作及团队成员有全面的认识和了解，一般由项目负责人或高级项目人员完成。负责人要为团队成员提供必要的培训和发展机会，包括接待礼仪、客户沟通技巧等，以提高服务质量。团队要建立良好的沟通机制和奖励机制，以助于协调工作、解决问题、提高工作效率，要建立标准化接待操作程序，以确保团队成员在接待工作中能够按照统一标准进行操作，提高服务一致性和服务质量。

（三）接待分工筹备会

接待工作内容及接待工作团队确定后，须尽快召开接待分工筹备会，以便接待团队能够尽快开展工作。该会议需要明确工作分工，团队成员职责和任务范围；明确客户需求，明确所需资源，包括人力、物资、技术支持等；明确接待工作时间安排和工作流程，包括接待时间、轮班安排；明确与项目组其他职能的衔接计划及注意事项等。在接待分工筹备会上，参与者可以共同商讨接待工作的具体细节，制订筹备计划，以确保接待工作的顺利进行。

（四）制订接待工作方案

筹备会后，接待工作的各个负责人根据项目需求及预算，筛选合适的供应商，并准备项目接待方案。接待方案是进行内部和外部项目例会、汇报当前工作进展及现场接待工作执行的重要文件。接待方案的更新与接待工作的筹备与推进实际是同步的过程。在活动实施前,接待负责人需要根据接待方案,将接待工作中的全部计划、安排及信息明确传达给项目组全体成员,并请全体成员对接待工作的每个环节进行审查和补充,以保证接待工作现场顺利进行。

会展项目从筹备到执行的时间跨度有长有短,期间项目主办方会随时提出新的需求,比如活动人数增加、活动地点调整、活动流程改变等。同时,实际情况也会有诸多变动,比如天气状况、场地被政府项目征用等。在筹备期,接待方案需要根据这些需求变动实时更新,并分享给组内成员及主办方,保证信息的同步。同样,合作供应商的筛选与确认也会根据需求的变化进行调整。执行期间可能会发生的变化,在筹备期间要给予充分的预判,并准备相应的应急预案。即使是不可预见的情况,也要在情况发生后立即形成应急方案,以得到主办方确认并尽快实施。

会展项目的成功需要各个工作节点的通力合作,接待负责人应及时向其他职能负责人输出明确且详细的需求清单,以保证各个节点顺利衔接。

二、嘉宾引导接待

嘉宾引导接待工作在各类活动、会议、展览等会展项目接待中扮演着至关重要的角色。它能提升活动效率、展示专业形象,确保现场安全有序,它不仅是简单的指引服务,更是主办方与嘉宾之间沟通与交流的重要桥梁。通过引导嘉宾,可以及时了解嘉宾的需求和意见,将信息反馈给主办方,帮助主办方不断改进和提升活动质量。

(一)嘉宾引导接待准备工作

嘉宾引导准备工作主要有三项。一是完成引导点位图的绘制,需在接待引导工作前,完成各个引导环节的人员点位图绘制。二是做好指引物料准备工作。如接机接站时所需的立式指示牌、定点及流动指引手举牌,必要时还需要准备对讲机方便同组人员交流沟通。三是做好引导岗前培训工作。对引导人员做好岗前培训,让引导人员熟悉场内各个区域位置信息,掌握签到、安检、登车等各环节的办理流程及所需证件,能熟练运用标准规范礼貌的引导接待话术。

(二)嘉宾引导接待话术

嘉宾引导指会展活动现场引导嘉宾工作,包括嘉宾抵达会展现场、安检、签到、入场及活动结束后退场等一系列引导工作。主要工作环节有落客引导、安检后引导、签到台前引导、签到完成后引导、主会场入口引导、离场引导等。

1. 落客引导

落客引导指引导嘉宾从停车场走到安检处点位的过程。该环节的引导需与车辆接待管理部门配合好。

常用话术如：您好，欢迎参加××展览会开幕式，我是工作人员××，大家这边请，我将带领大家到达开幕式现场，稍后需要大家进行安全检查，并办理签到手续后，进入会场参会。请大家提前准备好胸卡，没有办理胸卡的嘉宾请准备好参会的二维码凭证。媒体老师及××朋友需要到签到台办理签到手续。谢谢大家！

注意结合现场实际情况针对不同类别人群入场做相应引导。

2. 安检后引导

安检后引导指引导嘉宾从安检区到达签到区或会场入口的过程。

常用话术如：您好，欢迎参加××展览会开幕式，大家这边请，请大家提前准备好胸卡，没有办理胸卡的嘉宾请准备参会的二维码电子凭证，在指定通道办理签到。媒体老师这边请（手势指引）。嘉宾请直接凭胸卡入场，无须再次签到。谢谢。

3. 签到台前引导

签到台前引导指签到通道前分流引导过程。

常用话术如：您好，1～5号通道为媒体/专业观众/VIP通道，请大家提前准备好胸卡，没有办理胸卡的嘉宾请准备好参会二维码电子凭证，谢谢！

4. 签到完成后引导

签到完成后引导通常在签到台出口位置，常用话术如：

您好，欢迎参加××展览会开幕式，请大家从这边入场，开幕式将于9：30正式开始，谢谢！

5. 主会场入口引导

主会场入口引导指工作人员在主会场入口为嘉宾做引导，常用话术如：

您好，欢迎参加××展览会新闻发布会，大家里面请，请按照指示区域入座。发布会于19点30分正式开始，请大家就座等待，感谢您的配合。

6. 离场引导

离场引导指引导嘉宾离开活动现场前往车辆指定登车处。这一环节需与车辆接待管理部门对接好。常用话术如：

在主会场出口：先生/女士您好，感谢您的参会，请大家按沿途指引，到大巴车停放处进行登车，请大家准备好胸卡，凭胸卡扫码登车，谢谢！

登车处分流：您好，感谢参加××发布会，请大家仔细查看各车头牌的起点终点，以免错误登车。请大家上车稍做等待，我们按照班车时刻表准时发车！谢谢！

登车处：本车是前往××酒店，请再次确认您乘车无误。车程预计40分钟，请大家出示胸卡，扫码登车！

车辆途中：大家好，我们的车辆将在10分钟后抵达酒店/展览会现场，请大家稍候，待车辆停稳后有序下车。感谢大家！

（三）嘉宾引导接待流程

嘉宾引导接待流程通常包括以下几个关键步骤。

1. 前期准备

（1）通知嘉宾。在活动前一天，通过电话、邮件或短信等方式，将活动的时间、地点、交通工具选择以及需要准备的事项通知给嘉宾，确保嘉宾能够顺利参与活动。

（2）准备接待物料。根据活动场地和嘉宾需求，制作相应的指引牌、地贴、KT板、喷画、横幅、展架等物料，并按照嘉宾的视角和标志性地点从外至内摆放好这些物料。

（3）安排接待人员。在入场门口和场地内部设置礼仪相关人员，以便快速指引嘉宾找到自己的位置。

2. 接待过程

（1）接机或迎接。如有需要，安排专人前往机场、火车站等地点接机或迎接嘉宾，并提供必要的帮助。

（2）引导入场。在场地入口，礼仪人员引导嘉宾按照指引牌和物料找到相应的座位或活动区域。

（3）提供饮品和资料。在嘉宾入座后，提供饮料、企业介绍手册或卡片等物品，并简要介绍会议或活动的安排。

（4）介绍会务内容。礼貌地询问嘉宾是否可以耽误几分钟，简略介绍其发言主题、所在板块及发言时间等会务内容，并将会议安排表交给嘉宾。

3. 会议或活动期间

（1）确保嘉宾需求。会议或活动期间，确保嘉宾房间内的水果、饮品等供应充足，并及时处理嘉宾提出的任何需求或问题。

（2）陪同参观。如有安排参观活动，礼仪人员应陪同嘉宾参观，并介绍相关项目或内容。

4. 送行或告别

（1）离场嘉宾引导。在活动结束或嘉宾离开时，引导人员站定指引嘉宾前往会场出口。会场出口至车辆登车处沿线，或引导人员持发光手举牌站定指引嘉宾前往登车点，或沿线设置引导指示牌。登车处引导人员组织嘉宾登车。嘉宾确认所乘车辆后扫码登车，人满发车。登车点车辆依次停靠待命。礼仪人员应送至门口或车辆旁，并感谢嘉宾的参与和支持。

（2）收集反馈。在活动结束后，可以通过邮件、电话等方式收集嘉宾的反馈意见，以便改进未来的接待工作。

总体来说，嘉宾引导接待流程需要注重细节和服务质量，从前期准备到接待过程再到送行或告别，都要确保嘉宾能够感受到专业、贴心和舒适的服务体验。

（四）嘉宾引导接待注意事项

现场引导从会场出口处开始进行引导，可根据实际情况采用固定指示牌、人员进场指引及人员流动指引，确保来宾有效集合返程。

由于发布会结束时通常是晚上，现场指引需要采用发光手举牌，并且如果登车区域的光线如果不好，车头牌也需要相应地变更为发光的方式，如LED车头牌投影车灯，方便嘉宾正确乘车。

不同类别的人员的差异化引领，领导干部、企业高管、明星由团队人员、工作人员带领走特殊通道离场。此类嘉宾动线全程不接触兼职礼仪，并由安保人员负责。

主持人、特邀嘉宾、演艺人员由团队人员、工作人员带领走特殊通道（区别于前者的离场）。重要嘉宾由工作人员带领走特殊通道。

以上特殊通道均不同，嘉宾走快速通道离场，如车辆在停车场停放，也需要在停车场设置快速通道，普通嘉宾由引导人员引领，从会场出口正门前往大巴停放处。

三、现场接待问题及预案

接待现场，人流高度聚集可能会带来各种问题和挑战。通过提前准备和采取有效的应对策略，可以最大限度地减少接待现场问题的发生，并提高客户满意度和忠诚度。

微课

接待预案

（一）硬件设施方面

1. 断网

会展活动现场断网将给会展组织者和参观参会人员带来诸多不便。活动现场的签到、信息查询、支付、消息推送、定位导航等许多功能都有赖于高效快速的网络来实现。应对方式有：一是提前在活动现场搭建本地服务器，便于网络同步，尤其是在召开大型会议的现场；二是准备备用移动网络设备，如移动 Wi-Fi 热点或者移动数据网络卡，以便在断网情况下提供网络连接；三是提前下载会议资料、地图、日程安排等信息到移动设备上，以便在断网情况下进行查看；四是提供紧急联系方式，比如电话号码或者短信群发，以便在断网情况下进行紧急沟通；五是做好临时通知方案，准备好纸质的通知单或者广播系统，以便在断网情况下进行重要信息的通知。在设计智能接待系统时，也可以考虑到断网情况下的应对方案，比如本地缓存数据、离线模式的应用等。这些措施可以帮助在断网情况下保障会展活动的正常进行。

2. 断电

会展现场活动中有可能因为电力设施故障、自然灾害等原因导致突然断电，影响活动的正常进行和人员安全，是非常重大的事故。尤其是在签到接待的重要场合，使用电子签到更是不可以断电，否则会造成现场的拥挤和混乱，即使重启恢复也需要很长的等待时间，因此会展现场通常需要准备 UPS 不间断电源来应对可能突发的断电情况。也可在会展现场提供备用的发电设备，比如柴油发电机或者蓄电池供电系统，以便在断电情况下提供电力支持。并做好紧急照明准备，如应急灯或者手持式充电宝，以便在断电情况下提供基本的照明支持。供电恢复后，对断电期间受到影响的参展商和观众，要提供必要的帮助和安抚。

另外，会展现场接待还有可能出现系统故障，通常在系统正式使用之前，都要做好相关测试，以避免出现一些系统故障。活动现场通常会安排一位技术支持人员随时待命，以处理突发的一些技术问题。除此之外，必要的情况下可以在用于签到的这个电脑中，内置 Excel 电子签到表，并打印一些纸质签到表做好最坏情况的风险处理。

（二）软性服务方面

1. 人流量过大

会展接待现场常因签到台人流量过大，签到高峰拥挤，导致现场秩序混乱，引发客户不满和不耐烦。

应对策略：一方面可以在场内设置明显的标识和引导牌，指引不同类别客户前往各自区域签到办理入场手续，分散人流；还可在等待区域显示排队进度通知，让客户了解等待时间，并提供较舒适的座椅、饮料和小吃，以缓解长时间排队的烦躁情绪。

另一方面场外可以酌情进行人员等候拦截，或用Pad等设备实施流动签到，避免过多人群拥挤到签到台附近。如果有接送机服务，可以和接机组配合，避免接机大巴同一时间抵达会场，造成突发性多人抵达，导致签到台拥挤。

2．人员混乱

会展现场因一些始料未及的突发情况出现了人员混乱骚动，需要立即采取措施恢复秩序和确保在场者安全。

如果会展现场出现混会的会虫（指那些以混会的形式来参加各类会议的职业者，其目的不在于学术交流，而是在于研讨会中的参演或者是其他利益，称之为会虫或研讨会之蝗虫），应该早发现早拦截，尽可能在场外就进行隔离，处理方式要简单不粗暴，避免在会展现场发生正面冲突和争执，遇到特别难缠的要请求安保组报案来协助。

如果会展现场出现有参与者高声喊叫，并大肆传播具有煽动性的词语或不利于本次活动的语言，安保人员应立即上前控制，将他们请出现场，若没有办法有效控制，安保人员应筑起人墙，组织安保力量对现场进行布控，带头者可送到派出所。

最后也是更严重的一点就是踩踏突发。如果出现拥挤紧急的情况，应该立即用广播设备告知安全出口的位置，并且安排安保力量来组织人员疏散，按照场内的固定疏散线路来出馆，如出现人员伤亡的这种紧急情况，应报告现场公安的指挥部，立即组织车辆和人员送往医院救治。如果不幸发生了踩踏事件，一定要第一时间保证人员的生命安全。

第二节 签到、门禁与智能证件管理

一、签到管理

会议签到是会议顺利开展的基础。但在会议签到现场，往往出现参会者排着长队，焦急等待签到入场的情况，这对参会者来说，难免影响参会体验。为了提高会议签到效率，不少主办方也开始积极运用数字化签到方式，推动签到进程。但不同会议场景、规模，适用的签到方式各不相同，会展组织者应该如何选择匹配的签到方式呢？

（一）二维码签到

参会者在会前完成注册报名后，会收到系统自动发出的含有二维码的电子票。当参会者到达会议现场后，只需要出示报名成功的电子票上的二维码凭证，再配合主办方提供的扫描设备，便可快速完成签到。

签到亮点：操作简单、方便快捷、省时省力。

使用场景：这种签到方式适用于各种中大型会议，几乎不受使用场景限制。

案例呈现：作为常见的数字化签到方式，像 ABB、西门子、美世中国等主办方，在会议签到中都选择了这种签到方式。

（二）人脸识别签到

这是一种基于图像的生物特征识别技术，主办方只需要在参会者注册报名时同步采集参会者照片，当参会者到达会场后站在摄像头前，人脸识别系统即可自动对参会者进行人脸识别，精准确认参会者身份，完成签到。

签到亮点：安全性强、科技感强，不易被盗用身份，完美规避票证丢失的情况。

使用场景：适合各种会议活动场景，尤其适合大中型会议活动。

案例呈现：2024 年浪潮集团的大会选择了人脸签到的方式。这种签到方式，不但节省人力，还高效精准、安全性强，深受主办方喜爱。

（三）PC 客户端签到

客户端签到，是活动基于 PC 端研发的签到终端。主办方只需要在电脑上下载"签到"的客户端，然后输入参会者信息，即可轻松签到，完成登记操作。

签到亮点：适配 Windows 操作系统，签到同时高效管控会场 PPT，效能合二为一。

使用场景：适用于中大型会议，且有需要实时掌握会议进程的会议活动。

案例呈现：中国药店全生态合作伙伴大会采用了 PC 客户端签到，无须签到人员为参会者验证签到，参会者自主展示电子票上二维码于扫码设备前，即可快速完成签到及胸卡打印。

（四）身份证签到

身份证签到需要主办方提前收集到参会者身份信息，当参会者到达现场后，只需要出示身份证放置于身份证识别器上，系统就会自动录入并验证参会嘉宾信息以完成签到，此方式解决了二维码可转发的缺点，有效杜绝了票证人不合的情况。

签到亮点：严格管控参会者，保证票证人合一，规避"蹭会"情况。

使用场景：适合对参会嘉宾身份有要求、有限定的会议活动。

案例呈现：高分子学术会议采用了身份证签到，身份证签到在当时疫情严重的情况下，不但避免了口罩问题，还保证了票证人合一。

（五）微光盒子签到

微光盒子签到是一种自助签到方式，参会者在会议签到现场，只需将电子票上二维码置于微光盒子上，即可完成扫码签到。且参会者在通过微光盒子签到期间，只需要安排 1～2 位工作人员指引签到，高效快捷。

签到亮点：节省人力成本，参会者自助签到。

使用场景：适合中大型会议活动，且会场人手不足的会议场景。

案例呈现："未来科学论坛"就使用过微光盒子进行自助签到，无须工作人员操作，参会者只需像扫码支付一样便捷签到，提升了主办方与参会者的双重签到体验。

总的来说，数字签到以其高效、便捷、移动化和集成化的特点，满足了现代会议和活动的签到需求，是提升会议和活动效率、增强参与者体验的重要工具。

二、门禁与智能证件管理

（一）门禁系统管理

会展场馆举办展会期间客流量大、人员复杂，对人员人身安全要求比较高，为控制馆内人员密度、保障展区人员安全、确保展会现场秩序，会展场馆的出入口通常都会设置会展门禁系统，以便管理和控制出入会展场馆的参展商、观众、工作人员及其他人员。传统会展门禁系统常包括门禁闸机、刷卡设备、X 射线安检系统、爆炸物检测及金属安全检测门等。

随着数字技术和网络技术的高速发展，智能化门禁系统在会展行业也得到了广泛应用，例如人脸识别技术、无感识别技术、远程监控等。门禁管理的效率和安全性都得到了大幅提升，并已超越了单纯的门道管理，逐渐发展成为一套安全、可靠、高效的智能出入管理系统，既能保障工作环境安全，监控采集数据，又能提升入场效率，实现人事考勤目标。

1. **人脸识别技术**

通过前期收集人脸注册信息，辅以高精度算法准确识别遮挡、伪装和光照等变化，现场人脸识别验证快速开启闸机，能有效提高识别准确度和速度，减少对传统门禁卡的依赖，实现无纸化入场，贴合大型会展项目快速入场需求。

2. **无感识别技术**

采用 RFID 技术，将电子标签植入进场证内，RFID 阅读器布置在场馆各出入口，即可实现参展商和参观者无感知出入管理，且还能满足自动、无线、全面的数据采集需要，实时准确记录进场的时间、次数、待场时长等，提升了出入效率和用户体验。

3. **智能门禁设备**

采用智能门禁闸机，将门禁系统与互联网技术结合，实现对参与者和访客的智能化管理，如远程监控、云端数据储存、远程开锁、权限分配等，提升门禁管理的智能化水平。

在一些常年接待全球名人政要的大型会议会展活动场馆，门禁系统更是整个安保系统的重中之重。门禁系统出现了指纹门禁系统、虹膜门禁系统、掌脉识别智能通行系统等各种技术系统。人们只需直接刷手或眼，再通过后台云计算进行智能比对分析，即可实现验证、确认、授权、过闸，显著提升了通行效率，且上述系统与公安部门信息实时智能互通，能快速甄别伪装通缉犯，降低了公共风险，保障了现场人员安全。

4. **掌脉识别型门禁系统**

多元化、智能化的门禁系统是会展项目智能化的标志，也为各种类型会展项目提供了安全保障。随着技术的不断发展和创新，未来会展门禁系统的智能化水平将进一步提高，为会展行业带来更加高效、安全、便捷的管理和服务体验。

（二）智能证件管理

在会展活动中，看似不经意的会展证件也有着重要作用，它们不仅是参与者的身份凭证，也是保障会展现场良好秩序的重要工具。合理地设计和使用会展证件，能让会展活动的参与者有更好的体验和效果。

1. **会展证件类别**

常用的会展证件有以下 6 种。

展商证：由会展组织方发放给参展商使用，以确认参展商身份和展位位置，方便他们在展会期间进入展馆展示推广展品和服务、进行商务洽谈。

观众证：由会展组织方提前发放或现场办理给前来参观的观众使用，以确保观众身份和安全，方便观众进入会展场地参观展览、参加论坛等活动。

媒体证：由会展组织方或媒体组织发放给媒体代表使用，以确认媒体身份和权限，方便媒体代表进入会展场地采访、报道、拍摄、现场直播等。

嘉宾证：为一些在相关领域有较高影响力的人士特别准备的证件，以增强会展活动知名度和品牌影响力。

工作证：由会展组织方或服务供应商发放给会展现场的主承办方工作人员、安保人员、服务人员等，以确认工作人员身份和职责，方便他们进入会展场地工作，确保展会顺利进行。

布撤展证：由会展组织方发放给展位搭建人员使用，方便他们能够在特定时间段进入展馆进行布展和撤展。

通过发放不同类型的证件，会展组织方可以轻松识别不同身份和职责的参与者，对不同类型的参与者进行针对性管理和服务，维持良好的会场秩序，确保展会顺利进行，更有利于会后收集数据信息进行统计分析，筹划下一届展会。

2. 智能证件管理

加强证件管理，是保障展会秩序和防范馆内治安问题的重要手段。尤其是大型国际性展会，人流量大且人员复杂，更需严格审查、提前防范，做好证件管理工作，将无关人员和伺机作案人员拒之防线外，减少馆内事故发生的概率。

通过数字化技术对会展证件进行智能化管理，可提高会展组织效率，提升会展活动的安全性和便利性，为参展商、与会者和工作人员提供更好的服务体验。智能证件管理包括以下五个方面。

电子化证件：利用数字化技术将专业观众、参展商、工作人员等人的相关信息用电子数据库安全存储和管理，以防信息泄露和滥用。

无纸化凭证：采用电子化方式生成各类人员所需的入场凭证，如电子门票、电子布展证、电子展商证等，减少实体证件的使用，便于存储和保管。

移动应用管理：通过智能终端，参展商、专业观众、工作人员等能快速便捷地在线上办理证件申请、证件签收、查询办理状态，简化了办证流程，提高了办事效率。

数据安全保障：利用大数据技术分析参展商、观众和工作人员的证件信息，保障信息的准确性和安全性，预防潜在的信息风险和安全漏洞。

自助服务设备：会展现场设置智能自助服务设备，如自助订票机、自助取证机、自助核验机等，方便参展商和参会者自主办理证件和相关事宜。

智能化证件管理涉及信息的收集、存储、更新和验证，更需确保信息安全和个人隐私。随着数字化水平的提升，智能证件管理也将越来越普遍，对证件管理的效率和安全性也将进一步提升。

拓展阅读

会展活动的三种证件；从识别身份到识别行为

第三节 定位与导航

一、定位

在数字化时代，会展服务需要更精准地迎合会展主办方及会展参与人员的需求。习惯使用智能手机导航的人们在庞大复杂、人流密集的会展中心更需要及时快速精准地找到自己的目的地，规划正确的行进方向，提高出行效率。

微课

新技术与会展服务
——定位

会展中心定位技术简介

目前 GPS 技术应用于室外定位已非常成熟，但室内因建筑体的阻隔和内部环境的封闭，室内 GPS 定位技术已不能满足大型会展中心内部定位的需要。会展中心常用的新兴近场无线定位技术有蓝牙定位技术、二维码空间定位技术、Wi-Fi 室内定位技术、NFC 定位技术、RFID 射频识别技术等。

1. 蓝牙定位

采用低功耗蓝牙技术，依靠蓝牙信标不断发送 ID 与终端智能手机中的蓝牙模块产生连接，实现近距离数据互换，终端获得附近信标 ID 后从云端后台获取 ID 对应位置信息，三个或以上的终端附近信标，可计算出终端的具体位置，定位精度可达 2～3 米。

优势：蓝牙定位技术功耗低、成本低、待机长、易部署，成了会展中心室内定位的选择之一。

2. 二维码空间定位技术

将 GPS、Wi-Fi 定位等定位技术与二维码相结合，室内人员通过智能手机扫描会展中心各区域（会议厅、休息区、洗手间等）二维码，可获取当前个人位置信息，实现精准定位，快速找到目的地。同时，通过扫描的二维码，会展中心可推送相关会展信息、产品介绍、AR 演示、议程安排等信息给参会人员，以提高会展活动组织效率。

优势：一是方便，室内人员无须再下载指定软件或携带其他定位设备进入会展中心，只需用智能手机轻松一扫，便可实现实时定位与信息共享互动。二是准确，二维码空间定位技术可实现室内空间精准定位，满足参会人员各种场景需求。

3. Wi-Fi 室内定位技术

Wi-Fi 室内定位技术全称是 Wireless Fidelity Technology，指无线局域网与电子设备相连技术，包括站点（既连无线局域网又具备通信功能的设备，一般指智能手机或电脑等）、接入点（连接无线到有线的设备）和基本服务集（同一服务区域的网络）。它有多种定位方法，常见的有基于信号传播损耗模型定位和基于位置指纹定位两种方法。前者通过智能手机等移动设备的 Wi-Fi 信号强度指示随距离变化建立信号衰减模型确定所在位置；后者通过智能手机设置同一位置接收多个信号，形成该位置的指纹数据，确定位置。

优势：Wi-Fi 室内定位技术覆盖范围广、使用成本低、抗干扰强、布设方便，成为目前最为常用的室内定位方法。

4. NFC 定位技术

NFC（Near Field Communication）也叫近场通信技术，能通过短距离无线通信，让手机或其他 NFC 设备终端，读取场馆中不同位置的 NFC 标签，并交互数据，从而达到定位目的。但 NFC 的定位精度只能精确到几米至几十米的范围，不适用于室内高精度定位需求，只能用做馆内比较简单的室内导航，或通过读取展品的 NFC 标签，实现自助导览。

优势：成本较低，安全性较高，且只需携带支持 NFC 的设备即可实现定位。

5. RFID 射频识别技术

RFID（Radio Frequency Identification，RFID）射频识别技术是一种非接触式的数据交换技术，主要利用无线射频信号进行双向通信，通过双方数据的交换来达到识别和终端定位的目的。RFID 的硬件主要由电子标签和读取器组成，读取器接收来自 RFID 电子标签的信号，通过计算接收的信号强度推导出位置。

优势：体积小、传输范围广、定位精度可达到厘米级，但它的作用距离很短，且仅靠射频识别技术是不能进行室内定位的，必须与其他辅助技术相结合才能实现。

案例分析

北京冬奥会北斗位置服务平台的设计与实现

近年来，随着全球卫星定位技术的不断提高与完善，位置服务相关产业已成为全球发展最快的科技产业之一。

但在室内、地下等全球导航卫星系统（Global Navigation Satellite System，GNSS）信号遮挡环境下，无法实现精准连续定位，很难构建出一种室内外连续高精度位置服务系统。基于北斗微基站室内外无缝定位技术构建的北斗冬奥应用系统，已服务于2022北京冬奥会张家口赛区国家跳台滑雪中心，为比赛期间冬奥会场馆内外工作人员提供了在线实时定位、导航和授时等高精度位置服务，为冬奥会现场指挥管理中心提供了人员设备位置监视、场馆安全态势和应急救援调度服务支持，完成了中国北斗在冬奥场馆的大规模、高精度、高水平应用。

1. 态势监测与调度管理

北斗冬奥位置服务平台主要面向国家跳台滑雪中心的室内外区域、古杨树场馆群的室外空旷与半遮蔽区域。平台基于北斗微基站室内外定位系统，可提供连续、稳定的室内外无缝定位能力。

赛事工作人员佩戴北斗微基站室内外定位系统专用终端，专用终端在室内环境下可以接收北斗微基站的北斗伪卫星信号，在室外环境下可以接收北斗空间星座的北斗卫星信号。北斗伪卫星信号和空间北斗信号采用相同信号体制。终端利用2种北斗信号，融合气压计、微惯性模组等数据，输出亚米级高精度室内外无缝定位结果。工作人员从室内出发，离开室内环境在室外半遮蔽环境下行走一圈，定位轨迹精准且连续。

值得一提的是，当工作人员、志愿者在工作时，如果发现某处存在安全隐患或突发事件时，可以利用智能手机应用程序发送报警事件，并上传现场照片，实现精准的异常位置上报，调度中心研判后可以将该事件派发给相应的业务领域工作人员，同时下发文字或语音报文，大幅提高了应急指挥调度效率。

北斗冬奥位置服务平台可以监控古杨树场馆群的赛事保障车辆位置，记录和判断车辆行驶轨迹和停放位置，当车辆发生变更线路或停放位置时，可以将车辆实时位置状态推送给安保、交通业务领域的人员。同时，交通、安保和防疫领域工作人员也可以通过网络连接北斗冬奥位置服务平台，实时监控周边车辆的位置动态，直观地进行场馆群交通疏导指挥与调度服务。

2. 精准疫情防控与密接分析

在精准疫情防控方面，本次北京冬奥会采用闭环闭圈管理方式，在国家跳台滑雪中心放置铁马来实现环内和环外的隔离。通过为铁马安装时空盒定位终端可以使铁马接入北斗冬奥位置服务平台并实现物联网服务。当人员移动铁马发生破环破圈行为时，时空盒定位终端能够向北斗冬奥位置服务平台报警，位置服务平台将报警信息推送给防疫领域工作人员，实现精准疫情防控。

3. 无人化服务

无人化服务不仅能够提供高效的自主服务，而且在疫情管控方面也起到关键作用。无人机器人系统集成北斗微基站高精度定位、图像识别、语音识别、自动控制、高清图像5G传输、自主避障和自动路线规划等技术，可以辅助冬奥赛事期间安保、防疫等业务顺利高效地开展工作。本次北京冬奥会，在国家跳台滑雪中心南看台配楼1层、3层，北看台配楼2层安放3台机器人。通过机器人能够提供夜间重要卡口自主巡检服务，记录巡检视频，保证场馆安全。通过机器人的无人配送服务，能使货物运送更高效，同时减少了人员接触，为防疫工作提供帮助。通过机器人的语音告警服务，能在工作时间对安全、防疫等通知进行流动宣告和提醒，确保信息传递畅通。

资料来源：陈冲，蔚保国，黄璐，等．北京冬奥会北斗位置服务平台的设计与实现［J］．无线电工程，2023，53（9）：2118－2124．

二、导航

导航技术指利用电、磁、光、力学等科学原理与方法，通过测量与空中飞机、海上舰船、大洋里的潜艇、陆地上的车辆、人流等运动物体每时每刻位置有关的参数，从而实现对运动体的定位，并正确地从出发点沿着预定的路线，安全、准确、经济地引导到目的地。导航技术已广泛应用于多个行业领域如手机导航、车载导航、室内导航、航空导航、空间导航等，且不断升级更新，如实时交通信息播报、语音AI助手、智能路线规划等，能帮助人们在陌生的环境中快速准确地找到目的地。当人们身处面积庞大、人流集中、空间复杂的会展中心、会议中心等场所时，更需要优质便捷的导航技术引导来提高参展参会效率。

（一）常见的导航技术

电子导览屏：会展中心进大厅的显眼位置和其他重要场所设置电子导览屏，展示会展场馆的平面图、参展商分布位置、现场活动安排等。参观者可通过手动翻阅或自动游览快速了解整个展会的平面布局及活动安排。

路引指示牌：会展中心各个主要路口及主干道上设置不同颜色的指示牌，指引展商和观众们通往不同区域不同设施。

会展中心 APP：某些大型会展中心自主开发了官方 APP 可提供场馆地图、周边配套、馆内展商、活动日程、定位导航等功能，参展商和参观者们在注册信息时可下载使用，在会展场地快速确认自己的位置和目标。

迎宾机器人：结合了人工智能、语音

图 9-1　广交会 APP

识别、自主导航、智能运动等功能的高科技人工智能机器人，能在展馆展厅完成迎宾接待、参观攻略、展馆介绍、引领带路、地图索引、大屏联动、导览讲解等服务，有效提升了客户体验和服务效率、减轻了人力成本。

（二）导航技术在会展行业中的意义

提升参与者体验：利用高品质智能化导航技术规划科学路径，指引参展商和参观者快速轻松地找到目的地，并通过语音介绍目的地信息，还能在会前设置会前提醒，会中管理会场现场签到，会后制订快速出场计划等，让参与者们摆脱了会展现场的无助感，提高了参观效率，获得了极佳的参与体验。

展示活动立体化：导航技术结合 VR 技术可呈现全息视觉效果，让参与者还未入场前便可感受会展现场氛围，从中挑选自己想要参与的区域作为导航的目标，既节约了观众时间，又增加了现场的互动性和趣味性。参与者在跟随导航移动时，导航会根据移动方位和所到区域进行全新引导、全息呈现，并可线上预订展位、查询展位信息，让参与者们逛展更有参与感，提前掌握更多展位信息，并快速找到符合需求的展位，提高了交易的效率和成功率。

增强安全系数：导航系统具备人员管理功能，会展组织方可在后台实时监控现场人员的位置、人流方向，为会展项目安全提供了预测和数据支持。

（三）导航技术在会展行业中的应用

会展中心内部展厅跨度大、人流聚集、展位众多、环境嘈杂、配套空间位置复杂，观众们参展容易产生疲劳感，引发烦躁情绪，从而导致草草结束参观计划。建立室内精准定位及导航系统，实现室内外一体化导航，室内真三维实景导航，可以让观众在复杂拥挤的环境中找到目标点，减缓空间焦虑感，提升观众体验感。

 案例分析

武汉国际博览中心室内导航系统设计

武汉国际博览中心占地约 4.14 平方千米，包括展馆、国际会议中心、洲际酒店等，其中室内场馆面积 15 万平方米，场馆地下停车场面积近 15 万平方米，室外广场展览面积 4 万平方米，是集会展、科技、文化、商务、休闲、旅游、居住于一身的多功能复合型的国际博览城。

一、构建基于 BIM 的大型场馆室内导航系统

系统总体架构分为四个层面，自底向上层层递进，相互关联，分别为设备层、数据层、支持层和应用层。

设备层由定位信标与用户设备构成，其中定位设备为基站与 iBeacon（精确微定位技术）蓝牙信标设备。用户设备为移动终端（手机/Pad）、含蓝牙模块的可穿戴设备等。设备层采集的数据借助蓝牙网络实现设备定位，利用 4G/5G 网络实现数据通信。

数据层用于储存导航系统所需数据，是系统运行后主要的操作对象，可分为基础数据库与业务数据库。主要包括 BIM 模型、室内地图数据、路网数据、POI 等基础数据，用户数据、位置定位数据、路线规划数据等业务数据。

支撑层通过对数据的集成处理，支撑系统功能实现，涉及定位引擎、地图引擎、信标扫描引擎。其中定位引擎确保定位准确性与稳定性，定位方式以 iBeacon 主动定位为主，该引擎可根据所处环境复杂度选取最优的定位算法进行融合定位；地图引擎可将定位信息映射在对应的室内地图中；信标扫描引擎实现信标主动扫描及算法。

应用层根据需求构建功能模块，功能主要分为地图管理、定位管理、路径规划、后台管理四个模块。通过搭建 Web 地图实现地图展示、路径规

划、POI 搜索等，并嵌入进微信小程序实现实时定位、导航功能。

二、导航系统功能框架

系统功能框架从应用层中的地图管理、定位管理、路径规划、后台管理功能四个模块展开。

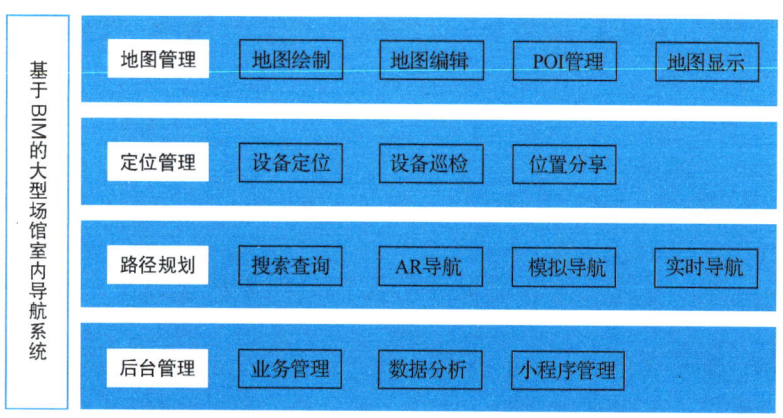

图 9-2　基于 BIM 的大型场馆室内导航系统

主要功能描述如下：

（1）地图编辑。采集场馆及停车场区域建筑物信息、设施信息绘制路网，建立空间地理信息路网数据库，用于路径规划和交通导航，支持区域内后续新增的地图扩展。

（2）POI 管理。制作和编辑场馆内展会地图信息；支持展会主办方快速绘制不同展位、展品通行路径的室内地图。

（3）地图显示。通过地图引擎、BIM 模型，实现全场馆多楼栋统一展示。采用 3D 向量地图，地图可随前进方向自动旋转。

（4）设备定位。在室内地下停车场、场馆外的紧邻环道上提供实时、连续的定位服务。

（5）实时导航。提供观众在导航区域内的人找人、人找车、人找展位中自由行走时的实时精准定位，跨越楼层间的路线导航。

（6）数据分析。通过分析用户访问系统所产生的位置定位、移动轨迹、POI 查询等数据，提供各类分析应用类增值服务。

三、导航系统应用功能

1. 三维地图展示

采用 3D 向量地图，室内地图支持多楼层显示、支持 360° 三维立体旋转、缩放。当用户登录系统微信小程序，开启蓝牙，进入地图导航界面后，可查看各楼层建筑模型情况。

2. 跨楼层室内导航

支持跨楼层的动态路径规划和连续导航。路线规划起点与终点不在同一楼层时,提供电梯、扶梯、楼梯等方式的智能选择,并且支持电梯、扶梯、楼梯的多次换乘,以满足某些电梯不能一次到达的特殊楼层。

3. 模拟导航

当用户输入起点和终点后,后台根据路网规划为用户匹配最优路径、显示距离、步行所需时间等信息。用户点击模拟导航按钮,小程序会模拟用户步行路径,沉浸式漫游展示完整导航路径,达到更好的交互效果。

4. 可视化后台管理。

场馆室内展位地图与地下停车场地图是有效实现精确导航的核心点,运维人员登录后台后,可以更新地图信息、增加POI点位、更新绘制地图展位。

四、导航系统应用价值

通过导航数据分析实现精准营销。对用户导航目标展位、POI查询数据、各展位停留时间统计分析,可以得到各展位人气指数、受众用户情况,为未来展位招展、广告服务开展提供新的思路,实现精准营销。

通过定位数据生成场馆内人员热力图,可知场馆东侧人员较西侧人员分布多,北侧人员较南侧人员分布多。探究其原因,展会入口位于东侧区域,大量用户在入口停留时间长,往西侧行走意愿较低,因此可在入口处加强西侧展位宣传,在导航界面推荐西侧展位信息,提高展位访客量。通过区域访客排行,可知F2保利展位人流量较大,该区域广告价值较高。除此之外,从用户历史POI查询记录可实现用户画像分析。综上所述,基于BIM的大型场馆室内导航系统能够有效提高场馆效益。

五、结论

本文介绍基于BIM的大型场馆室内导航系统,结合武汉国际博览中心具体工程,实现三维地图展示、跨楼层室内导航、模拟导航、可视化后台管理、数据分析等功能,以满足人们在大型复杂场馆室内的导航需求。

在该导航系统中充分利用并发挥了BIM价值,BIM模型中包含丰富信息,可从多维度为导航系统提供有力的信息支撑。借助场馆原有BIM模型,提供直观的建筑信息、展位数据、设施数据等,减少室内地图绘制工作。应用BIM虚拟漫游技术,生成仿真模拟导航动画,使导航更具可视性。利用导航系统数据进行数据分析与挖掘,服务于场馆运营,制定数据驱动的业务决策,打造智慧场馆。

进一步研究可考虑在导航系统中增加其他模块丰富功能,如紧急情况下的逃生路径规划，拓宽使用场景，衍生适用医院、机场等场所的室内导航系统。再进一步，随着智慧城市、城市信息模型（CIM）等概念的提出，基于BIM、GIS的智慧城市导航应用也将是今后的发展方向，将定位导航技术与其他场景结合应用，例如定位模块与通信技术相结合，针对突发性情况将位置通知到安保人员，实现工作人员在线管理、智慧巡检等应用。对重点区域进行管理，将定位标签与资产设备相绑定，实现设备资产定位管理，向室内室外跨场景、跨区域联合定位方向发展，实现智慧园区、智慧城市的建设。

节选自：汪军民，胥梓晟，白刚，等.基于BIM的大型场馆室内导航系统设计研究[J].土木建筑工程信息技术，2022，14（6）：20-26（有改动）。

第四节　热力图分析与人流预测

一、热力图应用

热力图，也叫热图，是一种数据可视化技术，是通过不同的颜色来显示数据集中数值的相对密度或强度，颜色深表示数据集中数值大、密度高，颜色浅表示数据集中数值小、密度低。热力图能展示大量数据并显示数据点的分布情况，可以让用户快速直观地看到数据聚集程度及变化趋势。

微课

热力图分析与人流预测

热力图应用场景广泛：在城市管理中，结合地理信息系统（GIS），可展示人口密度、交通流量、犯罪率等，帮助人们更直观地掌握城市空间数据，做好城市规划；在商业分析中，利用热力图展示销售数据、销售热点、客户访问量、库存周转率等，可以迅速识别销售热点、把握销售节奏、发现库存积压与否、评估促销效果；在网络数据分析中，可使用热力图来显示用户浏览和交互的热点区域，帮助发现数据分布规律、用户行为偏好，甚至还可以应用于生物医学领域，用于显示基因表达、蛋白质相互作用等数据信息分布情况。

（一）热力图在会展行业中的应用

作为数据可视化工具的热力图能帮助各领域用户更直观地理解数据分布情况，发现数据的规律和趋势，在会展行业中也发挥出了越来越重要的作用。

在以下几方面常可看到热力图的身影。

1. 展区划分

热力图能直观展示全场馆人流密度和流动趋向，会展组织者可综合多年展会热力图分析研判市场趋势和参观者消费行为模式，调整展区布局，合理规划参展区域，避免冷热不均、资源浪费、影响展会效果，确保场馆内参观动线流转顺畅。

2. 活动安排

通过分析热力图，会展组织方可以较好地识别出参观者喜欢聚集的热点区域和活动时间段，从而分析参观者在展会期间的活动轨迹。根据参观者的活动轨迹，会展组织方可制订科学合理的活动计划，在合适的时间段和场地安排相应的活动、表演、互动和促销等，以吸引更多参观者参与，使活动效果翻倍。

3. 资源分配

借助展会热力图，会展组织者可以直观清晰地观察到场内人流密集区域，从而及时调整服务资源分配，增加清洁、安保、餐饮等配套服务支持，确保场内资源供应充足，参观者体验效果好。

4. 应急管理

突遇紧急情况如火灾或踩踏事件等，热力图可以第一时间显示人群分布状况和人员流向，便于会展组织方迅速制定应急方案，及时安排救援人员，确保场内所有人员生命安全。

（二）热力图的生成步骤

一是通过设置在展厅顶部的摄像头采集实时观众视频。

二是读取视频，分析视频数据，根据观众检测和目标追踪检测到人脸，检测到的人脸由矩形框标出来，关键人脸信息会被保存。收集热点信息时，除了行人位置以外，还包括行人数量。

三是通过算法处理视频后，生成一个个热力点，再计算热力值，渲染绘制成热力图。热力图就是根据所在位置的热力值大小分配合适的颜色。

四是将热力图调整透明度覆盖到原图上。

通过布置在特定场景的不同位置的摄像头监测到不同角度的行人走动视频，并利用某一段时间内的行人监控视频，得到多个角度的行人视频检测结果，将之结合起来，全方位地链接不同角落的热力图，将组成全景的热力图。

根据全景热力图原理，红色区域代表一段时间内观众密集且停留时间较长的区域，黄色代表人流相对较少，蓝色代表该区域人员稀疏、客流量小。

这样的全景热力图将展区划分成了热区和冷区。并且逐一描绘将生成该区域的合理动线。将某一段时间内不同方位热力图规划出的顾客动线进行合并，存储，可以得出这段时间内特定区域的全方位的顾客动线规划。

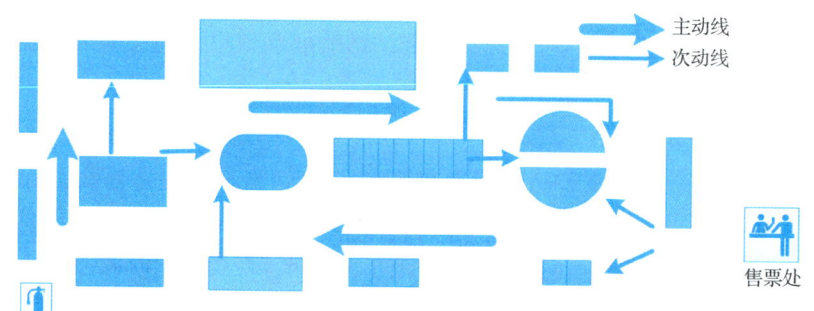

图 9-3 全景热力图

资料来源：宋燕妮．基于热力图的展厅客流检测系统的设计与实现[D]．石家庄：河北科技大学，2020．

（三）热力图动态监测功能

通过热力图规划观众参观动线，可实现以下三种最基本功能。

1．实现人流量的动态监测

有效提升了客流价值，并且减少了拥挤，降低了安全隐患。

2．改善展厅布局

通过热力图能直观看到展厅内观众的行走路线，进而分析某种展品的受欢迎程度，主办方可以此来对展品进行调换和配置，不仅可以有效改善展厅布局，也加强了主办方对展厅品类管理和设计的宏观把控，为主办方规划布置展厅提供了很好的决策辅助功能。

3．辅助商业分析

通过热力图和观众动线规划，可以收集线下用户和展品行为数据，为业务决策和市场操纵提供有效的数据支持，并将展览经验逐步转化为可量化的统计数字，辅助展厅运营并帮助主办方和参展商们进行决策，提供了更为清晰直观的服务，提升了服务品质。

二、会展人流预测与管理

人流预测是指通过大数据分析和建模来预测某一区域人流在未来某一时间段的流动情况。

该技术在各种场合都有重要应用价值：在商业决策中，人流预测可以帮助商家根据客流高峰时间段，合理安排员工人数和时间，优化货物库存和上架计划，调整促销策略，以满足各时间段的客户需求；交通管理部门可根据人流预测来预测不同路段和交通枢纽间的车流情况，以优化交通信号灯控制，提高交通运行效率，调整公共交通运营计划和交通路网规划；旅游管理部门可利用人流预测来预测各旅游景点的人流量情况，以确定景区最大容客量，避免高峰时段拥挤踩踏，提前做好服务准备；尤其在自然灾害等紧急情况下，人流预测还能帮助应急管理部门规划安全措施、指导疏散路线、设置避难所。

在会展行业，人流预测同样扮演着重要角色，人流管理的好坏直接影响着会展项目的举办效果。过多的人流会导致会展现场拥挤混乱，影响参展参观体验。人流预测可以合理管控人流，帮助会展组织方科学规划会场区域，优化资源分配，提高观众嘉宾满意度。

以往人流量统计是采用传统人工统计，人工统计效率低且准确率低。目前数字化时代，最方便最准确的统计方式是采用人流智能统计系统。目前应用比较成熟的方案有红外线客流统计、视频客流统计、Wi-Fi 客流统计等。红外线客流统计、视频客流统计都需要额外设置相关设备，且安装费用高、布设范围广，统计精率也不高，展期只有 3~7 天的展会临时安装上述系统的性价比较低。而 Wi-Fi 客流统计系统无须额外设置终端，随身便携，只需现场为设备提供无线网络及供电设备，就可获取整个展馆的总体流量，也可只统计某个展位的单独客流情况。

 案例分析

参展商丰田汽车选择的客流解决方案

目前众多参展企业面对的问题与挑战：

● 参展数据难获取

获客情况不佳，没有数据分析支持，是主办方整体引客原因，还是展位位置不佳或设计无法引流，原因难以确定。

●展台人气难吸引

展会面积动辄几十万平方米，展台云集，传统的引流方法无法吸引客流量，无法聚集客流形成从众效应，展位冷清无人问津。

●展会现场难管理

展会现场人多手杂，忙碌中很容易没有秩序，容易出现展示设备没有及时归位，顾客无人接待等问题。对展会而言，客流量是基础。因此企业必须要实时掌握参与展会的人流变化，如参展的总人数、进出人数、滞留人数、展台驻足人数、人数时间段的分布特点等信息，以合理进行展位的选择布置和运作优化，实现参展的价值意义最大化。

为了更好地了解展会现场情况，丰田在多方比较之后，选择了万店掌开发的人脸识别和视频跟踪技术，在参展者无感知的情况下获取其画像数据视频客流统计解决方案。通过客群分析产品在展台的应用，丰田汽车轻松掌握了当天展会现场各出入口客流进出人数。也进一步了解到接待区位置是否设计充足，接待人员安排是否合理，哪些车型更令顾客感兴趣，多少人转化到接待区，各时段高峰人群状况如何，男女比例如何，年龄层次分布如何，多方位展台人群对比情况怎样等具体展会情况。除客群分析外，丰田汽车还在展会现场布置了高效巡查和互动营销产品。高清高速球机，360度环视巡店，帮助工作人员查看展台细节，了解现场顾客关注度；高清固定半球，自带识音，可随时查看接待区话术、前台人员服务情况；以及根据用户画像特征，用人脸识别颜值比拼、匹配车型智能推送的触摸屏互动营销来吸客引流。

依据此客流统计解决方案的数据采集，丰田也可轻松进行后期市场工作总结与分析：展会期间到展位的整体人数，以判定展位的人气是否达到预期；展会前期中期市场宣传营销活动是否实现意义最大化；总结展会投入产出比，以活动数据为下一次推广做预算支撑。通过结果分析，总结回顾展台的布置陈列，快速及时做出策略调整，为之后的参展做进一步的优化跟进。由此可见，客流统计不仅起着安保监控的基础作用，而且对展会展览价值的体现也有着重要的指导分析作用。而随着近年来中国展览会的蓬勃良好态势，相信客流的应用前景也将更为广阔。

当今的展览会，因为客流、信息流、资金流等高度集中的优势，不仅可以帮助参展企业提高产品知名度、扩大市场占有率、推广新产品，还可以进行客户形象宣传以扩大品牌影响力。客流统计作为营销战略的重要手段之一，越来越多的企业选择将其作为展会营销、拓展市场的一把利刃。

资料来源：万店掌：https://www.zhihu.com，2022-08-05。

本章小结

1. 会展接待管理事关会展服务全局，影响受众对会展品牌的评价，可按照会展接待管理流程逐步合理规划接待工作。

2. 嘉宾引导接待线下培训要做好礼仪规范和话术教导，可结合实际场景进行角色扮演以帮助掌握礼仪规范和话术技巧。

3. 现场接待可能遇到各种突发情况，制订预案非常重要，日常需进行突发情况情境模拟培训、沟通技巧培训、应急处置培训、媒体应对培训等。

4. 签到管理关乎会展活动秩序和效率，签到方式形式多样，从传统手写签到到如今数字化签到，各有优劣和适用场景，应根据活动需要选择合适的签到方式。

5. 门禁和智能证件管理旨在确保会展活动现场安全有序，应选择合适的门禁系统，实施有效管理和培训，确保会展活动安全，保障参会者权益。

6. 会展定位导航是现代会展活动中的重要一环，为参与者提供便捷、高效的参与体验，未来还将随着信息技术的不断发展，继续优化完善。

7. 会展热力图综合了大数据分析、人工智能技术和数据可视化等技术，为会展组织者和参与者提供了决策支持，为会展策划和资源配置提供了科学依据。

课内实训

4月25日至27日，2024中国会展经济研究会年会暨中国会展经济高质量发展（长沙）论坛将在"山水州城"长沙举行。本届年会将围绕"新质生产力，会展高质量"主题，开启一场政产学研全方位联动的会展行业风向标盛会。

本届年会邀请商务部领导、中国会展经济研究会领导、长沙市人民政府领导及市工商联等多位领导出席。各城市会展主管机构领导、知名会展专家、知名展会项目负责人、会展企业负责人、高等院校专家教授、媒体代表等将共襄盛会。

1. 任务目的

完成现场活动VIP嘉宾接待计划的制订，制作《VIP接待方案》规划接待安排、车辆安排和人员工作分工。根据方案进行筹备工作，为现场接待执行提供流程指导。

2. 任务要求

小组针对 RSVP 提供的邀约名单，制订 VIP 接待方案，与 VIP 负责人沟通 VIP 行程时间，规划接待过程中需要使用的用餐安排、车辆、物料等，对接待流程进行梳理，规划人员分工。并将上述内容汇总至 VIP 接待方案中。

3. 任务提交

团队成员制作《VIP 接待执行方案》PPT 格式，提交时存储为 PDF，最终命名格式：文件全称 - 日期（年份后两位 + 月份 + 日期）- 小组名称。

第十章

会展新技术未来趋势

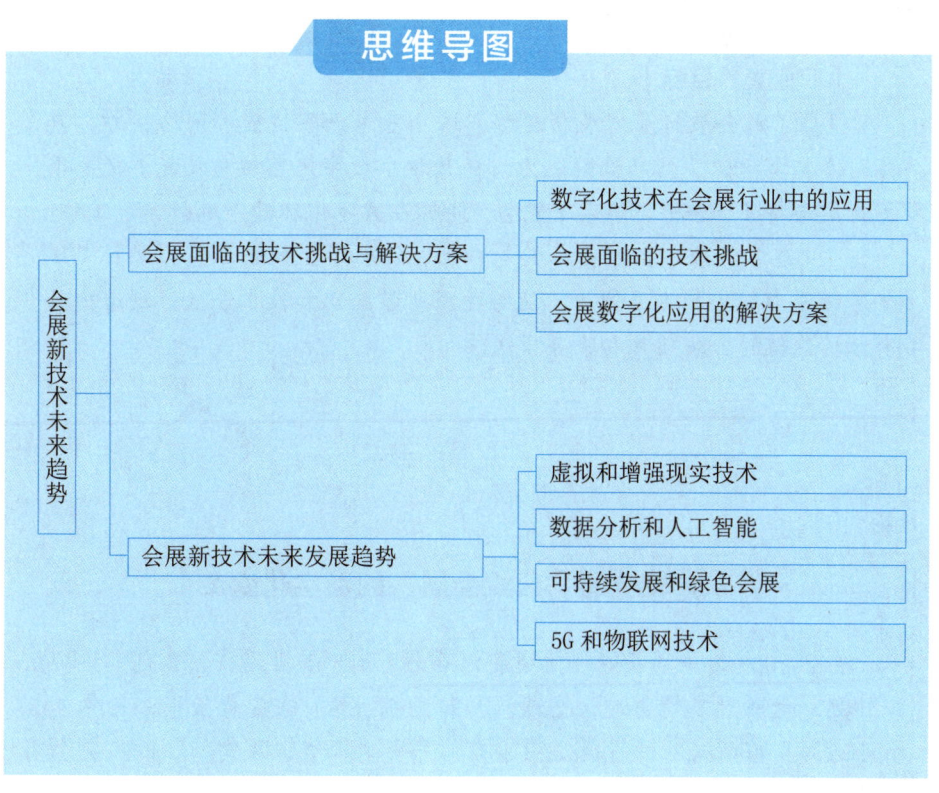

学习目标

【知识学习目标】

1. 通过本章学习，了解数字化技术在会展领域应用的现状、会展业在数字化时代面临的技术挑战以及会展数字化应用的解决方案。
2. 了解网络安全的基本概念和原则。
3. 了解会展新技术未来发展的趋势。

【能力培养目标】

1. 培养学生的数据敏感度，能深刻认识到数据的价值，重视数据的收集、整理和分析工作。
2. 面对会展行业的数字化发展，具备创新精神，能够创新使用"数字+"的途径解决工作中的问题，提升交流展示效果。
3. 鼓励学生在实践中不断探索新的会展形式、营销策略，以应对市场的快速变化。

【职业素养目标】

1. 了解会展行业发展新趋势，培养基本数字技能和网络素养，具备网络安全意识、信息检索能力，提升学生数字化思维与技能，提高数据收集与整理、分析与解读等能力，能够在数字化环境下进行学习工作。
2. 在掌握基本数字素养的基础上，培养学生的创新能力、社交媒体运营能力与虚拟沟通能力，能够运用所学知识和技术手段，创造出具有独特价值的会展项目和服务模式。

开篇引例

从广交会看"云端会展"的数字化变革

在2020年，一场新冠疫情突袭，给全球的贸易业造成了重创。世贸组织预测，受新冠疫情影响，全球贸易将萎缩32%。在此背景下，世界外贸行业遇到了前所未有的挑战，而素有"外贸晴雨表，风向标"的广交会肩负着解决这一难题的责任，首秀"云端广交会"。"云上会展"是昙花一现，还是新的生机？

一、首届"云端广交会"概况

2020年6月15日，第127届广交会正式开幕，为期10天，这是第一次完全以互联网形式举办,也是自新冠疫情以来规模最大的全球贸易盛会。这是一次前所未有的贸易创举,突破了时间和空间的限制——25 000个参展商和180万件商品。全球数十万买家和数百万中国外贸行业人员,将连续10天24小时在线洽谈。广交会将充分利用先进的信息技术在广交会的官方网站上建立一个全面的在线展览对接平台,并提供24小时在线推广、对接、在线洽谈等功能。

参展商及参展观众

已获得本届广交会展位安排的参展企业能够在展示对接平台上上传和立体发布图片、视频、3D、VR等格式的企业和产品信息,立体发布企业和产品信息;同时企业可以上传自己的虚拟展位,展示企业形象。

买家可以通过展览类别、产品和企业关键词、展位号等方式搜索产品或企业,参观企业的虚拟展位。

可开展的会展业务

建立在线直播间和链接为每个企业建立一个单独的10×24小时在线直播的房间,房间不受时间和空间限制,企业不仅可以在网上面对面与客户谈判,还能同时通过网络直播面向广大客商进行推广和宣传。平台同时满足回顾需求,提供视频上传、互动交流、分享等其他功能,为企业开展个性化的现场营销和沟通谈判提供便利。

平台支持参展商和买家发布供求信息,加强网上对接,为交易双方提供真实的背景信息,包括买家参与情况、注册产地、参展商以往参与情况等,为双方的贸易谈判提供可靠的环境。为了尊重和保证B2B交易的隐私性,双方可以选择自己的第三方工具进行深入谈判、建立订单等后续工作。该平台还提供了一些视频会议和社交软件链接,方便双方使用,页面提供多语言翻译支持,方便买家和参展商之间的沟通。

二、"云端广交会"会展营销的SWOT分析

1."云端广交会"的优势分析

(1)政策优势

本届广交会充分利用互联网、大数据、云计算、人工智能等信息技术提高展会效果。广州开发区作为粤港澳大湾区科技创新枢纽核心区,深入落实习近平总书记的重要讲话精神,抓住广州人工智能和数字经济试验区建设机遇,以"新基础设施"作为起点,规划和布局七个大系统,总计约120个"新基础设施",总投资超过1000亿元。

除了在资金、人才和技术方面给予"硬"支持外,政府还注重通过制度创新给予"软"保障,明确数据产权,构建科学规范的数字安全体系,

促进公共数据保护,大力推进数字经济标准化,为会展业转型升级提供了契机。

(2)展会自身优势

广交会拥有"中国第一展"的称号,具有很强的品牌优势,国际知名度高。中国广交会的历史始于1956年首届中国出口商品交易会,参展面积达55万平方米。据德国展览委员会统计,广交会是继汉诺威工业展览之后的世界第三大展会,而由于疫情,外贸业成为受疫情冲击最严重的行业,国际贸易形势严峻,急迫寻求突破口,解决外贸业的"燃眉之急",而"云端广交会"正好撞上这个风口,凭借着它的高知名度,吸引了大量跨境企业的参与。

(3)"云端"优势

基于云计算的广交会利用互联网作为展示平台,占用虚拟空间而不是实际空间,从而消除了租用空间的成本。此外,它依赖于在互联网上发布信息,并在其他媒体上推广,展示虚拟产品,避免运输过程中的损坏;展会各方通过互联网进行交流,突破了传统展览的时间和空间限制。

2."云端广交会"的劣势分析

(1)交易安全性

由于信息都是通过互联网传递,信息的保密性难以得到保障,有诸如黑客入侵、电脑盗窃等会带来信息泄露的安全问题。

(2)产品质量保障

参展者无法直接真实接触产品,实地检验产品的质量,仅能通过图片等虚拟接触,产品质量得不到保障。

(3)实体体验缺失

云端会展由于是线上的展览,不能通过实际产品展示来进行产品宣传,难以给观众留下深刻印象;另外整个展览过程并非直接接触,观感体验大打折扣,同时展览内容无法生动形象地表达出来。

3."云端广交会"的机会分析

(1)内部机会:"转型升级,提质增效"

"转型升级,提质增效"已经成为会议展览业发展战略的重点工作,而此次云端会展反映的是全新的数字化变革,核心在于利用信息化技术提高内能效率,这是一次重要的发展机会。

(2)外部机会:疫情之下,"新基建"

疫情的发生使企业不得不重新审视在风险环境下稳步发展的能力,"新基建"被高度重视,它涵盖了包括5G建设、特高压、城际高速铁路、大数据中心、人工智能等七大领域，各大企业加快新基建建设助力会展发展，如 2020 年腾讯云结合内部优势技术实力，推出基于会展物联、创新服务平台和企点宣传三大核心服务的智慧会展解决方案，会展管理者可以利用云计算技术实现云端信息一体化管理。

4. "云端广交会"的威胁分析

（1）网络安全

云端平台的建立是基于大数据技术的，信息爆炸，非法入侵次数激增，网络防御形势十分严峻，给数据防护机制带来巨大压力。

（2）隐私问题

云端平台需要买卖双方的个人信息以完成交易，因此大数据包含了大量的用户身份信息、属性信息、行为信息等，对客户个人数据的采集、存储、使用和分享倘若无法有效控制，将会对用户隐私权造成侵犯。

资料来源：郑嘉琪.从广交会看"云端会展"的数字化变革[J].中国会展，2020（15）：56-58.

第一节　会展面临的技术挑战与解决方案

近年来，新一轮的科技革命和产业革命蓬勃发展，对全球经济社会发展产生了深远影响。信息化、网络化、智能化、数字化浪潮变革了生产、消费、流通等各个环节，数字经济成为驱动经济发展的重要动力，各行业的发展路径和商业模式都在裂变重组，现代服务业驶入了迭代升级的快车道。会展业作为现代服务业的重要构成，在促进经济增长、推动资源流通等方面有着重要的助推力，会展上中下游全产业链也在不断更新重组，提升全产业链服务水平，加强会展业数字转型升级，加大数字技术投入应用，成为会展业发展的新态势。

一、数字化技术在会展行业中的应用

（一）线上线下会展服务模式

传统线下展会一般一年一到两届，一届 3～5 天，展览时间短、周期性强，时间上不合适的参展商和观众只能放弃参与。现如今数字经济时代，传统会展业大都选择转型升级，开通"双线展会"模式，以消除时空的限制，也降

低了因天气或突发事件带给展会的不稳定性。线上展示一般以直播或视频的形式为主，让更多不在场内的观众和展商了解展会情况和相关展品信息，同时提供线上链接，方便场外观众随时下单，提升了展会的成交率。还可在线实时收集监测展会现场活跃度，根据观众线上反馈及时调整活动营销策略。双线模式综合线上线下二者优点，线下主打现场体验、社交洽谈、资源聚集等，旨在提升会展项目的品牌影响力；线上通过智能引流、展前邀约、在线服务等提升办展效率和流量。线上线下体验流量相配合，混合发展双轮驱动成了会展公司拥抱数字化的重要业务模式。

如 2021 亚洲地面铺装材料展众多海外买家由于疫情无法前来展会现场，主办方提前搜集买家需求，代问询了多家意向展商，并在人气最高的展商展台上进行现场视频直播，通过"代参观"的线上模式为买家服务。

（二）会展数字化营销手段

数字经济时代，会展项目的营销也要适应数字时代信息传播特征。数字经济时代，人们对于信息的获取和传播发生了巨大变化，中国目前有将近 10 亿人在使用智能手机上网，网络媒体发展势头迅猛，微博、微信、抖音、快手等平台成为人们获取和传播消息的主要渠道，人人都是自媒体，个体成网络发声者。会展行业的营销也要充分考虑网络传播。现 93% 的会展企业已架构好了网络传播平台，实现了网络信息发布矩阵，在会展项目开展的前、中、后期实时网络发布，进行网络化造势和营销，运用互联网营销思想和方法来宣传和销售会展产品，招商招展与宣传推广同步推进。各网络媒体平台通过大数据信息分析统计，可随时提取线上推广的转发、点赞和阅读量，实时监控网络宣传效果，调整营销策略。

会展活动开展中还可将极具话题性的内容与产品结合到一起，召开一些竞赛、评奖、发布会，邀请自带流量的网红、专家、素人、明星等群体，制造"噱头"吸引观众眼球，用网民们喜欢的宣传方式制定营销渠道、营销策略，推动会展项目与用户双向互动，提高会展数字化营销的运作效率。

（三）搭建数字化会展平台

建立以"互联网+"和云计算为基础的数字化会展信息平台，将松散独立的会展服务供应商整合在一起，形成展会服务供应链，平台可通过直营、加盟、合作等方式，联合各供应商布局会展服务终端，形成终端服务网络，将客户海量分散性订单集中处理，实现展会服务"一站式"购买，通过"云计算"自动识别、匹配物流服务商和线下实体服务终端，开展线上信息服务、线下实体服务，线上营销、线下服务，对会展产品客户开展个性化、针对性服务，实现会展服务供应链协同化运作,解决会展服务供应商服务客户"最后一千米"问题，构建集线上线下信息流、物流、资金流、服务流于一身的数字化会展信息服务平台。

通过数字化会展信息平台，了解观众特征和行业，调整营销策略，推动会展产品和服务协同化、智能化和规模化，降低会展服务成本，提高会展服务水平和运作效率，提高观众体验和满意度，促进会展经济高质量发展。

（四）数字化客户信息管理

传统会展项目运营模式下，大多采用电话、传真、邮寄、电子邮件等方式进行交流沟通，在信息传递过程不仅浪费了大量的人力和时间，还易出现重复错误的问题，让组展方无法精准获悉客户们的真实需求，而错过了提供针对性服务的可能，阻碍了会展项目的发展。现如今数字经济时代，信息技术打破了时空限制，搭建起了多元信息沟通渠道，以用户需求为中心，将用户需求挖掘作为办展办会的首要目标，为参展商、观众、组展商提供了一个信息交流互动平台，并在交流交互过程中保存相关数据信息。会展 CRM 系统由此而来。会展 CRM 系统可在会展活动前期、中期、后期，帮助会展组织方实现数据智能化，持续探索、发掘顾客的需求，为不同用户提供个性化服务。

建立会展 CRM 系统分析、应用、管理会展项目中会涉及的用户信息，组展商可通过该系统查询、分析、追踪用户数据。会展 CRM 系统需要建立庞大的用户数据库，针对不同用户，采取不同渠道获取用户信息。当客户在会展组展商的网页、APP、视频号等平台上浏览留下数据痕迹时，可通过大数据搜集分析，形成大数据用户画像，勾画出用户消费偏好，挖掘客户需求，从而为不同用户提供个性化服务。同时，CRM 系统还可对会展项目实施的各个环节实现可视化流程监控，及时反馈处理各种情况，提升用户的满意度。

（五）场馆智能化建设

会展场馆是会展活动的主要载体，也是会展产业链上唯一固定资产，其发展水平直接关系到会展活动的呈现效果和参与体验。目前已有很多会展场馆加快了数字化建设的步伐，开启了软硬件方面的数字化升级，积极应用大数据、物联网、云计算、人工智能、5G 等信息技术打造智能化场馆设施。软件方面，建立数字化中心控制系统，智能调控监测场馆内的温度、湿度、光线、灯光、显示设备、人流量等，以确保展会期间场馆舒适宜人、活动安全有序。硬件方面，入场时应用 RFID、人脸识别、二维码、条形码等门禁设备，提高入场效率;场内使用场馆的无线网络完成场内定位,观众可以快速全面了解场内情况,提高体验感,后台管理者可收集用户在场内的浏览数据,自动监测现场访问量,实现全场智能化控制;还可通过 AR/VR、交互投影、全息投影、多媒体投影沙盘等新兴设备,营造出虚拟现实交互、人机交互等效果,带来全新交互感受,提升现场体验感。

杭州国际博览中心自 2019 年开始打造"智慧国博",整合了智慧交通、官方 APP、室内 AR 定位导航、数字签到、智能安防、云上看馆等功能板块,大幅提升场馆的运营服务能力。杭州大会展中心依托大数据平台,利用 5G、物联网、全光网等技术加持,将原有独立建筑体融合成了统一数字化智慧建筑平台,并通过三维重建技术、AR、MR 等技术打造了数字孪生展馆,搭建出虚实结合的智慧会展中心,实现了全新数字云端智慧服务平台。

二、会展面临的技术挑战

一是网络信息安全风险。数字化技术虽然会给会展行业带来许多便利和进步,但同时也伴随着一系列的技术挑战。其中,网络信息安全和数据隐私问题尤为突出。许多参展商、访客以及组展商的个人资料、交易数据都被纳入了数字信息平台,一旦泄露后果不堪设想。一些新产品、新技术的在线展示引发的知识产权保护问题,也须提前预防。

二是不同系统间的数字壁垒。会展上中下游产业链涉及平台系统多而杂,行业分布也广泛,仅组展商要使用的系统就有参展商管理系统、数据搜集分析平台、票务系统、观众注册系统等,这些系统平台通常不由同一个供应商提供,导致各平台数据不能相互引用,无法做到数据实时共享更新和对接,变成了独立的数据信息孤岛,导致会展活动无法做到精细化管理和针对性营销。

三是不同主体间的数字鸿沟。数字经济时代不可避免地会出现数字鸿沟,会展行业中也存在。一部分走在前列的大型会展企业数字化转型升级成功,会将一部分不会使用数字化终端的会展参与主体隔绝在外,引发不同主体间的数字鸿沟,导致会展项目的潜在合作商丢失。

四是会展服务收益难保障。数字化转型的投入与产出比在短期内难以量化,无法精准预见,且线上会展的参与者易因信任感和体验感缺乏的问题,难以达成交易,直接或间接地导致会展创收难。

五是数字会展恐流于形式。数字化盛行,会展行业中跟风者众多,许多会展组织方和参展商投入了大量的精力、物力、财力将会展视觉设计得高大上,盲目追求新技术新体验新形式，却忽略了参展方所想要呈现表达的内容实质，及观众想要在会展活动中获得的实质内容。

六是会展行业标准难统一。会展行业涉及面广，需要整个行业的共同努力和协作，但截至目前，会展行业在数字化转型及很多方面还缺乏统一规范的行业标准，会展企业和会展项目间通常各成体系，难以协同合作，无法共享资源和经验，也限制了会展行业的整体发展。

七是会展基础设施不完善。会展数字化升级的最终实现都得靠会展硬件设施来予以呈现，完善的硬件管理平台和会展场馆是会展数字化的基本保证。但目前我国只有北京、上海、广州、深圳等地区的展馆可以在硬件上满足相关数字化升级需求，大部分的场馆还存在着移动网络和无线网络无法完全覆盖的现象，AR 和 VR 技术的实现更要高配置的硬件设备。这在一定程度上也制约了会展业数字化的步伐。

八是会展数字化人才短缺。随着会展数字化进程的深入，对会展从业人员的专业技能要求也日益提高。数字化升级中需要不断引入新技术，如大数据、云计算、物联网、AI 技术等，给会展业带来了挑战。企业需要额外投入大量资源进行技术研发和人才培养，以跟上数字化的步伐，会展从业人员不仅需要有扎实的会展知识，还必须对数字化技术有深入的了解和应用能力，要将这些技术掌握融入日常会展服务。如何确保员工掌握新技术并有效应用于实际工作中，也是会展业需要解决的问题。

三、会展数字化应用的解决方案

（一）抢抓新基建黄金期，打造数字化会展场馆

会展场馆作为会展活动的主要载体，其数字化建设水平关系到会展行业的数字化建设成效。我国目前正处于"新基建"建设的黄金期，会展业可充分利用此机会，以网络建设为基础、以技术创新为主线、以信息安全为保障，打造数字化会展场馆，加快会展业数字化建设步伐，满足数字经济下会展业对基础设施的数量和利用要求。

一是要融入人工智能、物联网、大数据等技术，在自动售票、定位导航等环节引入 3D 环视导览、智慧人等新兴智能管控设备，做好场馆的"新基建"，以效果、效率、体验为落脚点，抓好对会展场馆进行数字化升级改造，如场馆无线网络高效全覆盖运行，确保场馆内及周边客户和展商能快速安全免费地接入无线网络，随时随地用智能终端实现一站式服务体验，增强展商间、展商与客户间的互动。

二是做好以大数据为支撑的会展产业平台建设，整合场馆内每台展会的相关经济数据，促使数据流动活化并有序使用，加强区块链应用，提升数据在展会中的作用，实现传统线下展会商业模式数字化，提高每次办展的整体经济效益，如参展商借助数据平台信息做好展台陈列设计、商品呈现、物流运输等，观众依托平台网络购票、提前预约、网络洽谈等。

（二）线上线下双线融合，建设数字化会展体系

线上线下双轮驱动是重塑升级传统会展业的重要手段，会展业的资金流、信息流、资源流都可以在不受时间、空间限制的情况下在线重新整合。借助AI、互联网、大数据、虚拟技术等数字化技术，开展云展示、云体验、云洽谈、云签约等形式的线上云会展，让会展活动各供应商与买家异地零距离交流，为线下会展引流，促进流量变现。线下实体展会利用数字化技术和设备，改良会展场地，改善观众现场体验，提升观众参与度和满意度，从而发挥会展产业的经济拉比振荡效应和聚集效应，带动刺激当地交通、物流、餐饮、酒店等行业的发展，促进产业的结构调整与升级。

引导推动会展项目数字化管理，运用数字化系统组织会展活动、安排会展服务、协调沟通各方、统计分析数据等，提升线上线下贸易对接能力，促进双线融合互通，利用统一数字账户管理参与者，提升参展参观便捷性，变革商业模式，组成全方位体验，实现会展项目贸易生态闭环。

（三）育企引人赋能产业链，强化数字化主体力量

会展企业是会展数字化发展的主体力量，会展业的数字化转型升级，其关键是会展企业的数字化改造。培育数字会展企业，鼓励龙头会展企业带头开展数字会展业务，推动会展数字模式，培养建成数字会展企业集群，将地区内的会展企业集聚在会展产业园共同发展，形成一定规模，牵头会展企业和互联网企业合作，双方融合创新发展，驱动会展行业往数字化方向转型，实现合作共赢。

数字经济下会展企业要精细化会展服务，对接客户需求，还需要培育高素质会展技术技能人才，做强专业人才队伍。培育人才一方面要在会展专业院校普及应用和教育数字化会展课程，校企共建共享，数字化企业提供产品给院校使用，院校学生提前熟悉掌握最新数字化技术和运营流程，毕业后成为企业人才；另一方面加强会展专业人才

拓展阅读

浅谈会展业数字化转型

的培育和引进，提高会展业的人才储备，对现有会展人员进行数字化培训教学。在疫情等人员流动不便的情况下，积极运用网络保持人才资源共享，确保会展活动整个过程中都有人才的支撑和供给。

第二节 会展新技术未来发展趋势

一、虚拟和增强现实技术

虚拟现实（VR）和增强现实（AR）技术在会展行业中将继续发挥重要作用，未来有望出现更多创新应用和发展趋势。

混合现实体验：未来，会展行业可能会更多地探索混合现实（MR）技术，将虚拟和现实世界相结合，为观众提供更加综合和丰富的体验。这种技术可以让观众在现实环境中与虚拟内容进行互动，创造更加逼真的体验。

个性化定制体验：随着技术的发展，虚拟和增强现实技术有望为观众提供更加个性化的定制体验。通过智能化算法和数据分析，展览商可以根据观众的兴趣和需求，为他们呈现定制化的虚拟内容和体验。

虚拟展览空间：未来，虚拟现实技术有望创造更加逼真的虚拟展览空间，观众可以通过 VR 设备在虚拟环境中自由移动，与展品进行互动，仿佛置身于实际的展览现场。

实时协作和沟通：未来，虚拟和增强现实技术有望实现更加高效的实时协作和沟通功能。参展者可以通过虚拟现实设备进行远程协作，共同参与展览的策划和设计过程。

跨平台互通：未来，虚拟和增强现实技术可能会更多地实现跨平台互通，使不同设备的用户能够共享相似的虚拟体验，从而扩大观众的范围。

综合来看，虚拟和增强现实技术在会展行业中的应用前景广阔，有望为观众带来更加丰富、沉浸式的体验，推动会展行业向数字化、智能化和个性化方向发展。

二、数据分析和人工智能

未来，数据分析和人工智能技术在会展行业中将发挥越来越重要的作用，为展览商和参展者提供更多的洞察和价值。

参展者行为分析：数据分析和人工智能技术可以帮助展览商更好地理解参展者的行为模式和偏好，通过分析参展者的移动轨迹、停留时间、互动行为等数据，为展览商提供更深入的参展者洞察，帮助他们优化展览布局和设计。

个性化推荐和服务：利用人工智能技术，展览商可以根据参展者的兴趣和需求，为他们提供个性化的推荐内容和服务。通过数据分析，展览商可以更好地了解参展者的需求，为他们推荐相关的展品、活动或服务。

实时决策支持：数据分析和人工智能技术可以帮助展览商进行实时决策支持，通过实时数据分析和预测，展览商可以更快地做出决策，调整展览策略和服务，以应对不断变化的参展者需求。

智能客服和互动体验：未来，人工智能技术有望为参展者提供更智能化的客服和互动体验。通过智能对话系统和语音识别技术，展览商可以为参展者提供更加个性化和高效的服务和信息支持。

预测和规划：数据分析和人工智能技术可以帮助展览商进行更加精准的预测和规划。通过对历史数据和趋势的分析，展览商可以更好地预测未来的参展者需求和趋势，从而优化展览规划和设计。

三、可持续发展和绿色会展

未来，可持续发展和绿色会展将成为会展行业的重要发展方向。随着全球对环境保护和可持续发展的关注不断增加，会展行业也将积极采取措施，推动绿色、环保和可持续发展的发展方向。

环保展览场馆：未来，会展场馆将更多地采用环保材料和技术，减少能源消耗和废弃物产生。同时，会展场馆可能会更多地采用可再生能源和节能设备，以降低对环境的影响。

低碳交通和出行：未来，会展行业可能会鼓励参展者采用低碳出行方式，例如公共交通、共享单车等，减少碳排放和交通拥堵。同时，会展组织方也会推动会展场地周边的交通和出行设施的优化，以提供更加环保和便利的出行选择。

绿色展览设计：未来，绿色会展将更多地注重展览设计和搭建过程中的环保和可持续性。采用可降解材料、可重复使用的展台搭建、节能照明等措施将成为常态，以减少废弃物和资源浪费。

环保宣传和教育：未来，会展行业将更多地开展环保宣传和教育活动，向参展者和观众传递环保理念和实践。通过展览、讲座、互动体验等形式，会展行业将积极倡导环保和可持续发展的理念。

绿色供应链管理：未来，会展行业将更多地关注供应链管理的环保和可持续性。会展组织方将鼓励和引导参展商和供应商采用环保材料和生产方式，推动整个供应链的绿色转型。

四、5G 和物联网技术

未来，5G 和物联网技术将对会展行业产生深远影响，为展览商和参展者带来更多的创新和便利。

增强的互动体验：5G 技术将为会展行业带来更高速的数据传输和更低的延迟，使得增强现实（AR）和虚拟现实（VR）等技术在会展中得到更广泛的应用。参展者可以通过 AR/VR 技术获得更丰富、更沉浸的体验，与展品进行互动，从而提升参展者的参与度和体验感。

智能化展览布局：通过物联网技术，会展场馆可以实现智能化的展览布局和管理。传感器和智能设备可以实时监测参展者流量、展品受关注程度等数据，帮助展览商更好地优化展览布局和设计。

实时数据分析：5G 技术的高速数据传输将使得实时数据分析成为可能。通过物联网设备收集的数据可以实时传输到云端进行分析，展览商可以根据实时数据做出调整和决策，以提供更好的服务和体验。

智能安全监控：物联网技术可以实现对会展场馆的智能安全监控，包括对展品、参展者和场馆设施的监控和管理。智能监控系统可以通过传感器和摄像头实时监测场馆的安全状况，提高安全性和保障参展者的权益。

个性化服务和推荐：通过物联网技术和 5G 的高速连接，会展组织方可以为参展者提供个性化的服务和推荐。根据参展者的位置、兴趣等信息，提供定制化的推荐内容和服务，提升参展者的体验和满意度。

会展新技术将带来一场会展行业的变革。会展新技术未来发展趋势将呈现出智能化、自动化、虚拟现实化、社交化、移动化和物联网化等特点。这些新技术将为会展行业带来更加广阔的发展空间和更加丰富的展示形式，推动会展行业不断向前发展。同时，企业和个人也需要不断学习和掌握这些新技术，以适应行业变革的需求，更好地展示自己的产品和服务。

微课

会展行业未来趋势

 案例分析

《2024年会展行业10大趋势》报告解读

Cvent平台发布了《2024年会展行业10大趋势》（Top 10 Meeting & Event Industry Trends for 2024），通过综合2023年的数据分析和对超过21 000客户的调查结果，提供了对2024年行业发展趋势的深入洞察，以便为行业专业人士提供新一年的前瞻性指导和战略规划。报告的背景是会展行业在技术革新和市场需求变化中持续发展，特别是面对面活动的持续主导地位与虚拟活动的融合，以及行业对可持续性和可访问性需求的日益增长。Cvent旨在通过这份报告帮助行业把握行业脉动，优化活动策略，并在未来的竞争中保持领先。

Cvent在其报告中详细阐述了2024年会展行业的10大趋势，以下是每一条趋势的解读，包括观点和数据。

01 面对面活动占主导，虚拟活动依然存在（IN-PERSON DOMINATES; VIRTUAL REMAINS）

观点：尽管虚拟（线上）活动提供了便利性，但面对面的活动在建立深层次联系和增强品牌信任方面仍具有不可替代的作用。

数据：74%的受访者计划在2024年仅举办面对面活动，显示出对传统活动形式的偏好。

02 场地迎合体验优先的需求（VENUES SUPPORT EXPERIENCE-FIRST EVENTS）

观点：活动策划者越来越倾向于选择能够提供独特体验的场地，以满足参与者对个性化和创造性的追求。

数据：报告指出，48%的欧洲活动策划者希望使用具有独特美学的非传统场地，如高尔夫球场、酒吧和电影院。

03 AI实验增长（AI EXPERIMENTATION GROWS）

观点：AI工具如ChatGPT在自动化流程和数据分析方面展现出巨大潜力，有助于提高活动策划和运营的效率。

数据：AI技术被用于快速生成活动邮件、网站内容和RFP，以及个性化的参会者体验。

04 重新构建参与度（REIMAGINING ENGAGEMENT）

观点：为了满足参会者对沉浸式体验的期望，活动策划者正通过技术手段和创新元素增强活动的参与性和互动性。

数据：64%的参会者认为沉浸式体验是最重要的体验元素，促使策划者采用更多感官体验和互动学习内容。

05 技术连接策划者和场地（TECHNOLOGY UNITES PLANNERS AND VENUES）

观点：技术解决方案帮助策划者和场地更高效地沟通和协作，特别是在场地选择和活动布局方面。

数据：63%的北美策划者表示，他们使用技术进行场地选择的频率与2022年相同或更高。

06 可进入性和可持续性活动反映品牌价值（ACCESSIBLE, SUSTAINABLE EVENTS REFLECT BRAND VALUES）

观点：品牌越来越重视活动的可进入性和可持续性，这不仅是一种合规要求，也是建立信任和满足利益相关者期望的机会。

数据：报告建议确保活动场地提供辅助设施，如轮椅通道和低感官空间，以及采用可持续材料和本地食材。

07 活动转向营销（EVENTS SHIFT TO MARKETING）

观点：随着企业内部活动团队越来越多地向营销部门汇报，活动在营销策略中的价值和重要性得到了认可。具体指的是企业内部正在发生的一个趋势，其中活动团队越来越多地整合到市场营销部门中，或者与市场营销部门更紧密地合作。这种转变意味着企业越来越认识到活动在营销策略中的价值和重要性，并且活动营销在企业营销预算中的比重正在增加。

数据：71%的企业内部活动团队现在隶属于公司的营销职能，反映了活动与营销目标的紧密结合。

08 技术成为核心技能（TECHNOLOGY BECOMES A CORE SKILL）

观点：技术不仅仅是一时的趋势，而是任何活动或酒店项目成功的基石。行业专业人士需要发展如AI、数据分析和自动化等领域的技能。

数据：报告指出，82%的组织认为活动技术专家的角色将在未来五年内变得越来越重要。

09 成本压力加大，ROI备受重视（COST PRESSURES PLACE A PREMIUM ON ROI）

观点：随着成本的上升，策划者需要通过技术提高效率，以更少的资源做更多的事情，同时要证明活动对组织目标的贡献。

数据：报告中提到，83%的北美策划者表示，如果能够节省6%或更多的成本，他们会考虑更换场地。

10 技术集成化以实现规模化（CENTRALISING FOR SCALE）

观点：活动组织方通过一站式集中化的技术平台来提高活动项目的规模、数据的统一性和性能的全面视图。

数据：Forrester Consulting 的研究表明，42%的受访者将更全面的端到端功能套件排在选择事件技术合作伙伴的前五名之内。

这些趋势表明，2024年会展行业将继续向更加集成化、技术驱动和以参与者为中心的方向发展。

资料来源：选自微信公众号31会议，根据《中国会展业数字化创新大会暨德清会展业发展大会》曲维玺发言整理而成。

本章小结

1. 当前数字化技术在会展行业的应用主要集中在线上线下的会展服务模式、数字化的会展营销手段、数字化的会展平台、数字化的客户信息管理、数字化的现代会展场馆等。

2. 数字技术在赋能会展产业结构迭代升级、推动会展经济高质量发展的同时，也存在着诸多挑战，如网络信息安全风险、不同系统间的数字壁垒、不同主体间的数字鸿沟、服务收益风险、数字化形式大于内容、基础设施难以保障数字化成果、数字化人才的短缺等。这些挑战和弊端都需要在数字化技术与会展经济不断融合发展的过程中予以解决。

3. 数字经济时代，会展业需加快数字化转型的步伐，抢抓新基建黄金期，做好数字化硬件设施，建设数字化会展体系，强化数字化主体力量，提升会展产业竞争力，推动行业快速发展。

思考题

1. 什么是数字会展？
2. 为什么需要数字会展？
3. 数字会展的核心价值是什么？
4. 数据代表什么？数据能否变现？
5. 会展的线上优势是什么？线下优势又是什么？